女性の生きづらさとジェンダー

「片隅」の言葉と向き合う心理学

心理科学研究会ジェンダー部会（青野篤子・田口久美子・沼田あや子・五十嵐元子）編

有斐閣

はじめに

一九七〇年代以降のフェミニズム運動により、法律の整備、女性の人権意識の高揚、社会進出などジェンダー平等が徐々に進んでいるとはいえるでしょう。しかし、その結果、ポスト・フェミニズムとよばれる局面を経て、いままた新たな時代を迎えています。それは、これまでのさまざまな運動でも解決しなかった問題に若い世代も同じように直面し、生きづらさをおぼえ、ＳＮＳなどの現代のツールを使って発信するという新しい運動にみてとることができます。一方で、いろいろな差別が巧妙になり、またＳＮＳなどを使った人権侵害もめだつようになったのが今日の状況ではないでしょうか。

女性に対する人権侵害や暴力は、社会のなかに深く埋め込まれ、可視化しづらい状況にありますが、勇気ある女性の訴えは、世界に共感をよび起こしました。一例として、セクシュアル・ハラスメントの被害を訴えた #MeToo 運動は、「個人的なことは政治的である（the personal is political）」という言葉で象徴されるフェミニズム運動に通じるものがあります。女性の連帯こそが性差別に立ち向かう力になるのです。しかしいま、女性の分断も進んでいるように思います。「女々格差」という言葉があるように、女性のなかにも格差が広がっており、連帯を難しくしています。力をもった女性は体制（男性優位社会）に組み込まれ、力を奪われた女性たちの声が聞こえないといったように。

傷つき力を奪われた人たちの声は「片隅」に追いやられ、あるいは「埋もれて」いるかもしれません。そこに耳を傾け、真剣に向き合うことにより言葉にしていくという協働の作業をとおして、その声が多くの女性に共通した生きづらさであることに気づくことができます。そして、女性の連帯を模索していくことこそが解決の糸口ではないでしょうか。

私たち心理科学研究会では、二〇〇九年四月にジェンダー部会を発足させました。これまでジェンダー部会では、既存（主流派）の心理学における数的エビデンス偏重にもとづく知見の限界をふまえ、数字ではとらえることができない「片隅」の埋もれた言葉をすくいあげる質的アプローチによる研究を重視してきました。こうした「埋もれた声」をていねいに聞きとり分析する研究は、量的データを基本とする主流の心理学的研究からは得がたいものであり、生活者の視点に立つ心理学をめざす心理科学研究会の理念に通底するものです。本書は、ジェンダー部会設立一〇周年を記念して、日々の研究活動をまとめたものともいえます。

一方、学術的（アカデミック）と称される主流の心理学の研究の世界では、エビデンスを求められる実証主義傾向が長く続き、若い心理学研究者たちは業績（就職）をめぐる競争的な状況で、主流である量的アプローチに依存せざるをえませんでした。しかし、平均的な人間像にあてはまらない個々の人々の状況をとらえるには、従来の方法では不十分であるとの気づきから、近年はとみに質的アプローチへの希求が高まっています。

私たちが本書の出版について話し合いを始めたちょうどその頃、信田さよ子さんが編集された『女性の生きづらさ――その痛みを語る』という書籍が、『こころの科学』の特集号として出版されました（日本評論社より二〇二〇年一月九日発行）。信田さんは長年、在野で女性相談にのっておられますが、伝統的な心理学の理論から距離をおき、相談をとおしてご自身の理論というものを培ってこられました。それが心理学を学ぶ人たちに手がかりを与えるものとなっているのは示唆的なことです。その本のなかでは、「『女性の生きづらさ』というテーマには、ジェンダーの視点が埋め込まれている」「そしてサブタイトルの『痛み』は、幅広く多くの困難を理解してもらうための言葉である」と述べられています。

このような観点に賛同しつつ、本書では以下の三点に主眼をおくこととします。まず、人々の内面を、それぞれがおかれた状況で生きている「社会で生活する」人間の心理として、量的ではなく質的な視点であぶりだすことです。このことにより、不利な生活環境で生活せざるをえない人たち、マイノリティとよばれる人たち、DVの被害を経験している人たち、身体的・精神的なハンディキャップを経験している人たち、悪条件での労働につかざるをえない人たち、労働、ワンオペ育児、戦争など、いわば社会的疎外のなかで生活を余儀なくされている女性の生きづらさを抽出することができます。社会のなかで生きる人間の内面をきちんととらえない心理学は、科学として不毛であり、人々に訴える力をもたないからです。

次に、一般読者を念頭におき、読者がジェンダー問題を自分のこととしてとらえ、生きづらさが「自分だけ」の問題ではなく、社会とのつながりのなかで生じているということの気づきの契機となることをめざします。読者のこうした気づきは、著書（著者）と読者、また読者同士、あるいは読者と社会問題を結びつけ、生きづらさに立ち向かう視点と勇気を与えることができるのではないでしょうか。さらには、こうした自覚や気づきは、女性同士の分断や女／男の分断の懸け橋となり、相互に理解し合う契機となるのではないでしょうか。

最後に、ジェンダー研究に興味のある学部学生、大学院生にとって、学術的なキャリア形成をもみすえ、心理学の質的研究としての入門書になると考えました。

本書は四部構成になっています。第Ⅰ部「子どもの生活とジェンダー」では、子どもたちが自分で主体的に考えて行動することや、自分と相手を大事にできる大人になっていくことが、いまの学校のしくみや家庭のあり方、社会文化的環境においていかに難しいかを考えます。第1章は、病院や学校カウンセリングなどの現場からみえてくる子どもたちの生活実態と、そこに作用するジェンダーのさまざまな影響についてとりあげています。第2章は、少年院に入ってくるいわゆる「非行」少女に焦点を当て、女性が子どもから大人になる過程で引き受けざるをえなかったジェンダー社会の矛盾を、法務教官の立場から女の子たちの心の世界をとおして考察したものです。

第Ⅱ部「青年期をめぐるジェンダー」は、自分らしさを追い求めるなかで女性性・男性性というジェンダーとの葛藤が避けられない青年期の問題を扱っています。第3章では、教育を受ける権利さえ認められなかった女性の歴史をたどりながら、女性が学ぶということが自己形成やキャリア形成にいかに重要な意味を持っているかを、青年心理学の研究をもとに概説します。第4章では、恋愛のダークサイドともいうべきデートDVをテーマに、ケータイ小説の登場人物の分析を交えながら、恋愛観や依存性にはジェンダーが深く関連していることを考えます。第5章では、セクシュアリティが社会的に構築されることを論じ、「性的マイノリティ」とよばれる人たちへのインタビューから、マイノリティとは何か、マジョリティとは何かの問題に迫ります。

第Ⅲ部「家族・子育てをめぐるジェンダー」は、いまなお女性に大きな負担が強いられている子育ての現状と問題点について、保育をする側と親の両側から考えます。第6章では、育児期の働く親の負担を軽減するかにみえる育児休業制度が、現実には母親のワンオペ育児を推奨する側面を有していることを、待機児童問題などと絡めて制度の変遷とともに考察します。第7章では、保育の歴史をたどりながら、かつてのような「預ける」「預かる」という対立構造を超えて、同じ働く女性（労働者）として苦労を分かち合いながら連帯していくことの重要性を問いかけています。第8章では、障害児を育てる母親たちに焦点を当て、子どもの成長を願って懸命に子育てをする母親たちが、どのようにして自分の人生を生きようとしているのかを、母親のナラティブをもとに読み解いていきます。第9章では、自身も母親として子育てをしながら、保育士として他人の子どもの世話をする保育という仕事において、母性的ケアと労働という二つの役割にどのように折り合いをつけていくのかを、インタビューをもとに考察します。

第Ⅳ部「社会のなかで生きぬく女性たち」は、日々の生活や仕事、運動のなかで女性たちがどのような葛藤を抱え、他者との関係や社会との関係でどのように自分を位置づけるかについて考えていきます。第10章では、女性が女性を支援するという関係において、支援者の女性としての個人的経験が支援にどのように影響しているか、これまで専門職として語るのがためらわれた心理を対話のなかで意識化し、言葉にすることを試みます。第11章では、非正規労働のうち派遣労働に着目し、女性の労働に埋め込まれたジェンダーを明らかにします。第12章では、社会を変えていこうと思う女性たちは、どのような経験を経て女性同士の連帯を可能にしていくのか、TEMという手法により、社会の出来事や人との出会いと自身の人生の分岐点・到達点を描き出すことを試みています。第13章では、広島で二次被爆に遭った女性の生活記録とライフヒストリー、長崎で被爆した女性へのインタビューとライフヒストリーから、当事者が戦争や被爆体験を後世に伝えることの意味、そしてそこから私たちが何を受けとめるかを考えます。

本書は、心理学分野でジェンダーに関する問題に取り組む人たちが、女性たちのさまざまな声を実践場面での語りからすくいあげたり、インタビューや対話、聞きとり調査から拾いあげることによって、さらにはこれまであまり語られなかった女性の歴史（herstory）を紐解くことによって、実践と研究の双方から議論し、まとめたものです。女性の生活実態や意識を、具体的な問題や事例をとおして社会的・歴史的な視点から論じた本書が、読者に女性の生きづらさを自分のこととしてとらえ、社会に立ち向かう勇気と連帯を喚起するきっかけになれば幸いです。

二〇二一年九月

心理科学研究会ジェンダー部会　本書編集委員会
青野篤子・五十嵐元子・田口久美子・沼田あや子（五十音順）

目　次

第Ⅱ部　青年期をめぐるジェンダー

第Ⅲ部　家族・子育てをめぐるジェンダー

第Ⅳ部　社会のなかで生きぬく女性たち

執筆者紹介（●は編集委員、〔 〕内は担当章）

小林幹子（こばやし　もとこ）

現職　スクールカウンセラー、男女共同参画センター心の相談員

主著　『心理職・福祉職をめざすひとへ』（森野礼一・北村圭三編／分担執筆、ナカニシヤ出版、一九九七年）、「臨床実践における発達心理学と臨床心理学」（『心理科学』、第二四巻第二号、二〇〇四年）　〔第1章〕

鈴木育美（すずき　いくみ）

現職　北海少年院・紫明女子学院法務教官、北海道大学大学院教育学院博士後期課程

主著　「女性受刑者に対する薬物依存離脱指導——薬物を使わない生き方の探求」（『児童青年精神医学とその近接領域』第六一巻第二号、二〇二〇年）、「紫明女子学院における当事者研究について」（『矯正教育研究』第六五巻、二〇二〇年）　〔第2章〕

都筑　学（つづき　まなぶ）

現職　中央大学教授

主著　『小中一貫教育の実証的検証——心理学による子ども意識調査と教育学による一貫校分析』（梅原利夫・山本由美との共編著、花伝社、二〇二一年）、『自立って何だろう——社会と子どもたち』（新日本出版社、二〇二一年）　〔第3章〕

松並知子（まつなみ　ともこ）

現職　同志社大学嘱託研究員

主著　『ジェンダーの心理学ハンドブック』（青野篤子・赤澤淳子との共編、ナカニシヤ出版、二〇〇八年）、「高校生における依存的恋愛観の心理的要因およびデートＤＶ暴力観との関連——ジェンダー差に注目して」（『日本健康相談活動学会誌』、第一五巻第一号、二〇二〇年）〔第4章〕

薛　小凡（セツ　ショウハン）

現職　お茶の水女子大学大学院人間文化創成科学研究科博士後期課程

主著　「『性的マイノリティ』の語りにおける言語表現、ジェンダー、セクシュアリティ——テーマ分析を用いて」（『人間文化創成科学論叢』、第二二巻、二〇二〇年）、「言語、ジェンダー観、セクシュアリティの関連モデルの検討——性的マイノリティの事例から」（『福山大学こころの健康相談室紀要』、第一二巻、二〇一八年）　〔第5章〕

瓜生淑子（うりう　よしこ）
現職　京都女子大学教授
主著『発達障害児の発達支援と子育て支援――つながって育つ・つながりあって育てる』（西原睦子との共編著，かもがわ出版，二〇一六年），「育児休業制度の実情と課題――ジェンダー・アンバランスの根源にあるものは何か」（『京都女子大学発達教育学部紀要』，第一四巻，二〇一八年）
〔第6章〕

清水民子（しみず　たみこ）
現職　平安女学院大学名誉教授
主著『乳幼児の発達と保育』（青木書店，一九七八年），『子どもの生活と長時間保育――生活のリズムと日課』（全国保育問題研究協議会編，新読書社，二〇一九年）
〔第7章〕

沼田あや子（ぬまた　あやこ）
現職　白梅学園大学特任講師
主著「発達障害児の母親の語りのなかに見る家族をつなぐ実践――『葛藤の物語』から『しなやかな実践の物語』へ」（『質的心理学研究』，第一五号，二〇一六年），「発達障害児を育てる母親の迷いの語りの探求――他者は母親のなにに寄り添うことができるのか」（『心理科学』，第三九巻第二号，二〇一八年）
〔第8・10章〕

五十嵐元子（いがらし　もとこ）
現職　帝京短期大学准教授
主著『子どもと保育者の物語によりそう巡回相談――発達がわかる，保育が面白くなる』（浜谷直人・三山岳編／分担執筆，ミネルヴァ書房，二〇一六年），『多様性がいきるインクルーシブ保育――対話と活動が生み出す豊かな実践に学ぶ』（浜谷直人・芦澤清音・三山岳との共著，ミネルヴァ書房，二〇一八年）
〔第9・10章〕

田口久美子（たぐち　くみこ）
現職　和洋女子大学教授
主著『中学・高校教師になるための教育心理学〔第四版〕』（心理科学研究会編／分担執筆，有斐閣，二〇二〇年），「東日本大震災後の子どもの発達について――幼児期から学齢期に着目して」（『心理科学』，第三八巻第一号，二〇一七年）
〔第11・13章〕

青野篤子（あおの　あつこ）
現職　福山大学名誉教授
主著『ジェンダーの心理学――「男女の思いこみ」を科学する〔改訂版〕』（森永康子・土肥伊都子との共著，ミネルヴァ書房，二〇〇四年），『発達心理学の脱構築』（E・バーマン著，村本邦子との監訳，ミネルヴァ書房，二〇一二年）
〔第12・13章〕

I

子どもの生活とジェンダー

第1章　子どもたちの生活実態とジェンダー

さまざまな相談の現場から

小林幹子

小学生のランドセルはカラフルになり、男女を問わずに自分の好きな色を選べる時代になっている。学校での学びの環境も、中学校・高校での体育の時間で一部男女別になっている場合があるものの、ほぼ男女一緒である。「女子が家庭科で、男子は技術」と分かれていた時代から見れば、大きな変化が見られる。しかし、進路や職業選択の段階ではジェンダーによる違いが出てくることも多い（内閣府男女共同参画局、二〇一九）。

子どもたちの生活には、保護者や周りの大人が大きく影響を与える。ジェンダーを問わず、子ども本人が自分の適性を知り、自分の人生を主体的に生きていくために、大人のあり方も含めて考えてみたい。

1　子どもたちの相談から見えるジェンダーの問題

私は、カウンセラー・心理職として病院、学校、保健センターなどで心理療法・心理相談や発達相談を担当してきた。子どもが自ら相談に来るのはまれなことだが、親や教師に勧められて「話をしてみよう」と、相談の場に来てくれることは増えている。[1]

女子のグループ化

まずはじめに、女子の友人関係がグループ化する現象について取り上げてみよう。小学校高学年から中学生の女子には「信頼できる友だち関係を築きたいのにうまくいかない」という悩みが多い。

須藤（二〇一二）は、女子大学生を対象に児童期から思春期（第3章参照）、青年期にかけての友人関係を回想してもらうという方法で調査を行い、グループにおける「束縛や拘束」などの人間関係の難しさを明らかにしている。いつも一緒にいていっけん仲良くしているので、親や教師からは見えにくいが、当の本人は話を合わせているだけであったり、ノーと言えないなどの葛藤を抱えていることも多い。さらに難しいのは、学校でのリアルな関係のグループのほかに、ＳＮＳ上でメンバーを替えた別のグループができている場合な

1　なお、本章で扱う相談事例については、個人が特定できないように複数のケースから本質を損なわないかたちで修正を加えている。

どだ。SNS上では複数のグループを作ることや、他校生や日本だけでなく世界中の人とつながることができる。学校での友人関係が表面的であったり、孤立しがちであると、SNSで話を聞いてくれたり寄り添ってくれる相手に依存しがちになる。思春期の子どもにとって、親から離れて自立していくうえで、親以外の誰かとつながっていくことが支えともなり必要であるから、見ず知らずの人とつながるリスクを大人が心配して介入しようとしても、なかなか難しいように感じる。

須藤（二〇一四）は、現代思春期の子どもたちの傾向について、女子大学生への調査などをさらに検討し「クラス内での自身の居場所として、グループに自身の位置を確保するため、グループ内のメンバーと絆を強めようと内向的になり、気を遣う」という。実際に相談に来る女子たちは、自分がグループから外されることには敏感で、外されていると知ったとき、あるいはそう感じたときの傷つきは大きい。一方で、男子はSNSで関係性を確認するようなやりとりよりは、ゲームを一緒にすることで友だち関係を保っていることが多い。いずれにしても、相手を尊重しながら対等な関係を結んでいくためには、リアルなコミュニケーションの体験を、この時期に試行錯誤しながら重ねることを大切にしてほしいと思う。

面接での視点　友だち関係で悩む女子の面接では、私はまず本人の不満や不安、落ち込んだ気持ちや怒りなどの感情を吐露する言葉に耳を傾け、具体的にどのようなことが起こったのかを聴いていく。言葉で表現することで、まず自分がどのように感じたのかを冷静に見つめることが大切だと思うからだ。また、SNS上のグループから急に外されて「悔しい」「さみしい」「悲しい」「腹が立つ」など、自らのネガティブな感情を安心して出してもよい、という場を提供する意図がある。そして、日々の生活のなかでどのように対応していけばいいのかを一緒に話し合っていくことになる。

もちろん誰にでも通じる正解はないが、一人ひとりができそうなことを自ら考えることが大切だと思う。ただし、一つ提案できることがあるとすれば、「ときには一人でいることも悪くない」むしろ「一人でいることができるのは、大人に一歩近づくことかもしれないね」と伝えることである。ウィニコット（一九六五、訳一九七七）が「一人でいられる能力は情緒的成熟と密接に関連している」と述べていることを踏まえて、一歩ずつ成長していく姿を後押ししたいからだ。

ジェンダーに関する相談

最近は性への違和感に関する相談を受けることもある。Aさんは、小学生の間は制服がなかったので、いつもズボンとシンプルなTシャツかトレーナーを着ており、男子と混じって遊んでいることが多かったそうだ。高学年になり、女子がアイドルやファッションの話をしているなかには入りづらく、身体の変化にもとまどい、女子の友だちとは距離をおくことが多くなった。中学生になるときには、制服のスカートに違和感を持つようになったと話してくれた。最近では、男女問わずにズボンかスカートかを選択できる学校も出てきている。Aさんの学校では、体操服のジャージやハーフパンツなどが許可されていたものの、一人だけそれらを着用することにも抵抗感があった。このような流れのなかでだんだんクラスに入りにくくなり、保健室や相談室ですごすことが増えて、私のところに相談に来てくれた。彼女の違和感や不安に耳を傾けていくと、長らく孤独感やしんどさを周りの人には言いにくく、自分の胸の内にとどめていたことが話された。Aさんだけでなく、男子の場合も、ズボンに違和感を持ち、制服のズボンの感触がしんどくなったり、髪型や話し方など男子として求められることと自分の感覚との間にギャップを感じることがあるようだ。

思春期のジェンダーの問題はとてもデリケートだと思う。身体も心も、一気に変化していく不安や違和感は、誰にでもあるだろう。それが一過性のものなのか、生涯にわたるものなのかは、ある程度時間をかけて見極めていく必要があるといえる。及川（二〇一六）は、臨床実践のなかで「『ジェンダーの悩み』が、発達年齢からみて、いつごろから生じたのか、どのくらいの期間そうした悩みで困っているのか、思いつめているのかということ」を考えなくてはならないという。その時期はかなり深刻であっても「すぎてみれば、それほどのことはなかった」という場合もあるからだ。

面接での視点

学校での面接では、友人関係や家族関係、学校での様子などをていねいに聴いていくことで、ほかにも悩みがあったり、ネットでの情報に強く影響を受けていることが見えてくる場合も多いように思う。悩みが深く、混乱がある場合には医療との連携も欠かせないのだが、疾風怒濤ともいわれる中学生時代に養護教諭や相談室の相談員・スクールカウンセラーなど、話を聴いて寄り添う伴走者がいることで、少しずつ自分自身を見つめながら次の発達段階へと進むことができるのではないかと思う。

女性に多い摂食障害の事例より

次に、私が病院で出会った摂食障害の事例について取り上げてみたい。摂食障害は女性の比率が高いことが明らかにされている（厚生労働省、二〇二一）。摂食障害はまじめで頑張り屋、周囲の期待を敏感に感じとり、精一杯生きている女性に多いと感じる。このような傾向について、谷口（二〇二〇）は「摂食障害の方が『他者のために自分を犠牲にして生きている』ことに気づく」と述べている。水澤（二〇一六）は、摂食障害がなぜ女性に頻発してきたのかを考察するなかで、「じつは置かれた立場から生まれた、背負わされた病である可能性に気づく」と主張している。

Bさんは中学一年生の女子で、病院を受診したとき、身長一五〇センチで体重三二キロだった。三カ月で七キロ減ったという。青白い表情で「ずっと頑張ってきたけど身も心もボロボロ、どうしていいかわからない。今日も頑張れたら登校できたのに……」と元気なく話してくれた。その後入院治療となるが、点滴や食べることへの抵抗は強かった。なぜなら、体重は食べなければ順調に減っていくので、本人にとっては唯一自分でコントロールできるわかりやすい指標だからかもしれない。治療には医師、看護師、管理栄養士、薬剤師、心理職、理学療法士、作業療法士など、多くのスタッフがかかわることになる。それは、他者からの多くのケアを受けることによって、犠牲にしてきた自分を取り戻す道程なのかもしれないと思われた。さらに学校に復帰するためには、病気への理解も含めて教師との連携も大切になっていく。

もちろん家族の理解と協力も欠かせない。だが、多くの家族は「手のかからない明るくて元気な子がなぜ？　食べてくれさえすれば普通にすごせるのに」と最初は理由がわからず、食べることを促しながらつい強い口調にもなり、親子関係がこじれてしまうこともある。Bさんの両親も対応に悩み、疲れの見える日々が続いた。それでも、Bさんはスタッフや家族に要求をぶつけながら少しずつ食事をとるようになり、外泊や通院を続けながら高校受験に向かうところまで回復していった。周りの期待に沿う生き方ではなく、そのときどきの自分の気持ちや考えを大切にしながら、自分らしく歩む道をゆっくり進み始めたように見えた。

面接での視点

摂食障害の治療には、子どもの状況や病院の方針などによってさまざまなアプローチの方法があるであろうが、私は心理職として、Bさんとの面接では以下のような点を考慮した。まず安心して身体を休めてもよいこと、いまはそうする時間であることを繰り返し伝えた。そして、いままで頑張ってきたことや我慢してきたことを話してもらい、これからどんなことをしてみたいのか、体重のコントロールだけでなく、自分の希望や目標を達成していく可能性について話し合っていった。

摂食障害が女性に多いのは、言葉や態度で表しにくい自分の存在そのものの「生きづらさ」を「食べる・食べない」ということで、表明しているからかもしれない。当事者でもある鶴田（二〇二〇）は、ダイエットがきっかけになることは多いが「摂食障害が表す『女性の生きづらさ』は美へのとらわれなどという表面的なものではない」と述べている。

父母に対しては、いままでの対応の苦労をねぎらいつつも、Bさんの思いや希望を本人の意向を尊重しながら少しずつ共有するようなかたちでサポートしていくこととなった。それまで、Bさんは仕事で忙しくする父母を手伝い、あまりわがままを言わなかったらしい。入院してからは「母親ならなぜ子どもの気持ちをわかってくれないのか」と繰り返し訴え、してほしいこと、したいことをぶつけていた。摂食障害は「母なるもの」を求めての命をかけての病なのかと思わされた。「母なるもの」とは、子どもとして享受できるはずの「ケア」の機能であろうと思う。

摂食障害は母娘問題としてとらえられがちだが、医療においては回復に向けて多くの職種が分担して引き受けるように、その責任を母親だけが担うものではないはずである。それでも子どもの攻撃は母に向かいやすい。母親の立場からすれば、「母」とは何かを突きつけられ、一人の個として生きることと母親役割を果たすことの葛藤の渦に巻き込まれることにもなりかねない。

スターンほか（一九九八、訳二〇一二）は、多くの母親が抱える困難に対して、「自分たちの経験している混乱の大部分は、社会が全体として抱えるより大きな問題の反映であることに、はっきり気づく必要があります」と述べている。このことは、困難を母親が一人で抱え、悩むのではなく、男女の役割分担の問題、仕事と家庭の両立の問題、経済格差などといった社会的な問題が、背景にあることを母親自身がまず知ることの重要性を示しているように思われる。さらに女性と家族関係の心理学に関する専門家であり、心理療法家であるレーナー（一九九八、訳二〇〇一）は次のように述べている。

子どもへの愛や関心と、お金を稼ぎ、人間としての経験や機会を最大限手に入れたいという欲求との間で、引き裂かれる思いをするのは依然として女性です。しかし、女性だけでは仕事か家族かというジレンマを解決することはできませんし、またそうできるという考えを決して認めるべきではないのです。

彼女の言葉は、こうした個人的な葛藤と思えることを男性や社会が気づき、受け止め、社会的・政治的な問題としてとらえ直していく必要があることをわれわれに教えてくれる。

親子関係の相談から

家族は多様化し、母子、父子のシングルの家庭や**ステップファミリー**、祖父母や叔父、叔母、さらに曽祖父母と暮らす大家族、事情があって施設で暮らす子どももいる。ここでは、子どもが言葉にしにくい親への思いについて、紹介してみよう。どのような環境であっても親子関係は難しい。子どもが成長する過程で、親子関係にまったく悩みも葛藤もないということはありえないだろう。もしあるとすれば、そのように思い込んでいることにこそ、問題が潜みがちである。

Cさんは四歳年上の兄がいる中学一年生の女子だ。Cさんの兄は学校の成績もスポーツも優秀で、父母からの期待が大きい。部活でも活躍していたので、土日になるといつも父母は兄の応援に行っていた。小学生までは、自分もついて行ったが、中学生になると自分の予定もあり、一人で家に残ることが増えた。そうして半年がすぎた頃、学校に行きにくくなった。話を聴くと「兄ばかりが大切にされて、自分はいなくてもいいのかと感じる」と寂しさを訴えた。父母に直接訴えるのは、気が引けたようだ。

またDさんは、下に三人の妹や弟がいる中学二年生の女子だが、母はシングルで仕事と子育てを頑張っていることをよく理解していた。彼女は母の忙しさがわかるだけに、家事の手伝いや下の子たちの世話をしており、くわえて自分の宿題もこなしていた。ある日、体育の授業で担当の先生がDさんの腕にリストカットの傷があるのを見つけた。そこで養護教諭に手当てをしてもらうと、自分の自由になる時間がほとんどないというような話をしたという。

Cさんも Dさんも寂しさを感じたり、自分自身の存在意義に確信が持てなかったりして、バランスを崩してしまったのかもしれない。

面接での視点　親は、日々の生活や仕事に追われていることが多い。子どもがいつもどおり学校に通っていると、よほど変わったことでもなければ、思春期になった子どもの心の変化に気づきにくい。多くの場合、子どももあえて自分の苦しさを親に伝えようとはしなくなるからだ。

Cさんの場合、親は兄妹で差別をしている意識はまったくなくとも、具体的にテストの点数や部活での活躍が家庭で話題になることで、本人は少しずつつらい思いをため込んだのではないだろうか。男女が逆の場合はどうだろうか。妹のほうが優秀であると、父母は兄にはっぱをかけ、何とか頑張らせようとする姿が見受けられる。そのときに本人の思いが置き去りにされると、つらくなることが多いようだ。親からの期待に応えられない自分を責めることにもなるからだ。

Dさんの場合は、お母さん思いでよく気がつき、母をサポートしてきたのだと思う。実際に彼女がいなければ、家庭は回らなかっただろう。最近では、子ども自身の学校生活や友だち関係にも影響が出てくるような背景を持つケースも少なからず見受けられる。

男女を問わず、家族の看護や介護を早くから担う**ヤングケアラー**にあたる場合も現実問題として深刻だ。相談のなかでも、女子が家族を支えている割合が高いように思われる。令和二年度の実態調査[2]による報告では、ヤングケアラーと考えられる子どもの性別は女性が若干多く、世話の頻度、世話に費やす時間、世話のきつさも女性は男性より高く出ている。

子どもたちからの相談をていねいに聞きとりながら、安心・安全な居場所が学校でも家庭でも保障されているかに注意を払う必要もある。そして、つらさや寂しさを周りに伝えてもよいのだという経験をしてほしい。そこでは、その発信を的確に受け止める大人の側の覚悟と感受性が求められるのである。さらに、教育、福祉、医療の連携による支援もますます必要になるだろう。

2　令和二年度子ども・子育て支援推進調査研究事業「ヤングケアラーの実態に関する調査研究」報告書、三菱ＵＦＪリサーチ&コンサルティング。なお、令和二年一二月より厚生労働省は文部科学省と協力して全国規模の調査に乗り出した（全国の公立の中学校と高校から抽出して実施した報告も含まれる）。結果は文部科学省（二〇二一）を参照。

2　保護者の相談から見えるジェンダーの問題

子どものことで相談に来る保護者の語りの背景には、子どもにジェンダーによる思い込みをあてはめてしまう場合や、母が自分自身の人生を生きられないという個としての存在のゆらぎを抱えている場合がある。相談を受けるときに、支援者側がジェンダーのとらわれに無自覚であってはならないと思うことも多い。

保健センターでの保護者相談から

保健センターで、保護者から言葉の遅れや多動について相談を受けるときのことである。「男の子は言葉が遅くても大丈夫？」「女の子はおとなしいので、外遊びより人形遊びのほうが好きですよね」など、年齢に応じた発達と比べて不安なことがあるときに、性別を用いた合理化により安心したいという傾向が少なからず見られる。もちろん子どもの成長には個人差があり、周りの環境にも影響されて、言葉が先に伸びる子もいれば、運動面の成長が早い子どももいる。それを性別によって説明しがちなのは、祖父母や保護者友だちとのやりとりが影響しているように思われる。個人差であることには違いないが、一方で早期になんらかの支援や配慮が必要なこともある。そのときには「男の子だから……」「女の子だから……」という括りによるひとときの安心感は、弊害になることもある。

面接での視点

保護者がなんらかの不安を持って相談の場に来るときには、まず不安な気持ちを受け止めなければならない。最近では、父親も一緒に来たり、父親が子どもを連れて来ることも増えている。いずれにしても、家庭や保育園、幼稚園での様子をていねいに聞きとりながら、安心して心配ごとを話してもらうことが大切だ。そうしながら、子どもとの簡単なやりとりや行動の観察をし、発達の様子をアセスメントしていくことになる。

概して父親は、子どもの様子を客観的に見ていたり、普段は仕事が忙しくあまり細かい様子はわからないと率直に話してくれることも多い。一方で、母親は不安な気持ちが前面に出ることが多い。その背景には、自分のかかわり方が悪いのではないか、ちゃんと育てなければならないという強い気持ちも感じられる。田丸（二〇〇五）は健診での事例を報告しながら、母親へのていねいな支援の重要性と、父親がどのように子どもを見て、どんなかかわりをするかということの大切さを示している。沼田（二〇一五）は、母子保健の相談事業で父親の参加をどのようにとらえ、対処するべきかを検討している。そこでは、「夫婦が非対等、もしくは競合する関係性においては、父親が育児に参加することは母親の育児不安を解消するわけではないという問題点」を明らかにしている。父親が相談場面に来ていることで、支援者は熱心な父親だと肯定的にとらえがちだが、母親や子どもとの関係性や父親自身のとまどいなども考慮していく必要がある。

学校での保護者相談から

学校で出会う保護者は、我が子に不登校傾向や朝の行き渋りがあるときにどのように対応すればよいのか、あるいは学習のつまずきや友だち関係についての心配があるなど、さまざまな悩みを抱えて相談に来る。私は、勇気を出して相談に来られたことをねぎらい、苦しい胸の内を安心して話せるように心を配ることを第一に考える。

Eさんは、小学校三年生の男の子の母親だ。子どもが朝学校に行くのを嫌がり「お腹が痛い」とトイレにこもり出てこないのだという。友だちは誘いに来てくれるのに、申しわけない気持ちで先に行ってもらう。学校にも連絡しなければいけないし、仕事に行く時間も迫ってくる。そのような日々が続いて、ついに大きな声で怒鳴ってしまった、と話した。父親は先に仕事に出ているので、母親のストレスには気がつかず、子どもには学校にちゃんと行くように促したり、ときに厳しく叱責したりすることもある。父親も母親もどうかかわったらよいのかわからないというのが本音であろう。

相談の場に父親が一緒に来るケースでは、母親の気持ちを聴く前に、どうすれば子どもが学校に行くのか、学校で問題なくすごせるのか、その方法を教えてほしいと訴えることがしばしばある。背景にはさまざまなことが絡んでいることが多いのだが、時間をかけて向き合うことは難しく、その後、母親だけが継続的に相談に来る場合も往々にある。原因を見つけ、修復・改善したい、弱いところを強く鍛えたい、と無駄なく効率的に成果を求める、いわばビジネスライクの思考になりがちなのだろう。なんとか早く子どもの窮地を救いたいという親の願いから来るものだと、理解もできる。しかし焦れば焦るほど、子どもの気持ちとの溝が深まることになる。悩みながらも、子どもとの日々をていねいに共有していくことが求められる。

面接での視点　毎朝子どもと格闘することになりがちな母親の苦しさを受け止めながら、いままでの学校でのエピソードや家庭での様子を聴いていくなかで、本人の持っている性格特性や学習のしんどさ、友人関係など、子どもへの支援の必要性が見えてくることもある。その場合には、学校での具体的な配慮や取り組みにつないでいく必要がある。他方で、母親が子育てのなかで抱えてきた苦悩が語られることも少なくない。自分の子育てが悪かったのかと、多くの母親は自責の念を持っている。

多くの相談に携わってきた橋本（二〇〇〇）は「母親の不安や苦しみは陰に隠れ、癒されないままである。男や子どもにとって、抱え癒してくれる『おふくろ』の存在は尊重されてきたが、母親自身の心のあり方については顧みられなかった」と述べている。子どもの問題を入口として、やっと表出される母親自身の内面の語りは、「子どもと自分との関係を見つめ……一体感と個のあいだを行ったり来たり」しながら、「自分を犠牲にせず、子どもと自分とのかかわりを、否定的なものも含めて見つめ言葉にしていこうとすること」であり、それは「母なるものに回帰するのでなく、発見する作業となるはずである」とも述べる。

母親が自身の不安や自責の念にとらわれず、子どもとの一体感から抜け出すとき、個対個という子どもとの新しい関係性が生まれてくるように思われる。そして、子どもも自立への道のりを一歩進みだすのであろう。そのとき、父親も自身の不安や焦りを率直に言葉にしてみることが必要ではないだろうか。そうすることで、共感や対話が生まれ、父親も個として母親と子どもに向き合うことができる。

3　大人から子どもへ伝達される無意識の価値観

これからを生きる子どもたちが、自分の能力や適性を活かして成長していくときに、生きづらさとなるジェンダーの問題は、意識しなければ継承されてしまうことをまず大人が自覚しておきたい。そして、ジェンダー・ニュートラルを意識しつつ子どもたちとかかわり、新しい価値観をつくっていくことが望まれる。

家庭や学校で子どもが受けとる無意識のメッセージ

一九四七年に新学制が発足し、男女が協力する家庭をつくることをめざして家庭科の共修が主張され、実施されたのは小学校のみであった。九三年に中学校で、九四年に高校で家庭科の男女共修が実施された。中西（二〇一一）は、男女が学ぶ家庭科が全面的に実現するまでにほぼ半世紀を要し、「男女共通必修の家庭科を学んだ高校生男女は伝統的性別役割分業観に対して否定的な意識をもっていると考えられる」と述べた。

一方で、麓・杉井（二〇〇五）が中学生に実施した調査によると、家庭での性役割の実態として、「男性は仕事・女性は仕事と家事といった**新・性別役割分業**の形態が多い」ことが明らかになった。また、学校における性差意識では、「『委員長は男子がする方がよい』では、『そう思う』『どちらかといえばそう思う』と回答したものを足すと、男子三六・九％、女子二四・四％であり、性差がみられた。『家庭科は女子の教科だと思う』では、『そう思う』『どちらかといえばそう思う』と回答したものを足すと、男子で五三・九％、女子で四一・六％であり、強い性差がみられた」と報告し、「主導権をもつ役割は男性、補佐的な役割は女性、家事的要素を含むものは女性といった社会に見られるジェンダー意識が、学校教育の場においても同様に意識されていることがわかる」と考察している。調査のときからさらに時代は進んでいるが、子どもたちの意識はどのように変化しているのであろうか。

数年前、私の勤務するある中学校の授業で、教師が「理想の家庭像は？」と尋ねたとき、一人の男子生徒が「俺、主夫になりたい」と発言した。周りからドッと笑いがもれた。この一瞬の笑いのなかには、どのような思いが含まれていたのだろうか。一人、二人ではなく多くの生徒に笑いが生まれるということは、そこに共有された感覚があるに違いない。このときに教師がどのような対応をするかは、ジェンダー・バイアスを再生産することになるか、あるいは多様性を認めてさまざまな可能性に開かれる価値観を伝えていくのかの分かれ道になるであろう。

先の麓・杉井（二〇〇五）は「学校教育の場を、ジェンダーにとらわれないで男女が対等に学べる場にするためには、教師が固定的な二分法的な性差意識から脱却し、ジェンダー・ニュートラルな存在として教育を行うことが必要である。教育がいくら制度面で男女平等となったとしても、子どもに直に接するのは教師であり、教師が持つ影響力が最も大きいのである。制度面での改革よりも教師一人一人の意識の改革が重要ではないだろうか」と指摘している。

これからの世代の子どもたちは、ＩＴ化が進み、職業や働き方が大きく変化する時代を生きていく。進路指導においても、ジェンダー・ニュートラルな視点に加えて、一人ひとりの特性を生かせるよう、親も教師も視野を広げ、子どもとともに考えていく姿勢が必要だろう。

絵本、アニメやメディアから受けとるメッセージ

年号が令和にかわる頃、私が小学校の二年生のクラスで絵本の読み聞かせをしたときのことだ。谷川・和田（二〇〇二）の『ともだち』という絵本で、「すきなものが　ちがっても　ともだちは　ともだち」という文に、女の子がプラモデルをつくっている絵と男の子が編み物をしている絵があった。「あっ、反対だ!!」と最前列に座っていた男の子が叫んだ。この絵本のジェンダー・ニュートラルな発想にはうなずいた一方で、小学二年生の子どものなかにはすでに、男の子はプラモデル、女の子は編み物という固定観念が刷り込まれていることに驚いた。

人気の漫画・アニメ『鬼滅の刃』のなかにも「やっぱり男の子ね、かっこいい」「俺は長男なんだから」「男に生まれたなら、苦しみに耐えろ」など、ジェンダーの視点から見ると気になるセリフが端々に出てくると、太田（二〇二〇）をはじめ何人かの人が指摘している。どれだけの人がこのメッセージを耳にしているのかと思うと無意識に与える影響力の大きさを感じ、心配になる。少し意識してテレビを見ていると、「男なら稼がなくちゃ」「男なんだから」と男性を鼓舞する言葉は毎日のように耳に入る。子どもたちの耳に直接入ることもあるだろうし、親がそうした価値観を強化し続けている可能性もある。

弁護士でもあり二人の男の子の母親でもある太田（二〇二〇）は、離婚事案やハラスメント事案での男性の行動の背景にある「男らしさ」ついて、「『男なんだから』『男らしくしろ』というひと言で、揺れ動く感情自体を『見ないことにする』というのは、実は弱さの克服にもマイナスなのではないでしょうか」と述べている。さらに、「競争の勝ち負けの結果でしか自分を肯定できなかったり、女性に対して『上』のポジションでいることにこだわりすぎて対等な関係性を築くことに失敗してしまったり、自分の中の不安や弱さを否定して心身の限界を超えて仕事に打ち込んでしまったり……といったことが男性にはしばしば起こっているのではないか」と述べる。大人になっても弱音を吐けない、困っていても相談できないという傾向にもつながっていくのであろう。それは、男性の生きづらさにもなっていくようにも思われる。その反動として、ときに女性や子どもに暴力や暴言が及ぶとすれば、双方にとって悲しいことである。

4　誰もが生きやすい社会への取り組みに向けて

相談の現場では、ジェンダーの問題が背景にあったり、前面に出てきたり複雑に織り込まれている。それは、子どもから大人、高齢者までどの世代にもかかわることだと思う。支援する側にもさまざまなジェンダー・バイアスがあり、ときに相談者を二重に傷つけることにもなりかねない。それだけに、誰もがジェンダーの問題に気づき、意識をしていくことや疑問や問いを発信してつながることが大切なのだと思う。女性の「生きづらさ」は、誰もが感じる可能性のある「生きづらさ」につながるものだからだ。

「生きづらさ」への問いかけ

新・性別役割分業が示すように、女性の二重負担の現状を見ている子どもたちが、家庭と仕事を両立させる苦労をわざわざ担おうと思わないのも当然であろう。ある女性教師の家庭では、持ち帰りの仕事を夕食後にも食卓でしている母親に「お母さんはどうして布団で寝ないの?」と尋ねたそうだ。深夜まで仕事をして、そのまま食卓で眠ってしまった姿を何度となく見ていたのであろう。この子どもの率直な問いかけは、「生きづらさ」に対する重たいメッセージではないかと感じる。

学校では、多くの女性が働き、子どもたちの学校生活や保護者を支えている。日本の女性校長が少ないことに問題意識を持った河野（二〇一七）は、その実態を調べている。そこでは長時間労働や家庭との両立の難しさなどが明らかにされ、管理職養成システム改革の課題も示されている。教師は、子どもにとって身近な職業であり憧れのロールモデルともなろうが、教師自身が心身ともに健康で子どもたちとのかかわりを充実させていく時間とゆとりがなければ、憧れの存在としてあり続けるのは難しいだろう。

親や祖父母、兄弟などの家族をケアするヤングケアラーの一人は、次のように語っている（秋保、二〇二〇）。「ケアをすることに明確な『成果』というものがあるのか、私には疑問です。そもそもケアが必要な人は……『出来ない』ことが多く、」そのことは「悲しいことかもしれませんが、あなたの側に私はいます」という気持ちを持つのが「ケアラーの『心』なのかと思います」。「学校にいる間は『出来ることを増やすことは素晴らしい！』という価値観でいなければならないのです。この学校と家庭での価値観のあまりの落差、ギャップは、私の精神を大いに疲弊させました。本当に疲れた」。

この感情は二重負担を引き受ける多くの女性の感情にも重なるだろう。「ケアすること」と「学業や仕事」の価値観はある意味逆のベクトルを示すがゆえに葛藤が生じる。そのバランスが崩れるときの精神の疲弊に気づき、寄り添う周囲の姿勢が必要だと思う。そこにこそ支援の手を差し伸べていかなければならない。そしてケアを必要とする人の側に誰かがいることを保障する制度の構築も急務なのではないだろうか。

つながり、語ること――アサーションの考え方を基盤にして

日本の社会は長らく、多くを語らず、察することを重んじることに価値がおかれてきた。しかし、日常的にその役割が固定化し、つねに周囲の意向を察する姿勢で生きるのは大変だ。小学生でさえ、先生に評価される答えや行動を知っており、先生にも友だちにも気をつかう。上手にバランスのとれる子どもや大人はよいのかもしれないが、どうしてもそれが難しい立場や環境におかれることはあるだろう。とくに女性は、一歩引いていることが美徳とされていたのだから。そのときに、孤立せず「つらさ」や「しんどさ」を安心して語ることのできる場と人とのつながりが必要だと思う。

私は、自分も相手も大切にするために、「アサーション（第4章参照）」の心理教育を子どもたちや保護者、教師に向けて長年実施してきた。最後にその理念と実践を報告しよう。アサーションとは、平木（二〇〇八）によると「自他尊重の自己表現」である。具体的には、「自分の考え、欲求、気持ちなどを率直に、正直に、その場の状況にあった適切な方法で述べること」であるという。その考え方と方法はカウンセリングのなか

コラム 1
難民高校生

『難民高校生――絶望社会を生き抜く「私たち」のリアル』（仁藤，2013）という本を知っていますか。著者は，自分が家庭や学校，ほかのどこにも居場所がないと感じていた高校生時代を振り返り，“難民高校生”と呼んでいます。当事者の立場から，同じように「居場所がない」と感じて渋谷に集まっていた高校生たちの日々の現実を書き記した本です。

そこには，子どもと大人の間にいる女の子たちが，お金を稼ぐための仕掛けがあからさまに描写されており，「性」をいとも簡単にお金に換えてしまう彼女たちのさまざまな事情も見えてきます。そのなかで彼女たちは「自分は誰にも期待されていない」「自分なんか生きていても仕方がない」と将来への見とおしや展望を見失っていくのです。

著者は，「父親の単身赴任や，母親の仕事のストレスや子育ての悩み，自分たちの反抗期などが重なり，それぞれが悩んだり迷ったりしていたのだと思う」と，振り返っています。当時の気持ちについて「家も学校も，嫌い」「親にも先生にも本当の気持ちは話せずにつっぱっていた。親・先生という人間関係は相談しても面倒なことになりそうな関係なのだ」と言います。相談を受ける立場にとっては，痛烈な指摘です。

著者は葛藤の末に高校を中退して，高等学校卒業程度認定試験（旧大学入学資格検定）の予備校に入ります。そこでの出会いが，彼女の考え方を変えていくことになり，大学に行き，学んで，この本を書くことになったのです。人が大人になっていく道筋は多様です。そこに「生きづらさ」が潜んでいても，「一歩を踏み出す勇気」があれば，と著者は若者に語りかけています。「生きづらさ」

を直視するために著者の記した「リアル」とメッセージを受けとめたいと思います。

で生まれたが、じつは一九七〇年代にアメリカで起こった人権運動のなかで、人種差別や女性差別などで虐げられてきた人々が自分たちの人権回復をめざしたことにその起源がある。「誰もが自分の考えや気持ちを表現してもよい」という表現の自由と権利の視点が土台にある。

その歴史や考え方を基盤にして、具体的には「非主張的」「攻撃的」「アサーティブ」の三つのタイプの自己表現を説明する。「アサーティブ」には自分の意見や気持ちを確かめて「自分の表現」を大切にする側面と、相手にも意見や気持ちがあり「相手の表現」も大切にするという側面があるのだ。普段、自分がどのような自己表現をすることが多いのかを振り返って、自分が伝えたいことは何かを確かめ、「わたし（I）メッセージ」を心がけて表現することの大切さを強調する。つまり、「自分は○○と感じている」「私は○○と思う」など、自分（私）を主語にした表現のことである。「あなた（YOU）メッセージ」にすると、「あなたが○○して！」「あなたは○○だ」と相手を責める口調になりがちなのは誰もがわかることだろう。

アサーティブな考え方や姿勢、自己表現の方法が身につくと、自己理解・自己尊重が深まり、自分と同じように他者にも表現の自由と権利があることに思いいたる。自分の気持ちや考えを見つめ、言葉にしてみることを、日常のなかで家族や仲間と意識していくことが大切なことである。

アサーションの考え方は、学校教育の場だけではなく、介護や看護の職場や企業でのメンタルヘルスにも役立つものだ。また、女性がアサーションを学ぶ意味、男性がアサーションを学ぶ意味は、生活のなかに深くあるジェンダーの問題に気づき、日々の生活のなかで「生きづらさ」を改善する可能性を私たちに与えてくれることにあるのではないだろうか。

用語解説

ステップファミリー　どちらか一方の親か、両親それぞれに連れ子がいる状態で結婚した家庭のことを呼ぶ。ステップファミリーにはいろいろなかたちがあるが、配偶者と死別した場合や、離婚後も子どもに会う機会があるような場合も、ステップファミリーに分類される。SAJ（ステップファミリー・アソシエーション・オブ・ジャパン）は「ステップファミリーのおとなのためのきほんブックレット」（SAJ出版部）を作成し、情報や家庭生活へのヒントを発信している。

ヤングケアラー　「家族にケアを要する人がいる場合に、大人が担うようなケア責任を引き受け、家事や家族の世話、介護、感情面のサポートなどを行っている、一八歳未満の子ども」と日本ケアラー連盟が定義している。学業への影響や不登校の傾向も懸念される。詳しくは、澁谷（二〇一八）、澁谷（二〇二〇）を参照。

新・性別役割分業　松田（二〇〇二）では、厚生省や総理府の文献を引用しつつ、次のように説明している。「女性の社会進出がすすみつつある今日では、従来考えられてきたような『男は仕事、女は家庭』という性別役割分業は減少傾向にあるが、代わって『男は仕事、女は家庭と仕事』という新たな性別役割分業が生じてきたと指摘されている」。「前者の分業を『性別役割分業』というならば、後者の分業はいわゆる『新・性別役割分業』といえる。性別役割分業は女性を家内領域に閉じ込め、社会における女性の地位を低位で固定化させるという問題があるが、新・性別役割分業は女性の社会進出を認めてはいるものの別の問題を生じさせることになる。それが妻の仕事と家庭の二重負担である」。性別役割分業については第8章の用語解説を参照。

ブックガイド

治部れんげ『「男女格差後進国」の衝撃――無意識のジェンダー・バイアスを克服する』（小学館、二〇二〇年）

「ジェンダー」についてわかりやすく説明し、ジェンダー・ギャップ指数一二一位（二〇一九年）と先進国で最下位である日本の現実をさまざまな角度から読み解いている。無意識のジェンダー・バイアスを克服するために職場や家庭で一人ひとりが気づくことの重要性と意識変革が次世代のためにできることだと明言している。

川上ちひろ・木谷秀勝編著『発達障害のある女の子・女性の支援――「自分らしく生きる」ための「からだ・こころ・関係性」のサポート』（金子書房、二〇一九年）

幼児期から学童期、思春期、青年期、中年期以降と発達段階でぶつかる女の子・女性のさまざまな課題を事例を通じて考察している。本人、家族、各ライフステージでかかわる支援者が見とおしを共有しながら「多様性ある生き方」を応援するための一冊。

林香里編『足をどかしてくれませんか。――メディアは女たちの声を届けているか』（亜紀書房、二〇一九年）

メディアには「理想の女性」が闊歩し、女たちのリアルも声も消されているという。メディアとジェンダーの問題を多角的な視点から議論している。望まなくても目に入る「見えない教育としてのメディア」の、次世代への影響にも言及し、メディアのあるべき姿を考える一冊。

国立歴史民俗博物館編『性差（ジェンダー）の日本史』（エリート情報社、二〇二〇年）

二〇二〇年一〇月六日～一二月六日に千葉県佐倉市の国立歴史民俗博物館で開催された企画展「性差（ジェンダー）の日本史」の図録である。「政治空間における男女」「仕事とくらしのなかのジェンダー」「性の売買と社会」という三つのテーマを豊富な歴史の資料を基に読み解く。巻末にある元厚生労働省事務次官の村木厚子さんの「ジェンダーを超えて」のインタビューは、歴史を知ることで、今を「変えられるんだ」と若い人にも訴えている。

第2章　はじき出された少女たち

少年院の女子少年からみえる世界とは

鈴木育美

ある朝、女子刑務所のエントランスでいまから仮釈放される二〇代半ばの女性と顔を合わせた。不安そうな表情を笑顔に変えて「先生、見送りにきてくれたんですか！」と私に明るく声をかけてくれた。彼女を見送るのは少年院の仮退院を含めて二回目だった。彼女は「自分を大切にするって一番難しいけど、これからは娘のために頑張ります」と言い残して出所していった。

このような場面を何十回見届けただろう。私は、司法領域における「加害者臨床」に携わる者として、女子少年院、女子刑務所で非行・犯罪をした女性たちへの矯正教育を担ってきた。本章では、女性の非行・犯罪について、善悪の判断や社会常識の評価からとらえるのではなく、非行・犯罪をした女性たちが見ている世界はいかなるものか、どのような生活世界を生きているのか考えてきたいと思う。そこにあるのは悪意なのだろうか。少年院に送致されることになった女子少年の視点から非行に潜んでいるジェンダーの課題を探っていきたい。

1　少年院の位置づけと女子少年の特徴

少年院とは

少年院の位置づけ

少年院は、家庭裁判所から**保護処分**として送致された少年に対し、その健全な育成を図ることを目的として矯正教育、社会復帰支援などを行う法務省所管の施設である（法務省、二〇二〇、図2・1）。少年院は、少年の健全な育成を期すという少年矯正の理念などを背景として展開されてきた。その処遇は、従来、一九四八年に制定された少年院法にもとづいて行われてきたが、二〇一四年に新たな少年院法が制定され、二〇一五年六月に施行されている。二〇二〇年四月一日現在、少年院は全国に四八庁（分院六庁を含む）あり、そのうち、女子のみを収容する少年院は九庁ある（法務省法務総合研究所、二〇二〇）。

保護処分の執行先の一つである少年院は四種類ある（少年院法第四条、表2・1）。第一種、第二種少年院が全国に最も多く、心身に著しい障害がない者が収容される少年院であり、第三種少年院は、いわゆる医療少年院といわれる種類のもので、一つの少年院で男女を分けて処遇している施設が二庁ある。第四種少年院は、少年院において刑の執行を受ける者を収容する。

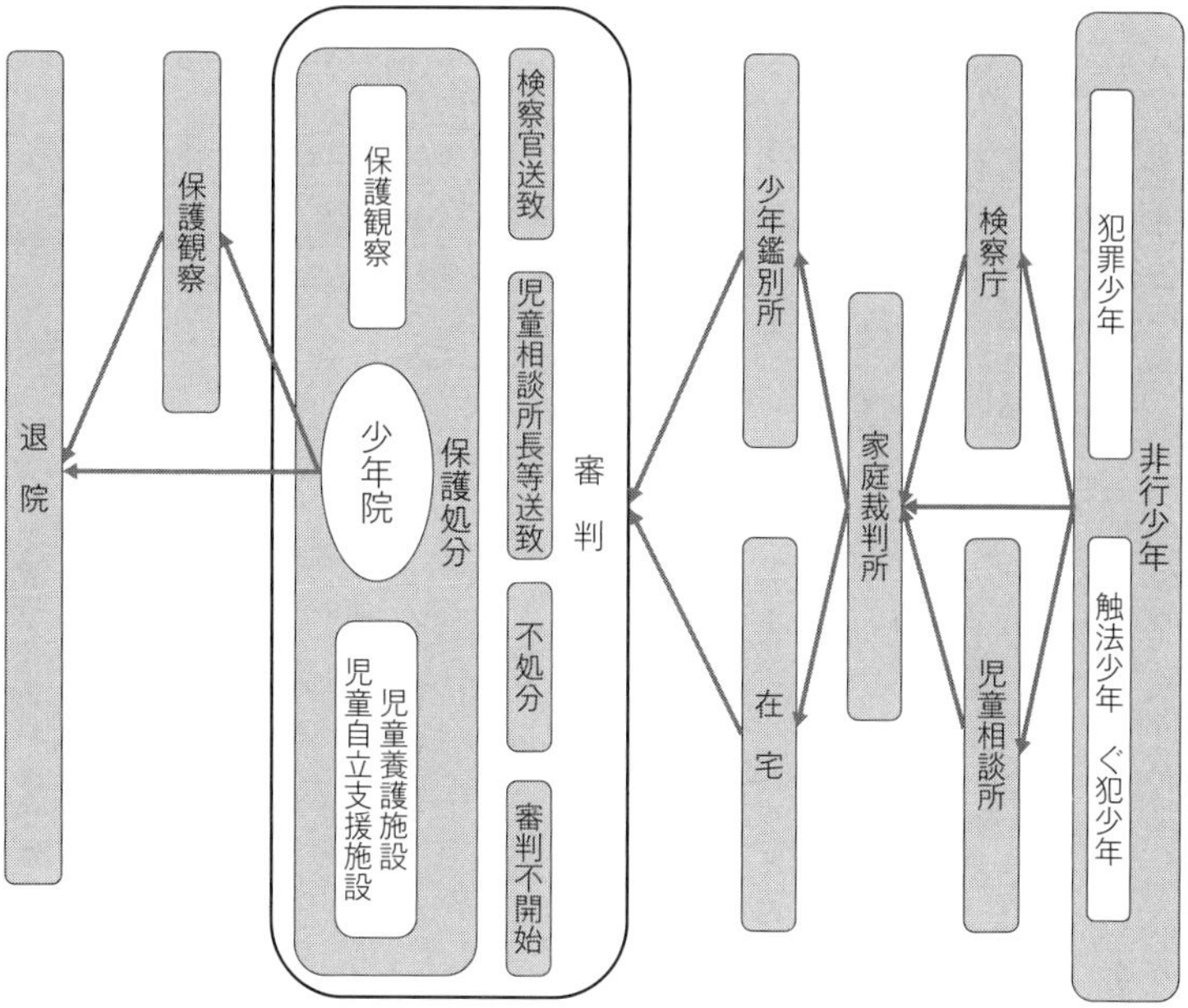

（注） 法務省矯正局発行「明日につなぐ少年院のしおり」，法務省法務総合研究所（2020）を参考に筆者作成。

図 2.1 保護処分の流れ

表 2.1 少年院の種類

少年院の種類	内　容
第 1 種	保護処分の執行を受ける者であって，心身に著しい障害がないおおむね 12 歳以上 23 歳未満のもの（第 2 種に定める者を除く）を収容する。
第 2 種	保護処分の執行を受ける者であって，心身に著しい障害がない犯罪的傾向が進んだおおむね 16 歳以上 23 歳未満のものを収容する。
第 3 種	保護処分の執行を受ける者であって，心身に著しい障害があるおおむね 12 歳以上 26 歳未満のものを収容する。
第 4 種	少年院において刑の執行を受ける者を収容する。

（出所） 少年院法第 4 条。

表 2.2　矯正教育

指導項目	内　容
生活指導	善良な社会人として自立した生活を営むための知識・生活態度の習得
職業指導	勤労意欲の喚起，職業上有用な知識・技能の習得
教科指導	基礎学力の向上，義務教育，高校卒業程度認定試験受験指導
体育指導	基礎体力の向上
特別活動指導	社会貢献活動，野外活動，行事，クラブ活動

（出所）　法務省（2020）。

司法における少年と少年院の処遇

少年とは　司法領域における「少年」とは、二〇歳未満の者をいう（少年法第二条）。①犯行時に一四歳以上で罪を犯した少年（犯罪少年）、②一四歳未満で刑罰法令に触れる行為をした少年（触法少年）、③二〇歳未満で保護者の正当な監督に服しない性癖等の事由があり、少年の性格又は環境に照らして、将来、罪を犯し、又は刑罰法令に触れる行為をするおそれのある少年（ぐ犯少年）が、家庭裁判所の審判に付され、保護処分等の処分が決定される（少年法第三条）[1]。

矯正教育　少年院に入所した少年に対しては、医学、心理学、教育学、社会学その他の専門的知識をもとに、少年の性格、年齢、経歴、心身の状況及び発達の程度、非行の状況、家庭環境、交友関係その他の事情を踏まえ、少年の最善の利益を考慮して、特性に応じた処遇となるようにしなければならないという原則がある（少年院法第一五条）。

少年院における処遇の中核となるのは矯正教育である。矯正教育は、少年の犯罪的傾向を矯正し、健全な心身を培わせ、社会生活に適応するのに必要な知識及び能力を習得させることを目的としている（少年院法第二三条）。矯正教育として生活指導、職業指導、教科指導、体育指導、特別活動指導の五つの分野にわたって指導が行われる（表2・2）。少年一人ひとりの特性に応

表2.3　少年院の1日（例）

6:30	7:40	8:50	9:00	12:00	13:00	16:00	17:00	18:00	20:00	21:00
起床・掃除等役割活動	朝食・自主学習	朝礼（歌・体操）	日課（矯正教育、運動、面接など）	昼食・余暇活動	日課	個別面接・自主学習・入浴など	夕食・役割活動	自主学習・日記	余暇活動（テレビ視聴など）	就寝

（出所）　法務省矯正局発行「明日につなぐ少年院のしおり」。

じた目標、内容、方法、期間などを定めた個人別矯正教育計画を作成し、法務教官らがこれにもとづいて矯正教育を行う。

個人別矯正教育計画は一級から三級の三段階に分かれて作成されている。少年院に入院した少年は、まず三級に編入され、その後、改善更生の状況などにともなって上位の段階に移行していく。少年院は、個別担任制をとっており、女子少年の担任教官は女性の法務教官が担っている。少年は、担任の法務教官と一緒に矯正教育をとおして自分のおかれていた環境やとらえてきた世界観、生き方について探る時間をすごしていくことになる。

少年院の生活

少年院の一日の生活は、寮舎から始まる（表2・3）。朝六時三〇分に起床し、洗面、掃除、朝食等を済ませると、出寮し朝礼を行い、教室がある棟で日課が開始される。日課は、各少年院に指定された**矯正教育課程**ごとに、施

1　なお、少年法等の一部を改正する法律（「改正少年法」令和三年五月二一日可決・成立、令和四年四月一日施行）により、民法上、成年である一八歳以上の者は「特定少年」として少年法の適用対象と新たに位置づけられた（改正少年法第六二条）。特定少年に対しては、ぐ犯の対象および新設の第五種少年院への収容といった点で、新たな規定・検討がなされている（令和三年七月現在）。

設の立地や地域からの支援などを活かして定めるカリキュラムにもとづいて計画されている。平日の昼間は学校と同じように一時限目から六時限目まで授業となる。日課を終えて寮舎に戻ると、少年と担任教官が個別面接をしたり、入浴（週三回）をしたりして、夕食までの時間をすごす。その後は、日記を書いたり、テレビを観るなど少年が自分で計画した余暇活動を行う。就寝時間は、午後九時となっている。

なお、個別面接は、担任の法務教官が行うことが多いが、指導内容や少年の心情や関係性に応じてほかの法務教官が行うこともある。複数の大人と信頼関係を結んでいくことが、少年の社会復帰に有用だと考えられる。

女性法務教官

矯正教育を行う法務教官は、男女別の採用区分がとられており、女子少年院の女性法務教官の割合は、幹部職員を除くと大方を占めている。従来、法務教官として採用された女性は、一貫して女子少年院で勤務することが一般的であった。このように女性法務教官が女子少年院で矯正教育に携わることについて、男性に依存せず、女性職員が存分に能力を発揮していることを誇りに感じられるという報告がある（法務省、二〇一二）。女性法務教官にとって女子少年院の職場環境は、女子少年への指導・教育、職員会議などおもな仕事だけでなく、力仕事もお茶出しも女性同士で手分けして行うことから、女性が性別役割分業（第8章参照）を意識せずに働くことができる職場だといえるだろう。それは、これから述べる女子少年に対してもよい影響を与えていると思われる。

現在は、少年の円滑な地域移行や職員の男女共同参画、学校と同様に男女の教官が自然に存在する教育環境の構築などの観点から、女子少年院に男性法務教官が勤務し、女子少年に対して指導する場面を増やす試みがなされている。

女子非行少年の状況

少年院の女子少年の状況を『犯罪白書』（法務省法務総合研究所、二〇二〇）から見てみよう。

少年院入院者全体の人員は、昭和期の増減を経て、二〇〇〇年の六〇五二人を平成期のピークとしたあとは少子化の流れから減少傾向が続いた。二〇一九年は一七二七人で、一九四九年以降最少であった。そのうち女子少年は、全体の一〇％前後を推移しており、二〇一九年は一三三人、七・七％であった。

女子少年の非行は、窃盗、覚醒剤取締法違反、ぐ犯の順に多い。年齢層が上がるにつれて傷害・暴行の構成比が低くなり、男子と比べ、覚醒剤取締法違反とぐ犯の構成比が顕著に高い状況が見られる。また、教育程度を見ると、高校卒業・その他（高等専門学校・短期大学・大学・専修学校における在学・中退・卒業）の者が少年院入院の女子少年全体の六・八％であった。就学・就労状況に関して、学生でもなく、職に就いていなかった者が四〇％程度を占めていた。

そのほか、暴力団、暴走族、不良集団とのかかわりは、男子が四〇％以上を占めているのに対し、女子少年で関係をもっていたのは三〇％以下と低い割合だった。

最後に、女子少年の保護環境については、保護者が実母という者は三七・六％と最も多い（実父の者は六・八％）。両親を保護者とする者は二五％程度で、そのほかの者（実父義母、義父実母、養父母、保護者なし）が三〇％程度を占める。特筆すべきことは、女子少年の被虐待経験（身体的、性的、ネグレクト、心理的）は、五五％と半数以上を占めていたことである。ただし留意すべきは、ここで示されている被虐待経験の有無・内容が、入院段階における少年院入院者自身の申告などにより把握することのできたものに限られている点である。私の経験では、日常的に暴力を振るわれている女子少年には、保護者からの暴力を身体的虐待ととらえていなかったり、性的虐待を入院段階では言い出すことができなかったりする者が少なくない。よって実際は、もっと多い可能性もあるだろう。

非行・犯罪で用いられる言葉と当事者が使う言葉

少年鑑別所で作成された少年簿や家庭裁判所の調査記録から女子少年の非行歴を見ると、体罰、暴行傷害、窃盗、深夜徘徊、不純異性交遊、売春などの言葉が頻繁に現れる。しかし、それらが女子少年の言葉で表現されるとき、事実が歪曲されて認識されていたり、軽い調子の言葉に置き換わっていたり、彼女自身が言葉を一般的なものとは異なる意味づけをしていたりするケースが散見される。たとえば、体罰は「躾《しつけ》」に、暴行傷害は「いじめ」に、窃盗は「万引き」に、深夜徘徊は「夜遊び」に、不純異性交遊は「恋愛」に、売春は「援助交際」にといった言い換えがなされている。

私が出会ってきた女子少年には、小学生の頃からいじめに遭っていた子が少なくない。親から躾という名目で暴力を受けていた子は、小学校に入ってから暴力的ないじめを受けても、自分はそういうことをされる存在だと受けとめていた。彼女たちの日常には、不条理な行為や犯罪行為がその呼び名を変えて、当たり前のように存在していた。

自分自身の存在がおとしめられる生活のなかで、マナーやルールを守る精神、そして自分を尊重する心は、彼女たちのなかにどのように位置づけられているのだろうか。以下は、私が女子少年院で個別担任を務めていたときに、個別面接の際に女子少年から語られたものである。[2]

一九歳

あみさん　一〇代の女の子が、家出や不純異性交遊を繰り返し、複数の男性と性行為を繰り返しているという事実を聞いたら、みなさんはどのような印象を抱くだろう。ぐ犯少年として少年院送致となった一九歳のあみさんは、避妊しない性行為を「中出し」という言葉を用いて、以下のように意味づけていた。

人生初の中出しはたいして深い意味もありませんでした。その後、何人かに中出しオッケーしたら、中出しできるほうが（避妊をした性行為より）需要があることに気がつきました。もっといえば、中出しできて、万が一（子どもが）できても認知しろとか、産みたいとか騒がない子、男の交友関係に踏み込んでこない子に需要があることに気がつきました。だから、相手を喜ばせる手段としての中出し、相手をつなぐための中出しでもありました。

あみさんは「需要」という言葉をつかい、一見すると割り切って男性と性行為をしていたように読むことができる。しかし、金銭は主たる目的ではない。「中出し」という行為は、男性側にその主体がある。彼女は、「中出し」をされる客体であることを自覚していた。自分も相手を選ぶ権利を有しているという発想はなく、男性に必要とされることで、自分の存在意義がはじめて生まれると考えていた。そのため、好意を寄せる男性ができても、あみさんは自分の気持ちを口には出さないまま、避妊薬を飲むのをやめて「大好きな

2　なお、本章に登場するケースは、個人が特定されないように複数のケースから本質を損なわないかたちで表現を変えている。

彼の遺伝子の入った子どもをつくって産みたい」と思っていた。彼女は、それを相手の男性への愛だと信じており、一方で、それを男性に要求することは「私の身勝手な欲求」と抑えながら、子どもという目に見えるかたちでの愛情を求めていた。

少年院で、あみさんが当時の感覚を見つめ直してみたところ、自分より立場が上にある男性からの性行為の要求を断ることはできなかったという。そのうえで、あみさんから好意を寄せる相手の男性に対しては「中出し」という避妊しない性行為をさせることで、あみさんなりに想いの違いを示していた。そうすることで、当時のあみさんはお互いに何かを共有できて、よりつながれた感覚になっていたという。

少年院の内省課題で非行をする前の生活を振り返っていったところ、父子家庭のあみさんは、女性として男性から必要とされたかったのではなく、小さな子どものように父親に甘えたい気持ちをほかの男性で満たそうとしていたことに気がついた。他方で男性たちには、あみさんの父性を求める想いはまったく伝わっておらず、人格を必要とされていなかったことを理解していった。そして、あみさんは「客観的に見ると妊娠したときに困るのも、泣くのも、育てるのも自分だけで、当然そこには男性との困難の共有も将来的なつながりもなく、責任は自分に押し付けられる結果に終わるから、愛と見るのは難しい」と整理するようになった。

あみさんが使っていた「中出し」という過激な言葉には、男性に疎まれることへの恐れの反動として、なんとか自分の居場所を見つけて、人とつながりたいという思いがあったのではないか。

2　育った家庭で培われる女性観

女子少年院で出会う女子少年の女性観にふれると、二〇〇〇年以降に生まれたとは思えないほど家父長制が染み込んでいることによく驚かされる。前述したあみさんのように、男性と女性には上下関係があることが当然だと考えたり、父親が家族内で強い力を持っていたりしていた。母親からの養育のあり方を受け入れられない自分と、自分の気持ちをわかってくれない母親との関係に苦しんでいることもあった。本節では、女子少年のジェンダー観のなりたちを追ってみたい。

（第10章参照）

最初に学んだ「普通」は簡単に手放せない

一八歳
かりんさん

援助交際などの性非行をして少年院送致された一八歳のかりんさんは、両親が一〇代のときに長子として生まれた。両親の喧嘩は絶えず、母親は、父親の飲酒・ギャンブル・暴力が原因だと言い、父親は、母親の不倫が原因だと主張していた。そんな生活のなか、かりんさんは弟妹を守らねばならないという役割意識を抱き、弟妹たちの面倒をみていた。そして、両親は、かりんさんが小学校低学年のときに離婚することになった。母親は、子どもたちを一緒に連れて出ていこうとしたが、かりんさんだけが残った。このときの気持ちについて、かりんさんは、こう振り返っている。

車に乗っているとき、お母さんから「かりんも、お母さんと一緒に行くよね」と言われた。バックミラー越しにそれを聞いていたお父さんの寂しそうな顔が見えて、お父さんを一人にしてしまうのがかわいそうだと思ったし、私がお父さんのところに残れば、お母さんは出ていくのやめるんじゃないかと思った。だから「かりん、お父さんのとこにいるわ」って言った。

その後、母親は、交際していた男性のもとに弟妹たちを連れて出ていった。父親は、離婚直後に子どもがいる女性と再婚した。父親と継母、連れ子たちのなかで、かりんさんの肩身の狭い生活が始まった。さらに父親からは「デブ」「ブス」「お前、お母さんにそっくりだな」という言葉とともに暴力を振るわれることがたびたびあった。かりんさんは、経済的にも義きょうだいと比べて、支えてもらえなかった。父親には男性優位の価値観があり、元妻が自分を捨てたことへの腹いせがあったと考えられる。また、かりんさんは小学校でも「デブ」「ブス」と身体的特徴を揶揄《やゆ》され、いじめを受けていた。こうした生育歴から、かりんさんは女性蔑視や女性は美醜で判断されるという価値観を身につけ、自己肯定感は低く、自己主張することも難しくなっていた。

性非行のある少女にとって、境界線（バウンダリー）の概念はきわめて重要と指摘されている（藤岡、二〇一四）。境界線には、身体的・物理的境界線、心理的境界線、社会的境界線の三種類がある。藤岡（二〇一四）は、知らずに境界線を越えてしまい「嫌だ」と言われたら、素直に境界線から出ること、境界線を踏み越えられたら、「嫌だ」と伝えることで安心・安全を守るための「距離」をとる必要性について説明している。

少年院でかりんさんは、担任の法務教官に傾聴してもらう体験を積んでいった。そして、自己を規定する価値観として、男性の意に反して自己主張をすることを許せない自分、容姿が悪いから周囲に負担をかけてはいけない自分、恋愛など男性と対等な関係を築くことを認められていない自分がいたことに気がつく。つまりかりんさんは、自分の境界線は父親や交際相手の男性らに踏み越えられて安心・安全を犯されてきたにもかかわらず、彼女自身は相手の境界線に敏感になり、必要以上の配慮をしていたことになる。これらの価値観によって、かりんさんは交際相手ができても、相手の浮気に正面から異議を唱えることができず、抑えられない不満は援助交際や売春の相手から甘い言葉やお金を得ることで相殺させようとしたものの、結局、自分の心も身体も余計に傷つけていたと自分自身について理解していった。

母親の機嫌は娘の責任

一九歳　さきさん

窃盗で少年院送致された一九歳のさきさんは、父親からご飯の食べ方や言葉づかいなどを厳しく正され、殴られることすらあるなかで育ってきた。さきさんは、少年院に入るまでそれを当たり前の躾だと受けとめていた。また、さきさんには理由がわからないまま、父親は何度も転職し、その際には県を越えた引っ越しを繰り返していた。父親は、仕事が長続きしない人だった。当然のように母親もさきさんら兄妹もそれに従うしかなく、意見を言うことはできなかった。

その繰り返しののち、さきさんが小学校高学年のときに両親は離婚をした。その後、母親は精神疾患をわずらい、不倫相手に依存するようになった。さきさんは、自分のおかれた境遇についてこう述べていた。

親が離婚したことは「もうこれで殴られなくていい」と思って嬉しかった。だけど、お父さんが電話をかけてきて、勉強しろとか、家の手伝いをちゃんとやれとか怒ってくるのは嫌だった。お兄ちゃんの中学校でのもめごとのせいで、自分までいじめられるようになって、部活もやめることになった。それでも、家でお母さんの話を聞いてあげたり、お兄ちゃんたちの分までご飯をつくったり、洗濯したりしないといけなかったから。

子どもを連れて離婚した母親の心労は、それまでの夫からの暴力や離婚の労力など相当なものだったと想像することは難しくない。一方、さきさんの生活は、父親から殴られなくなったものの、母親が精神疾患をわずらったことと、母親としての側面より異性交際をする女性としての側面が大きくなったことによって、負担が増える結果となった。中学生として部活に励むことではなく、母親の情緒安定を図ること、家事を担うことがさきさんの役割になった。さらに、さきさんは母親から公務員になって自立するよう求められていた。専業主婦の母親が、学生時代に抱いていた教師になる夢を託されたのだ。母親の希望に応じてさきさんは、高校に進学するも、一年次後半から怠学や夜遊びが始まり、非行にいたった。

その後、少年院送致となり内省を深めることによって、さきさんは、中学校で受けたキャリア教育（第11章も参照）を振り返り「私には関係ないやって思っていた」と述べた。自分のための進路選択（第3章参照）なんてないのに、ほかの子には可能性が広がっていることについて、比べずにはいられなかったことが、ますます学校から自分を遠ざけたと振り返っていた。母親から必要とされることが自分の存在意義だと思っていた当時、母親が求める自分になれない苦しみを抱いていたが、自分自身はどうしたいのかということについては考えたこともなかったことに気がつき、自分を知ること、母親を客観的に見つめ直してみることに取り組んでいった。

心は教えてもらわないと表現できない

私たち法務教官は、明らかに女子少年がイライラしていたり、落ち込んでいたり、焦っていたりしている心情を、彼女たちの表情や話し方、物の扱い方から読みとることがよくある。しかし、ある子の様子がいつもと異なることに気がついたからといって、不用意に介入し、その気持ちを尋ねてしまうと「なんなんですか！」と怒りをぶつけられることがある。またある子は、何かを頼まれると、必ずといっていいほど「面倒くさい」と返答した。また、自分の意見を求められても「○○先生は、こう思っていると思います」「あのとき、お母さんはこういう気持ちだったんだと思います」と他人の心情ばかり述べる子もいた。

言葉だけを追いかけてしまうと、問いかけと答えが嚙み合わない。彼女たちの背景には自分の本音を受けとめてもらえるのか不安な気持ちがあり、そもそも自分の気持ちを言葉で表現できない不器用さもあると思われる。そのため、怒りや不満として感情が表現されることや大人に受け入れてもらえそうな正解を探して、優等生のような回答にとどまってしまうことが見受けられる。

読者のみなさんにも自分が幼かった頃を振り返ってみてほしい。自分の感情はどのようにして同定できるようになっただろうか。

私自身は、両親、祖父母たちから感情を教えてもらったと思っている。家族は、私が誰かに何かをしてもらったときには「嬉しかったね」と一緒に喜んでくれた。転んだときには「痛かったね」と患部をなでてくれた。モジモジしていると「どうしたの？」と声をかけてくれた。私がボソボソと何か伝えようとすると、母親が「こういうことがあって、こんな気持ちでしょう」と状況を整理し、私の気持ちに言葉を与えてくれた。要するに、状況に対する身体反応と感情に一体感を与える体験を促されたのだと思う。

女子少年のなかには、子どもの頃に親から温かい関心を示されたことや、ゆっくり語り合う時間を持った体験に乏しい子がいる。そのため、幼少期から発達年齢に合う言葉で気持ちを表現する経験ができないまま育ち、思春期(第3章参照)の心身発達にともなう敏感な感覚や、少年院送致された加害事実の裏に隠された被害などの複雑な事情について、適切な言葉で表現することが困難になっている場合がある。その背景には、強者である大人から、弱者である子どもへの不適切なかかわり方とされる**マルトリートメント**があると指摘されており(友田、二〇一七)、ここでとりあげた女子少年も例外ではない。

少年院ではこういった少年に共通する処遇ニーズに対し、二〇一六年度から自己開示・他者理解の態度を育て、自尊感情を高めるとともに、状況に適した対応がとれるようにすることを目的としたアサーション・トレーニング(第4章参照)、瞑想を体験的に理解させることで衝動性の低減や統制力の向上などをめざす**マインドフルネス**が実施されている(法務省法務総合研究所、二〇二〇)。とくに自己を害する程度の深刻な問題行動を有する、処遇ニーズの高い女子少年には特別プログラム(自傷および摂食障害に対するプログラム)が試行されている。

3　女性であることを引き受ける難しさ

少年院で出会う女子少年には、母親への両価的な感情(アンビバレンス)を抱いている人が少なくない。一つには、育ててくれている母親に甘えたい、一緒にいたいといった母親に対する親和の気持ちがある。もう一方には、母親にされたことに対する不満や恨みがある。母親のような大人にはなりたくないという思いが非行と重なり合って、母親の生き方と共通するものを避け、母親の異性関係とは異なるかたちの異性交際をしようという試みが見られることもある。

母親が求める娘像と母親に自分を理解させたい女子少年

一七歳　えりさん　一七歳のえりさんは、一七歳で両親との諍《いさか》いから家庭内で器物損壊事件を起こし、少年院送致された。家族構成は、共働きの両親と学校の成績がよい姉の四人である。母親からは、いつも「人に迷惑をかけるんじゃない」「ちゃんとしなさい」と言われて育った。その代わり、学校でよい成績をとると、母が選んできた洋服などをプレゼントされていた。その後、えりさんは「善悪よりも優先されていたもの」について、以下のように振り返っていた。

当時の私の価値観でいくと、被害者が生まれるものはよくなくて、「被害者がいない」、もしくは「おたがいさま」ならよいという判断。母親に対して強い憎しみみたいなものがわいていた。自分を傷つけた者には、復讐してもよいっていう価値観のもとに動いていた。すべての目的は、私を傷つけたことを後悔させること、私を敵にまわしたことを後悔させることだった。

小学校入学後は、頻繁にクラスメイトとトラブルになり、母親が仕事から帰宅した時間をめがけて、学校から電話がかかってくることが日常的にあった。えりさんは、学校からの電話を終えた母親に頭を叩かれ、事情を聞かずに叱られたという。その後、児童相談所でえりさんに発達障害（第8章参照）があることが発覚するも、母親は学校で問題を起こしている原因がえりさんにあると思い、えりさんは変わらず母親から頭ごなしに怒られていた。そして、えりさんには「何が悪いのかわからないままお母さんから殴られていた」という印象ばかりが残っていた。そのうち、えりさんは、学校で問題を起こさずに母親に怒られないようにする工夫として、学校にほとんど通わなくなった。虐待によって愛着障害を発症した子どもの不適切な行為は、その行為を制限するだけでは修正されることはないと指摘されている（友田・藤澤、二〇一八）。

少年院でえりさんは、非行当時の自分はつねに過去を向いていたと振り返っていた。認識の仕方が客観的ではなかったと認めつつ「あの日、私を捨てたことが許せない」「私を否定された」などの思いが、「あなた（母親）に傷つけられたから、復讐します」という大きな原動力になっていたという。えりさんは、自分が母親の言動によって傷ついたように、母親に対して自分がされたこと以上の嫌な行為をして返せば、母親が自分の心の痛みを理解し、気持ちも晴らせると思っていた。しかし、非行というかたちで実際に行動を起こしてみても、自分が期待していたような母親の理解は得られず、自分の気持ちも満たされなかった。加えて、両親が被害者となって自身が少年院送致となり、謝罪しなければならない立場になった。それにより、自分の気持ちをますます周囲に言い出しにくくなってしまった。

少年院に入って、えりさんは自分の気持ちを法務教官に言えるようになり、自分がどのような価値観を持っていたのかを整理していった。

復讐によって、たしかに他人は不幸になるけれど、人の不幸が私の幸福ではない。そこを私は混同してしまいがち。私もずっと苦しかった。それをわかってほしかった。私はお母さんの子どもだけど、お母さんの望むかたちの子どもではない。親に普通じゃなくても幸せになれることの証明をしたかった。

こうしてえりさんは、暴力や非行によって自分自身が心身ともに傷ついたととらえるようになった。また、非行中は母親に対して憎しみを抱いていたが、少年院に入って、洗濯や掃除など身の回りのことを自分で行うようになってみて、母親は働きながら自分や姉の世話をしてくれていたことに気がついた。さらに、えりさんには、非行を起こすことで、母親が世間体より自分を大事にしてくれているのか、どこかで試したかったのではないかと考える様子も見られた。しかし、少年院でどれだけ考え方が整理されても、心の傷がなくなったわけではなく、感情的には割り切れない自分がいることを自覚した。えりさんは、出院後に親との関係を悪くしないために一緒に暮らさないことを選択した。

自分が女性であると知る衝撃

一六歳　ゆうかさん

一六歳のゆうかさんは、同級生に対する暴行傷害事件で少年院送致された。ゆうかさんには母親と義父との間に生まれたひと回り年下の異父妹がいた。ゆうかさんは異父妹をとてもかわいがっていたが、同時に異父妹を見るたびに複雑な気持ちを抱いていた。

それは一〇年前、母親と実父と一緒に三人で暮らしていた頃まで遡《さかのぼ》る。ゆうかさんは、両親がよく喧嘩をしているところを見ていたが、両親のことが好きだった。しかし、ある日、学校から帰ると、知らない男性が家で母親ととても仲良くしていた。母親に今日あった出来事を話そうと思っても、その男性がいる間は話を聞いてくれず、部屋に行っていなさいと追いやられてしまった。ゆうかさんは、そのときの気持ちを以下のように振り返っていた。

お母さんと○○さんのことをお父さんには言っちゃいけないことだと思ってました。そういうのがだんだん普通になってきて、そのときは、自分の部屋にいてもつまらなかったので、思い切ってお母さんがいる茶の間に行ったら、お母さんと○○さんが裸で寝転がってて、びっくりして、音を立てないようにすぐ部屋に戻りました。自分がこれを見たことをお母さんにもお父さんにも絶対ばれちゃいけないと思ったし、お父さんがかわいそうだと思いました。

ゆうかさんが当時、非常に驚いたのはいうまでもなく、一六歳になったいまも、その光景が忘れられないという。「お母さんが、知らない人みたいで嫌だった」と振り返っていた。ところが、まもなくして母親は実父と離婚し、すぐに妊娠をして、その男性と再婚した。そこで生まれたのが異父妹である。ゆうかさんは、自分は母親から大切にされていないのではないかという思いを抱いていた。妹の存在はかわいいものの、女となった母親の、父親ではない男性との性行為を目撃したときのショックを思い起こさせる要因にもなっていた。そして、自分は母親と同じ女性であるという事実をうまく受け入れられずにいた。

ゆうかさんは、この気持ちを少年院に入るまで自分のなかだけにしまっていた。なぜなら、ゆうかさんは小学校高学年の頃には、落ち着いて生活することができなくなっており、自分の本音を誰かに言うことなどできなくなっていたからである。中学生になると、先生に態度の悪さをいつも怒られていた。ゆうかさんは地元の不良といわれる先輩の男性たちにかわいがられ、誘われるがまま万引きを始め、夜遊びなどの非行にいたった。そして、男性との初体験は、後輩の女子に誘われて中年男性宅に泊まりに行った際に、その男性から襲われたというものだった。そのときにも、後輩に対して行きたくないということも、帰りたいということも言えなかった。当然、男性にも抵抗できなかったという。明くる日、ゆうかさんは、何もなかったかのように元気に振る舞い、後輩と男性宅をあとにしたこと、それによって汚れた自分を嫌に思い、その記憶

コラム2
女子少年とともに学び，人として育ち続ける

本章でも触れましたが，私は大学を卒業後に3年間，半官半民企業で働きました。第1希望のソーシャルワーカーにはなれなかったため，学費を出してくれた親を安心させるための就職でした。就職した先は，前年度からはじめて女性職員を採用し始めた，男性が大多数を占める職場でした。

当時の私は，職場で最も若い女性職員でした。若いというだけでなんとなくチヤホヤされていました。一方で，少ない女性職員のなかで一番年上だった30歳の先輩は，男性の職員から“ババア扱い”されていました。彼女は，笑顔で受け流し，男性職員からの揶揄に取り合っていない様子でしたが，私には将来の自分の姿に見えていました。職員としてのスキルや実績ではなく，若い女の子であることに女性の価値がおかれていると感じて「ここに居続けたら，まずい」と思いました。

その後，私は一念発起し，中学生のときから漠然と思い描いていた「人が生きるということにかかわる仕事がしたい」という目標を達成させようと思い直しました。一方で，社会人になってみると，やりたいことを仕事にすることと経済的な安定とのバランスも大事だと考えるようになっていました。そこで，いくつかの対人援助職の公務員試験を受験し，法務教官に採用されたのでした。

法務教官となった初日，少年院に入院した女子少年がいました。親からの虐待やレイプ被害に遭ったことがある子でした。私は，かわいそうだと思い，そのショックを先輩の法務教官に打ち明けました。すると，先輩は「私たちがかわいそうだと思ったら，あの子は立ち直れるの？　私たちが同情すると子どもたちが生き直せるなら，いくらでも泣いてみせるよ。泣いている暇があったら，

自分に何ができるのか考えるほうがよっぽど子どものためになる」と言われました。そのとおりだと思いました。

　私は，法務教官と女子少年のかかわり方や距離感が，年齢や経験年数によって異なってきたと感じています。初年度の私は，女子少年と年齢が近いこともあり，少し年上の先輩からのアドバイスのような指導であったし，体育で一緒に汗を流して体験を共有するという感じでした。採用されて15年が経った現在，私の年齢は女子少年より，彼女たちの母親とのほうが近くなりました。それにともない，女子少年から母親像を投影されることもありますし，若手の法務教官の指導にあたることもあります。

　また，法務教官という仕事の最も興味深いところは，自分のほうが少年から育てられる点です。少年の発達課題と自分の課題が不思議と重なり合い，親との葛藤や自分を縛っている価値観が刺激され，自分自身と向き合うことになるためです。それにともない少年への感謝が生まれ，自分自身が人としての成長をすることで，少年によりよい影響をもたらしたいという想いが沸き起こります。だからこそ，心理学や教育学などの専門分野の習得をしたいという意欲を持ち続けられると思っています。


を消すために複数の男性と性行為をすることで「たいしたことではない経験」にしたかったと、少年院で打ち明けた。

　ゆうかさんのように子どもの頃に母親の性行為を目撃したり、自分の意思に反して性行為をしてしまったという性暴力を経験した女子少年は少なくない。しかし、その当時、性暴力を嫌がったり、拒絶できたりしていたかというと必ずしもそうではない。女子少年のなかには、普段は攻撃的な物言いをするものの、いざとなると拒むことや自分の本心を言うことができない子がいる。

　ただし、ゆうかさんが、自身が受けた性的被害の痛みを非行という方法で表現したこと、さらなる被害者を生んだことは見逃すことができない。少年院で、自分の加害行為と向き合い、被害者の立場を考えられるようになるには、法務教官と信頼関係を築き、自分の被害をケアされ、言い出せなかった気持ちや考えを言葉にできるようになるプロセスが必要である。女子少年がそのプロセスを歩めるよう、法務教官は矯正教育をとおしてさまざまな取り組みをともに行っていく。

その後の彼女たち

本章の冒頭で紹介した女性が少年院を出てから七年後、成人した彼女と拘置所で再会したときのことを、私は忘れられない。おそらく彼女は覚えていないだろう。なぜなら、彼女はガスの吸引によって、口からはよだれが垂れており、目はうつろで視線が合うことは叶わなかったからである。私は、記憶のなかの少女と目の前の女性が別人に見えた。少年院にいた頃の屈託のないあの笑顔はどこに行ったのか。冗談を言って周囲を和ませていた利発さも目の前の女性からは感じられなかった。

彼女は、少年院から仮退院し、保護観察を経て二〇歳で本退院となったときまでは、再犯なんてしないと思っていたという。しかし、まもなく母親との関係がうまくいかなくなり、交際相手の男性と暮らすようになった。そして、妊娠、出産をした。彼女が働くことで生計を立てていたのだが、育児が始まるとそれができなくなったという。スーパーマーケットから食料品を盗んだり、他人の車のガソリンを抜いたりして生活するようになっていく。非行中に行っていたガスの吸引を再開し、ついには窃盗で逮捕された。

この間、彼女は、衣食住のすべてと育児を一人で担っていた。母親や交際相手と喧嘩はしていても、自分が困っていることを相談する場は持てなかったという。また、彼女は、行政の支援も受けていなかった。

加害者臨床に携わっていると、加害者性と被害者性という相反する性質を同時に内包している女子非行少年個人にのみ着目するだけでは、問題の核心は見えてこない。たしかに、少年院に送致された女子少年は、地域社会で罪を犯し、加害をした事実があり、被害者性を持っているからといって、加害が帳消しになるものではない。しかし、実際に犯罪の被害者となる者は、女性や子どもが多く、女子少年の非行は、被害者による加害行為という側面がある。さらに、その加害行為は、被害の直接的抵抗としての犯行ではなく、自傷や売春など自身を傷つける歪んだかたちで表現されることがある。女子少年の視点から非行をとらえると、彼女たちはけっして無力な被害者ではなく、かといって犯罪をすすんで行う力をつけた加害者に変化したわけでもない。そのため、女子少年を取り巻く環境と、それをなりたたせている社会構造も含めた全体像をとらえようとする視点が必要だと考える。

その前提に立って、女子少年をとらえると、非行という反社会的行動ではあるものの、彼女たちが現状を打破しようとする力を持っていることに私は希望を感じる。法務教官は、彼女たちの行動を起こせる力を向社会的な生き方に活かしていくために伴走することが、求められる役割だと考えている。

用語解説

保護処分　家庭裁判所の審判を受けた少年は、保護観察、児童自立支援施設・児童養護施設送致（一八歳未満の少年に限る）または少年院送致（おおむね一二歳以上の少年に限る）のいずれかの決定がなされる。

矯正教育課程　在院者の共通する特性ごとに重点的に実施する矯正教育の内容や期間を定めた標準的なコースであり、各少年院に指定されている。

マルトリートメント（maltreatment）　不適切な養育の意。身体的虐待、性的虐待、ネグレクト、心理的虐待を包括した呼称であり、子どもに対する大人の不適切なかかわりを意味した概念。この考え方では、加害の意図の有無は関係なく、子どもにとって有害かどうかだけで判断されている（友田・藤澤、二〇一八）。

マインドフルネス（mindfulness）　自分が何かしている間、していることに対して、直接的に心を開いた気づきを向けることができることを意味している。それは、その瞬間瞬間にその人の心と身体、外界で起こっていることに注意を払うことである（ティーズデールほか、二〇〇二、訳二〇一八）。少年院で行われているマインドフルネスは、女子少年の特性を考慮してデザインされたプログラムが実施されている。

ブックガイド

浜田寿美男『子どもが巣立つということ――この時代の難しさのなかで』（ジャパンマシニスト社、二〇一二年）

冤罪事件での自白や目撃の心理に関心を寄せ、それらの供述鑑定にもかかわってきた発達心理学・法心理学者である浜田の著。「巣立ち」をテーマに、現代社会において大人になるために受けてきた学校という場での一本道の教育や人間関係、お金、自立について俯瞰的にとらえ直しており、見えているものが真実なのかを考えさせられる。自分の価値観や生きづらさの理解を助けてくれる一冊。

信田さよ子『〈性〉なる家族』（春秋社、二〇一九年）

原宿カウンセリングセンター所長で、子どもの虐待などに悩む人たちやその家族、性暴力やハラスメントの加害者、被害者へのカウンセリングを行っている信田の著。家族におけるジェンダーや性差別、それにまつわる力関係の当たり前には複数性があると説き、「ふつう」とされる近代家族の構造にある、言葉にされてこなかった被害・加害についてケースをもとに迫っていく一冊。

清田隆之（桃山商事）『さよなら、俺たち』（スタンド・ブックス、二〇二〇年）

恋バナ収集ユニット桃山商事代表で、これまで一二〇〇人以上の恋バナを聞き集めてきた清田の著。著者の体験などを踏まえて、男性性と向き合う一冊。ハラスメントをしてしまう「気づかない男たち」に必要なものは何なのか。「そういうふうになっている」社会で「考えなくて済む」という男性特権について解説し、男性の内面を丁寧に言語化している一冊。

II

青年期をめぐるジェンダー

第3章　女子大学生の時間的展望

過去、現在、そして未来

都筑　学

私が最初に就職したのは、地方の小さな女子短大だった。その短大には、「三部」（昼間定時制）という教育課程があった。三部の学生は、三交代制で機械を動かす紡績工場で働きながら学んでいた。修業年限は三年。一週間ごとに、午前中の授業・昼から夜までの仕事、朝からの仕事・午後遅くからの授業、を繰り返していく。学業の志なかばで退学する学生もいた。

この短大には、「一部」（昼間部）で学ぶ女子学生もいた。同じ短大で学ぶ学生でありながら、異なる状況にある女子学生。そうした彼女たちを教えながら、私はいつも複雑な気分を感じていた。

同じ時代を生きながら、違う学生生活を送る女子学生たち。彼女らは、生まれた地域や環境によって、微妙に異なる人生を歩んでいく。女子として生まれることさえ、自分で選択したことではない。男性中心の社会のなかで、さまざまな困難を感じつつ生きていく女子学生。その一方で、そうした状況を変えていこうとした動きも、古くから存在していた。

制約と変革。その間を大きく揺れ動きながら生きていく女子学生の**時間的展望**について、本章では考えていきたいと思う。

1　女子大学生という存在

歴史の流れのなかで物事を考えていくことは大切である。いまという時代の特徴を、相対化してとらえることができるからだ。本節では、女子大学生のいまを考える前提として、女性と教育の関係について、少し時代を遡《さかのぼ》って考えてみたい。近世（江戸時代）、近代（明治維新から第二次世界大戦終了まで）、現代（第二次世界大戦後から現在まで）の三つの区分にもとづいて検討していく。

近世における女子の教養

儒教思想と女性の地位　江戸時代（一六〇三～一八六八年）は、封建社会であった。士農工商という身分制度が、世のなかに広く浸透し、武士が庶民を支配していた。支配階級としての武士の世界でも、将軍を頂点とする強固なヒエラルキーが形成されていた。武士も庶民も、それぞれの「分」をわきまえることが求められていた。福沢諭吉が「門閥《もんばつ》制度は親の敵《かたき》でござる」と言ったように、個人の能力よりも家柄や生まれが重視されたのである。

このように江戸時代は、武士中心の社会であった。そしてまた、男性中心の社会でもあった。男性は天・女性は地、あるいは、男性が陽・女性が陰、と喩えられた。女性は、つねに誰かに従って生きることがよしとされた。それを表していたのが、三従である。「父の家に在りては父に従い、夫の家にゆきては夫に従い、夫死しては子に従う」。こうした考え方の背景には、当時の支配的な学問であった儒教思想が存在していた。

家訓書に見る女性の教養　儒教思想では、女性として身につけておくべき徳というものが強調された。これは、女性が守るべき道徳上の義務である。こうした女徳について、庶民にもわかるように解説した書物が『女大学』『女今川』などの家訓書である。そのルーツは、一七一〇（宝永七）年に貝原益軒が書いた『和俗童子訓』の五巻「教女子法」である（松田、二〇一五）。

こうした家訓書では、「天と地」「陽と陰」のように男女を区別し、異なる存在とみなす思想が展開されている。同時に、そこでは四徳のような女性として修養の大切さも述べられているという（松田、二〇一五）。四徳とは、婦徳（女らしい態度）、婦言（女らしい言葉づかい）、婦容（女らしい身だしなみ）、婦工（家政上技術）である。

このように、家訓書で描かれているのは、おしとやかで女らしく、家事に長けた従順な女性像のように思われる。

男女を明確に区別した教育　『女大学』『女今川』などは、漢字かな交じりの文体で書かれていた。士族の子女や一般庶民向けに、多数の異版が作成され、多くの人々に読まれたという。他方で、男子が読む書物は漢文で書かれたものであった。女文字と男文字とが、区別されていたのである。

男女で異なっていたのは、それだけではない。武士の子弟は、各藩が設立した藩校で、主として儒学を学んだ。男子が学問を学んだのに対して、女子には学問はいらないとされた。女子は、家訓書によって、女性としての修養の道をたどったのだ。女子の教育は、男子の教育と区別され、独自なものとして考えられていたのである。「男女七歳にして席を同じうせず」というような考え方も根強かった。庶民が通う寺子屋や手習所でも、男子と女子とは異なる教育が施されたのである。

江戸時代の女子教育は、女性を男性よりも一段低い存在であり、他者に尽くすべき存在として見ていた。封建社会が崩壊しても、こうした女子教育観は、その後も脈々として続いたのである。

近代における女子大学生の誕生

学校教育の始まり

長く続いた江戸時代が終わり、明治維新を機に欧米からさまざまな文化が流入してきた。「散切り頭を叩いてみれば、文明開化の音がする」。こんな戯《ざ》れ事《ごと》がはやったように、衣

コラム3

浮世絵と女性

浮世絵の絵師のなかで，すぐに思い浮かぶ1人が葛飾北斎です。89歳の生涯，浮世絵を描き続けました。そして，北斎には多くの弟子がいました。そのなかの1人に，葛飾応為がいます。応為には，他の弟子と違うところが2つありました。1つ目は，北斎の血を引く実子であったこと。2つ目は，女性であったことです。

応為という号（名前）は，北斎が「おーい」と日頃呼んでいたからだともいわれています。本名は栄。いったん嫁ぎましたが，離縁され，北斎のもとで浮世絵の仕事をしました。残されている作品数は少ないのですが，「夜桜美人図」「吉原格子先之図」のように，光と影のコントラストが印象的な作風が特徴です。ほかの絵師には見られない独自のものです。

浮世絵の絵師は男性ばかり。そんなふうに思っている人は少なくないでしょう。過去の私も，その1人でした。江戸時代，男性浮世絵師に伍して素晴らしい浮世絵を描いた女性浮世絵師がいたのです。

葛飾応為のほかにも，女性の浮世絵師はいました。武者絵から猫や金魚まで，さまざまな浮世絵を描いた歌川国芳。その2人の娘，芳鳥と芳女も，父と一緒に描いた浮世絵を残しています。

浮世絵では，「美人画」において女性は描かれる対象です。少数ではありますが，浮世絵を描いた女性がいました。もしかすると，女性浮世絵師はもっと大勢いたのかもしれません。彼女たちは，絵師・彫師・摺師という分業体制のなかで，いったいどのような働きぶりであったのでしょうか。興味は尽きません。

食住をはじめとした日常生活のなかにも、欧米風のスタイルが少しずつ定着していった。

同じように、近代の学校教育制度も欧米の教育を範として作られていった。近代学校教育制度の始まりは、一八七二（明治五）年の学制発布である。学制はフランスにならって学区制をとった。全国を八大学区に分け、八つの大学校をおく。一大学区を三二中学区に分け、二五六の中学校をおく。一中学区を二一〇小学区に分け、五万三七六〇の小学校をおくという構想であった。実際には、一八七三（明治六）年には、一万二五五八校の小学校があった。

女子の就学率と男女別学　ここで、小学校の就学率を見てみよう。一八七三（明治六）年は、男子三九・九〇%、女子一五・一四%だった。近代学校教育の開始早々とはいえ、就学率は低かった。地域や保護者が、学校運営費用（授業料）を負担しなければならないことも一因だった。一八八〇（明治一三）年の就学率は、男子五八・七二%、女子二一・九一%。一八八六（明治一九）年には、小学校令が出され、義務教育化された（四年制）。

その後も、就学率は少しずつ上昇していく。一八九〇（明治二三）年、男子六五・一七%、女子三一・一三%。一九〇〇（明治三三）年は、男子九〇・三五%、女子七一・七三%である。注目すべきは、女子の就学率が男子と比較して、一貫して低かったことである。こうした点にも、女子の教育に対する理解のなさが現れているといえよう。

一九〇七（明治四〇）年に、小学校は六年制化された。一九一〇（明治四三）年に、就学率は、男子九八・八三%、女子九七・三八%となった。ほぼ全員が、小学校で学べるようになったのは、明治も末期になってからである。小学校での教育は、一・二年生を例外として、原則男女で教室を分ける男女別学だった。前述の「男女七歳にして席を同じうせず」という儒教の教えに従っていたのである。

女子の中等教育

小学校卒業後、さらに勉学を続けたい男子は中学校に進学した。女子は中学校には入学できなかった。一八七二（明治五）年に、女子の中等教育学校として東京女学校（官立女学校）が設立され、中等教育を望む女子に対して、門戸が開かれた。外国人教師を含む教師陣からは、高度な一般教養と英語が教授された。ただし、西南戦争にともなう政府の財政難の深刻化によって、わずか五年で廃校になってしまった。

一八七四（明治七）年には、東京女子師範学校（現在のお茶の水女子大学の前身）が開校された。小学校の教壇に立つ女性教員を養成するためである。男性教員養成の教育機関としては、一八七二（明治五）年に師範学校（翌年に東京師範学校と改名）が東京に開設されていた。これらの師範学校は、卒業後に教員になることを条件に、授業料が無償であり、生活も保障された。そのために、貧しい家庭に育ち、向学心がある優秀な学生が集まった。

このように、女子に対しても、中等教育は開かれていたが、男子に比べれば、狭く険しい道のりだったのである。さらに、女子が高等教育で学問を学ぶ道は、固く閉ざされていた。

女子の医学教育

代々医者の家系に生まれた吉岡弥生は、医者になる夢を持ち続けていた。女は仕事よりも家庭と考える父親を説き伏せて、兄たちとともに、東京の済生学舎で学んだ。二二歳で内務省が実施する医術開業後期試験に合格し、初代の荻野吟子から数えて二七番目の女医となった。一八九二（明治二五）年のことである。その後、弥生は夫の荒太と二人三脚で活動し、一九〇〇（明治三三）年に現在の東京女子医科大学の前身である東京女医学校を創立した。医師養成制度において、女子に門戸を開いたのである（長本、二〇二〇）。

帝国大学で学んだ女子学生　さらに時代は下り、一九一三（大正二）年に、東北帝国大学が四人の女性の受験を認めた（湯川、一九九四）。入学試験の最中に、文部省から事情について問い合わせがあったという。旧制高校を卒業した男子しか帝国大学に入学できなかった時代としては、大事件だったのである。合格した黒田チカ、丹下ウメ、牧田らく三人は、東京高等女子師範学校などの教授となったり、理化学の分野で研究業績を挙げて博士号を取得したりした。このように、近代には、男性と同じように学問の道を志した先駆者たちがいたのである。

現代における女子大学の設立と女子の高等教育

終戦後の教育改革と女子の教育　一九四五（昭和二〇）年、日本は第二次世界大戦に敗れ、戦前の軍国主義的な教育体制は一新された。一九四七（昭和二二）年には、新制中学校が作られ、小学校六年と中学校三年の義務教育制度が確立した。学校教育制度は単線化され、女子も男子と同じように中等教育を受けられるようになった。旧制中学、高等女学校や実業学校は新制の高校になった。旧制高校・大学などの高等教育機関は、新制の大学になっていった。新制の高校も大学も、女子を受け入れた。こうして、初等教育・中等教育・高等教育のいずれにおいても、女子に対して、男子と同等の教育機会が与えられることになったのである。

女子の高等教育の前進　大学における共学化が図られた一方で、女子大学を新設する動きも活発化した。一九四八（昭和二三）年に、津田塾大学、東京女子大学、日本女子大学、聖心女子大学、

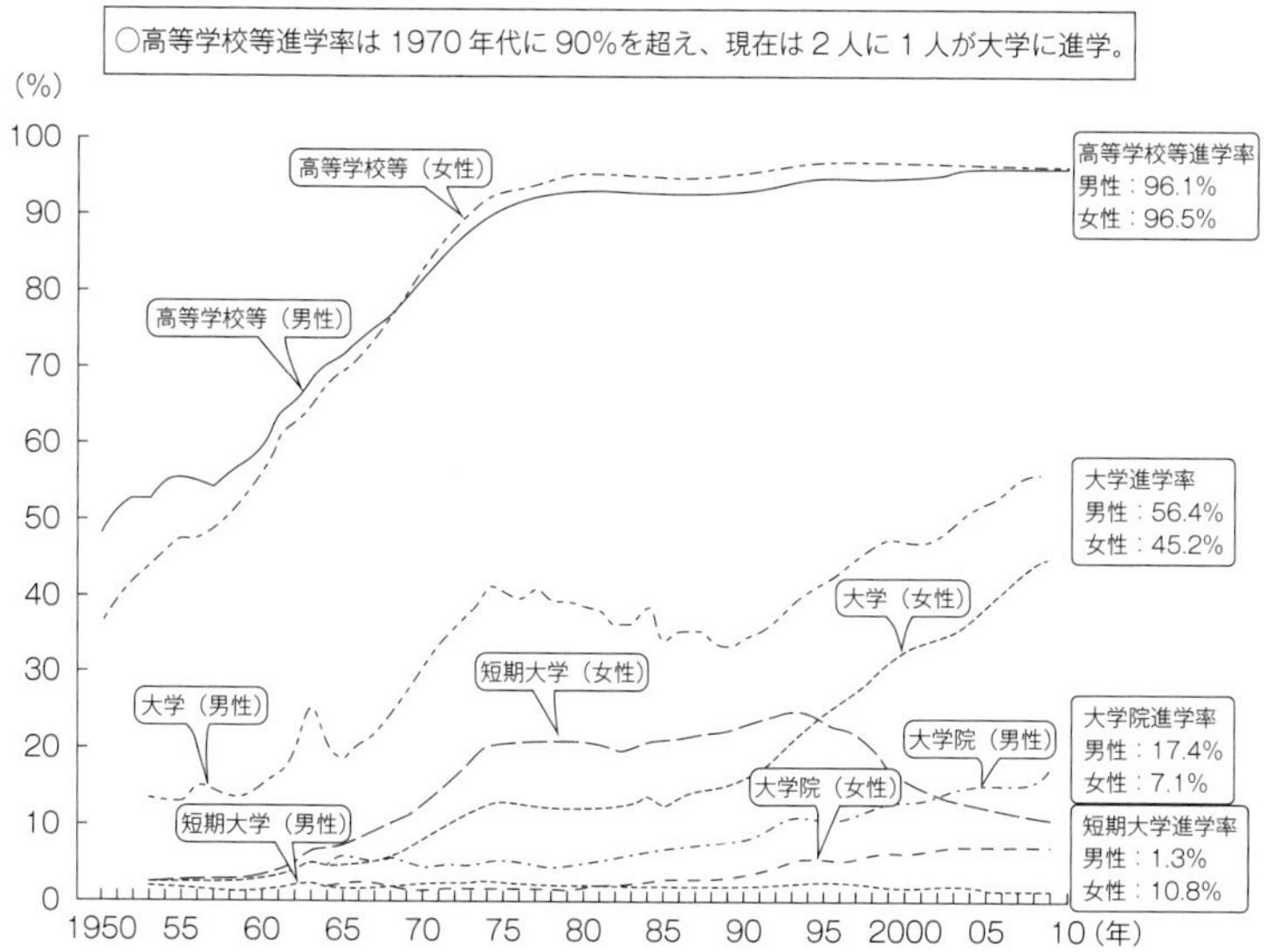

資料：文部科学省「学校基本調査」

（注） 1. 高等学校等への進学率：中学校卒業者及び中等教育学校前期課程修了者のうち，高等学校，中等教育学校後期課程及び特別支援学校高等部の本科・別科並びに高等専門学校に進学した者の占める比率（高等学校の通信制課程〔本科〕への進学者を除く）。

2. 大学・短期大学への進学率：大学学部・短期大学本科入学者数（過年度高卒者等を含む）を 3 年前の中学校卒業者及び中等教育学校前期課程修了者数で除した比率。

3. 大学院への進学率：大学学部卒業者のうち，ただちに大学院に進学した者の比率。

（出所） 厚生労働省（2011）。

図 3.1 男女における大学・短大への進学率の推移（1955 年～ 2010 年）

神戸女学院の五校が私立大学として設立された。翌年の一九四九（昭和二四）年には、お茶の水女子大学と奈良女子大学の二校が、国立大学として設置認可された。その後も、女子大学は増加し続け、一九九八（平成一〇）年には九八校にまでなった。しかし、最近では共学化の波によって減少し、二〇一九（平成三一）年には、七六校になっている。全大学に占める女子大学の割合は、約一〇％である（安東、二〇一七）。

一方、短期大学は、一九五〇（昭和二五）年に一四九校だったが、一九九六（平成八）年には五九八校と最多になり、以後は減少し、二〇一九（平成三一）年には三二六校である。短期大学は、家政、教育・保育、看護・実務などの分野が多かった（鈴木、二〇一八）。

図3・1に示した男女別の大学・短大への進学率の推移からは、長い間、短大が女子の高等教育進学の受け皿となっていたことがわかる。「女子は四大よりも短大」という志向性が強かったのである。結婚や家庭という古い女性観に縛られていたともいえよう。

一九九〇年代に入ってから、女子の大学進学率が上昇し始める。九〇年代なかばには、大学進学率と短大進学率の逆転現象が生じた。女子の大学志向が強まってきたのである。高等教育での学びにおいて、男女の間に差がない時代が訪れたといえるかもしれない。

2　いまを生きる女子大学生

「私作る人、僕食べる人」。これは、インスタントラーメンのテレビCMの一部である。このCMは社会的な物議を醸し、結果的に放送中止となった。一九七五（昭和五〇）年のことである。あれから半世紀近く経った。女性と男性を区別し、その役割を固定化してとらえるような見方は、社会から消えてなくなったのだろうか。本節では、いまも続く、女性に対する差別や偏見の実態を明らかにする。同時に、そうした社会的圧力に対抗し、新しい道を進もうとする女性たちの生き方を紹介する。

いまも続く女子の困難さ

医学部不正入試問題と女子学生　二〇一八（平成三〇）年八月、東京医科大学は、大学入試において女子受験生の得点を一律に減点していたことを公表した。浪人生に対しても、同様の措置がとられていた。この事件をきっかけとして、厚生労働省は医学部を持つ全国八一大学を調査した。その結果、九大学において、得点調整が行われていたことが明らかになった。

一九四五（昭和二〇）年以前、女子は帝国大学医学部を受験することすら許されなかった。女子が医者になるには、東京女医学校で学ぶことが唯一の道だった。女子が医者になるための道のりは、狭く険しかったのである。その当時、女子は医学の世界から不当に排除されていた。誰の目から見ても明らかな、いわれなき差別を受けていたといえよう。

それから一世紀近くがすぎ、教育を受ける機会の均等という原則のもと、女子受験生を門前払いするような差別は姿を消した。その一方で、女性に対する差別は奥深い所で陰湿に続いていたのである。

女子受験生を不当に扱う背景には、何があるのだろうか。「女性は、医学という学問に向いていない」。「女性は、医師という仕事に向いていない」。不正入試問題は、そういった隠れたメッセージを送っているようにも見受けられる。

女子が大学で学ぶということ

二〇一九（平成三一）年四月に開かれた東京大学入学式。上野千鶴子氏は、祝辞の冒頭で医学部不正入試問題に触れたあとに、女子学生のおかれている現実について、こう述べた。「各種データは女子の偏差値が、男子よりも高いことを示している。東京大学では、約二割が女子学生である。優秀な女子学生が入学してくる。だが、長い間、二割を超えない。熾烈な競争に勝ち抜いてきた女子学生には、さらに難関が待ち受けている。女子学生は、東大生であることになかなか誇りを持てないのだという。男性の価値と成績のよさは一致しているが、女子の価値と成績のよさの間には、ねじれがあるからだ」。

医学部不正入試問題は、公正・公平であるべき入学試験において、女性差別が存在していたことを明らかにした。入学後に大学で学ぶ女子学生に対しても、社会からの差別的なまなざしは強く浴びせかけられているのである。

女子に対する偏見、ステレオタイプ——困難さの背後にあるもの

男女という二分法

「女は愛嬌、男は度胸」。「女性は、にこやかで、かわいらしく、従順であるのがよい。男性は、物事を恐れず、気後れしない精神力を持つのがよい」。このような言い方は、女らしさの修養を強調した江戸時代の「女大学」などの家訓書につながるものだ。これは、女性と男性に、「愛嬌と度胸」というまったく異なる価値を求めるものである。天と地、陽と陰といった男女の二分法に通じるものがある。

こうした価値観は、人々に対して女らしさや男らしさを強要する。さらに、そのような「らしさ」から外れた傾向を持つ者を排除しようとする。「女らしくない」「女のくせに」などと言われたりする。「女らしさ」

の範疇を超えた者には、「女だてらに」「女丈夫《じょじょうぶ》」などという言葉が投げられる。これらは、「女としての分」をわきまえない者に対して社会が向ける好奇の視線なのである。

二分法的な見方は単純明快であり、ある意味わかりやすい。多くの人が受け入れやすく、**ステレオタイプ**的な見方が社会のなかで増幅されていく。同時に、人々の心のなかに、「女らしさ」や「男らしさ」という標準的なカテゴリーが強く焼きつけられていく。そうしたカテゴリーから外れていると判断されると、否定的なまなざしで見られることになるのだ。それがまた、女性に対する社会の偏見を生み出すことにつながっていくのである。

新たな装いの男女の二分法

『話を聞かない男、地図が読めない女』という本が、今世紀のはじめに世界中でベストセラーになった。この本は、脳科学の研究成果の一部をもとにしている。「男性と女性の脳には違いがあり、それが男女の行動の違いにつながっていく」。これが同書の主張である。「男性脳」と「女性脳」。「男と女の行動や心理は、こういう生物的な基盤にもとづく差によるものなのだ」。そういわれると「たしかにそうかもしれない」と思う人もいるだろう。最新の脳科学の研究知見が、「たしからしさ」の根拠に見えてくるのだ。「男は理系、女は文系」といった得意分野の違いも、「脳の差異にもとづくものだ」と思う人もいるかもしれない。

たしかに、男性と女性の間には、ホルモン分泌などに違いはある。**思春期**以降になると、男女の身体的な差異は顕著になる。しかし、脳の構造が男女で根本的に異なっているわけではないのである。最新の脳科学で明らかにされているのは、あくまでも男女間での相対的な差異や傾向でしかないのだ。それにもとづいて、二分法的に男女を分けて考えることは、「天と地」や「陽と陰」といった考えと大差はない。科学の装いをもった新たな二分法には、十分な注意が必要なのである。

心理学における人間理解には、**類型論**と**特性論**の二つの立場がある。類型論は、人間をいくつかのカテゴリーに分ける。わかりやすいという点では、二分法と同じだ。しかし、類型論には、それにあてはまらない例外が必ず出てくるという問題点がある。男女という二分法にも、それと同じことがいえる。

重要なのは、男女を二分法でとらえることではなく、人間としての共通性と多様性という視点から理解することなのである。

声を上げる――社会的圧力に抗して

終戦後の女性

「戦後強くなったのは女性と靴下（ストッキング）である」といわれたのは、一九四五（昭和二〇）年以降のことである。戦後復興のもとで、我が国でもナイロン製ストッキングが広まっていた。それまでの絹製の靴下は美しい光沢と滑らかな肌触りであったが、伝線しやすいという欠点もあった。合成繊維であるナイロンが強くて丈夫であることをもじって、戦後の女性の姿が表現されたのである。

女性の権利も、保障されるようになった。日本国憲法第一四条は、次のように述べている。「すべて国民は、法の下に平等であって、人種、信条、性別、社会的身分又は門地により、政治的、経済的又は社会的関係において、差別されない」。

憲法のもとで、女性の参政権や投票権も認められた。一九四六（昭和二一）年四月一〇日に、第二二回衆議院議員総選挙が実施された。我が国の歴史上はじめての男女普通選挙では、三九人の女性代議士が誕生したのである。

朝鮮戦争（一九五〇〔昭和二五〕～一九五三〔昭和二八〕）年による戦争特需を契機にして、労働の世界にも、女性の進出が目立つようになった。それは生産現場だけでなく、事務労働を含む、幅広い職場で見られたのである。

家事・育児・仕事　戦後日本社会では、それ以前と比較して、女性の地位向上が見られた一方で、家事や育児を女性に任せるという社会的意識は簡単には変わらなかった。「学校を出て仕事をして、よい人を見つけて結婚し、子どもを産んで幸せな家庭を作る」。このような価値観が、強く支配的だったのである。「寿退社」「クリスマスケーキ（一二月二四日までは売れるが、二五日には売れなくなる）」というように、結婚や適齢期を表す言葉がよく聞かれていた。実際、女性の就業率は、長期にわたってM字型（第11章参照）を示していた。就職して、結婚後に退職し、専業主婦となる。出産し、育児から手が離れたらパートなどで働く。これが女性の働き方として、広く見られていたのである。「男は仕事、女は家庭」という考え方は、江戸時代の「三従」の世界を現代の女性たちに強いていたのだ。「強くなった」といわれていた女性は、家庭に縛られていたのである。

時は、二〇世紀から二一世紀に移り変わった。女性であることで、泣く泣く自分の人生を諦めざるをえなかった時代は過ぎ去ったのだろうか。

泣き寝入りをする代わりに、女性たちが声を上げる時代が始まったように思われる。#KuToo（女性が職場でハイヒールやパンプス着用を義務づけていることへの抗議運動）や「保育園落ちた日本死ね」（認可保育所への入園不可の通知を受けとった母親のツイートから始まった抗議運動）は、ネット時代の新たな可能性を示している。

ハムレットは「弱き者、汝の名は女なり」と言った。弱き者が互いに嘆くだけでなく、連帯して現実を変革していく。そのような動きをさらに大きくしていくことが求められる。

3　女子大学生の生き方

「女に学問はいらない」。親からそんなふうに言われて、それをバネにして生きてきたのが、女医として生きた荻野吟子や吉岡弥生のような先駆者だった。道なき道を歩いていくような、そんな厳しい人生は、いまを生きる女子学生に対する何よりもの応援メッセージだといえよう。

女子として生きるということ。それを意識しなければならないのは、なぜなのだろうか。それはきっと、自らの自由な生き方を阻まれるような事態に直面する機会が多いからだろう。女子が高等教育で学ぶ道を阻むものは、いったいなんなのか。女子学生の**進路選択**について検討しながら、このことについて考えていきたい。

大学に入る——進路を選ぶ

高校卒業時の進路選択　図3・1に示したように、一九九〇年代なかばに、女子の大学進学率が短大進学率を上回るようになった。高等教育において、女子も男子と同じように、大学で学ぶことが主流になった。それでもなお、「四大か短大か」という進路の選択を迫られる女子が存在している。このことが、高校卒業時における女子の進路選択の特徴であるといえる。林（二〇〇七）によれば、家計水準が女子の四大進学を妨げる要因であることがわかっている。

生まれ育った地域の地理的特徴は、大学進学選択との関連を持っている。そのことは、高校三年生女子を対象とした調査から明らかになっている（津多、二〇一七）。「男は仕事、女は家庭」という伝統的性役割を持つ女子ほど、自宅から通学できる大学がない場合に、大学進学を断念する可能性が高かったのだ。実家から出ていく一人暮らしの大学生活は、女子にとってはさまざまな点でハードルの高いものなのである。こうした点にも、女子の高校卒業時の進路選択機会を狭める要因が隠されているといえる。

他方で、高校三年生から卒業後一年目にかけての**縦断調査**[1]において、女子は男子よりも、将来への志向性や将来目標の渇望が強く、空虚感が低いことが明らかにされている（都筑、二〇一四）。このことはこの時期の女子が自分の未来を積極的に生きようとしている姿を表しているといえよう。

大学の学部選択における男女差　図3・2は、二〇一八（平成三〇）年度における大学（学部）および大学院（修士課程、博士課程）の学生に占める女性の割合を示したものである（内閣府男女共同参画局、二〇一九）。大学四五・一％、大学院（修士課程）三一・三％、大学院（博士課程）三三・六％となっている。専攻分野別に見ると、薬学・看護学等、人文科学、教育の分野において、女性の割合が高いことがわかる。その一方で、理学や工学、医学・歯学、社会科学の分野では、女性の割合が低かった。このように、専攻分野に関して男女における偏りが存在している。

ＰＩＳＡの国際学力調査の結果は、読解力は女子のほうが高く、数学的リテラシーと科学的リテラシーは

1　調査対象のうち、大学・短大への進学者の占める割合は、男子七〇・三％、女子七五・四％だった。

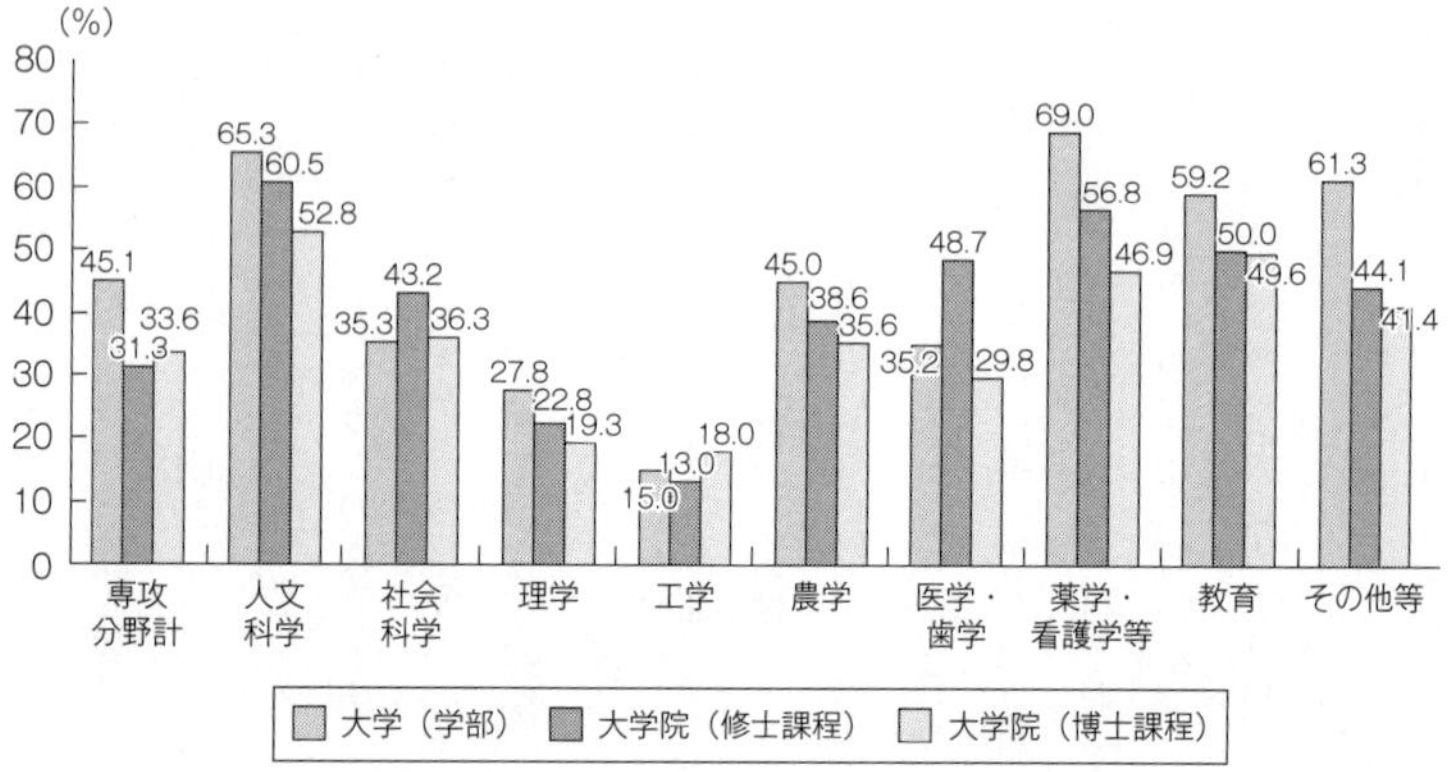

（注）文部科学省「学校基本統計」（平成30年度）より作成。その他等は，大学（学部）及び大学院（修士課程）は，「商船」，「家政」，「芸術」及び「その他」の合計。大学院（博士課程）は，商船の学生がいないため，「家政」，「芸術」及び「その他」の合計。大学（学部）の「薬学・看護学等」の数値は，「薬学」，「看護学」，「その他」の合計。大学院（修士課程，博士課程）の「薬学・看護学等」の数値は，「薬学」，「その他」の合計。

（出所）内閣府男女共同参画局（2019）。

図3.2　大学・大学院の専門分野ごとに女性の占める割合

男子のほうが高いことを示している。しかし、そのような差によって、学部選択の偏りを説明することは困難である。周囲の環境や親の意向などの要因が大きく影響していると考えられる。

大学から社会に出る

大学卒業後の進路の選択　女性は大学や短大を卒業後に就職し、二～三年働いたら結婚して退職する。このように女性の仕事を腰かけ程度に考えていた時代があった。一九八〇年代までのことである。女性は男性の仕事の補助的な役割をする存在として見られていた。若くて安価な新卒の労働力は、毎年次々にやってくる。女性を雇う側が、そんなふうに思っていたにちがいない。こういった女性のライフコースが主流だった時代は、過去のことになりつつある。

一九八六（昭和六一）年に施行された男女雇

用機会均等法は、働く女性の権利保障という点で、一定の役割を果たしたといえる。募集・採用、配置・昇進においては、男女を均等に取り扱うこととされた。ただし、これは努力義務であったために、不徹底な面を残していた。教育訓練、福利厚生、定年・退職・解雇においては、女性を差別することが禁止された。同法は、一九九七（平成九）年に改正され、努力義務であったものが禁止事項となった。

法改正にともない、企業側は、総合職と一般職という区分での採用を開始した。両者には、おおむね次のような違いがあった。総合職は、昇進や配転をともなうような働き方である。一般職は、昇進や配転のない事務職としての働き方である。その後、企業側からは、地域限定総合職や職種別採用など、多様な採用方法がとられるようになっていった。

こうした状況のもとで、自分の人生を見定めながら、どのような職種で、いかに働くかを考えることが求められるようになったのである。

社会へ出ていくときの障壁　就職活動中の女性差別の現状について、日本労働組合総連合会（連合）が行った調査（二〇一九）から、女性差別の現状を見ていくことにする。

三年以内に就職のための採用試験を受けた男女一〇〇〇人を対象とした調査では、次のような結果が示されている。「男女差別を感じたことはあるか」との質問に対して、「ある」と回答した割合は二八・三％だった。そのなかで最も多かったのは、「採用予定人数が男女で異なっていた」（四三・八％）であり、次に「男女で採用職種が異なっていた（男性は総合職、女性は一般職など）」（四二・四％）、「男性のみ、または女性のみの募集だった」（三九・九％）だった。

自由記述の内容には「『女性だから出産や育児で抜けるのだろう』と言われた。私は子どもを産むつもりはないので、女性の生き方を一律に決めつける態度に辟易した」というものもあったという。

こうした現実のもとでも、自らの主張を訴える女子学生がいる。「#就活セクシズムをやめて就職活動のスタイルに多様性を保証してください！」は、男性編・女性編に分けて、事細かに指南する就職活動への違和感を訴えている。そうした声を上げていくことが、いまの事態を変えていく一歩となるのだといえよう。

人として生きる

女子学生が働くということ

「大学を出たら働きたい。それも一生働き続けたい」。こんなふうに思う女子学生が増えてきているように思う。女子学生が公務員を志望する理由の一つは、育休や産休といった制度が整っているからだ。「仕事か、家庭か」ではなく、「仕事も家庭も」。そういった新たな生き方を求めているのである。

このことは、仕事だけに生きることを否定するものではない。また、家庭のなかだけで生きることを否定するものでもない。仕事を通じて何かを生み出し、何かを作り出す。そうした活動は、社会のなかで重要である。だが、働くということは、そうした生産労働だけにとどまるものではない。家庭のなかで、子どもを育て、家族のために心を尽くす。そうした家庭内の活動も、人の命を育み、次世代につなげていくという点で、また大事なものなのである。

「仕事も家庭も」という志向性は、現実社会の制度的・物質的な保障なくしては達成できない。日本社会に第一に欠けているのは、そうした点である。それが女子学生の生きづらさの原因となっているのである。女と男を分ける二分法が、その根本にあるといえる。

女と男、そして人間　コメディ映画「モン・パリ」（一九七三年公開）の主人公マルコは、史上はじめて「妊娠」した男性として有名となった。その結末は、映画を見ていただくことにしよう。男性は、逆立ちしても子どもを産むことができない。男性は、女性が経験する妊娠や出産を自らはけっして経験できないのである。だからこそ、男性に求められるのは、自らが経験できないことを想像することである。その想像力の欠如が、日本社会における女性の生きづらさを引き起こす大きな原因となっている。当の男性自身も「男らしさ」にとらわれて、不自由な生き方を強いられている。

現代社会のなかで重要なのは、男や女ということに拘泥することなく、一人の人間として生きることである。それを妨げるものに対して、ＮＯと声を上げていくこと。そこから新しい未来への一歩が始まるのである。

用語解説

時間的展望　現在という時間を生きている人間にとって、これまで経験してきた過去の出来事やこれから遭遇していく未来の出来事は、自らの行動や意識に大きな影響を及ぼしている。このような心理的な現在・過去・未来の総体のことを指して時間的展望という。

ステレオタイプ　ある集団の成員全般に対して、全員が同じようだと十把一絡げにとらえるような認知（信念や期待）を割り当てること。おもに集団を対象とするが、個人に関するステレオタイプもある。

思春期　一二～一四歳の頃は、性的・身体的に成熟に向けて大きな変化を迎える時期である。ホルモンをはじめとして身体のさまざまな部分で、これまでのバランスが崩れ新しい均衡へと向かう。精神的には自我の独立に目覚めることにより第二反抗期を迎える。

類型論　特定の理論にもとづいて、性格をいくつかの異なるカテゴリに分け、ある人がどのカテゴリに属するかを検討する考え方。その例としては、ユングが提唱した内向型・外向型がある。

特性論　特性とは、異なるいくつかの状況において現れる、ある程度の一貫性を有した一定の行動傾向のことである。特性論は、この特性という概念を用いて個人の性格を理解し、記述しようとする方法である。一例としては、Y－G（矢田部・ギルフォード）性格検査がある。

進路選択　個人が、自分の進路について行う、さまざまな判断や決定のことである。小学校・中学校・高校・大学という学校階梯における学校選択だけでなく、学校から社会へという職業選択も含まれる。進路選択は、自分の生き方を定めていくという意味では、人生の選択ともいえる。

縦断調査　ある個人や同一の対象集団を短期あるいは長期にわたって追跡し、繰り返して調査を実施する研究手法。得られた調査データにもとづいて時間経過にともなって生じる発達的変化を分析する。これに対して、異なる年齢集団に対して、同一の時期に調査する研究手法を横断調査という。

ブックガイド

坂野登『不安の力――不確かさに立ち向かうこころ』（勁草書房、二〇一五年）

「人前でスピーチする」「はじめて会う人と仕事の打合せをする」。そんなとき、胸がドキドキしたり、手が汗ばんだりする。これが不安といわれるものだ。たいていの人は、不安はネガティブなものであると思っている。本書は、そうした通説の誤りを学問的な根拠にもとづいて解き明かしていく。先行きが不透明で不確実な時代に生きる私たちにとって、不安は必要不可欠なものだと知れば、未来に向かって力強く歩いていくことができる。

坂西友秀『ジェンダーと「家」文化』（社会評論社、一九九九年）

「跡取り息子」や「跡取り娘」。いまや「死語」と思っている人も少なくない。だが、封建社会の歴史的産物ともいえる「家」文化についての意識は、現代でも隠然たる力を持ち続けている。本書は、日本各地に出かけて実際に行った意識調査などにもとづいて、社会歴史的な視点から「家」文化の意識を明らかにしている。その内容は、一人ひとりの生き方を直接的に問うものであり、自らを振り返る絶好の機会となりえるだろう。

神一行『あの人は十代二十代の時何をしていたか』（角川書店、二〇〇三年）

「若い頃の苦労は買ってでもしろ」といわれる。いまやテレビなどで有名になった芸能人やスポーツ選手たちは、若い頃にどんな生活を送っていたのだろうか。本書では、有名人一八〇人の青春時代のエピソードが、年齢順に一二歳から二九歳まで紹介されている。苦労したから偉くなれるというほど、世のなかは甘くない。彼ら彼女らがどんな下積み生活をすごしていたのかを知ることは、自分のこれからの人生について考えてみる素材になるだろう。

第4章　デートDV

「一心同体の恋人関係」に潜む危険性

松並知子

現在、私は三つの女子大学でジェンダー、セクシュアリティ関連の授業を担当している。女子大学ということもあり、賃金格差などの女性差別や女性が直面する困難や障害などについて伝えているが、多くの科目でデートDVもテーマに挙げている。

多くの女子学生が「友だちがデートDVの被害にあっているがどうすればよいか」「昔の恋人がまさにDV男であった。いまならあれが暴力だとわかる」「昔の彼氏がいまでも夢に出てくる。もう恋愛するのが怖い」などの感想を書いてくる。「あなたの彼氏の言動は暴力だから、もう別れたほうがいいと私は思う」「いえいえ、彼にはよいところもあるのよ。みんなは知らないから」などのやりとりが目の前で行われることさえある。

これほど多くの若者が日常的にデートDVを経験しているのはなぜだろうか。本章では、デートDVの生起要因となっている恋愛観やそのような恋愛観を助長している社会的背景について考えてみたい。

1 デートＤＶが生じる背景

デートＤＶとは親密な関係にある（あるいは過去にあった）二者間の暴力のことである。具体的な暴力行為がなくとも支配／被支配関係があり、一方が「パートナーの顔色を見てビクビクしてしまう」「自分の気持ちや意思よりもパートナーの意向を優先するしかない」などと思っていれば、デートＤＶといえるであろう。

デートＤＶの現状

ＤＶ（domestic violence）との違いとしては、**配偶者からの暴力の防止及び被害者の保護等に関する法律**（ＤＶ防止法）の適用外であるため、当事者間の問題として扱われることが多く、第三者や行政の介入が難しいことが挙げられる。しかし、交際相手からの被害経験のある人は、結婚後も配偶者からの被害経験率も高いことが報告されており（内閣府男女共同参画局、二〇一八）、デートＤＶはＤＶの予備軍になっていると考えられる。またＤＶは児童虐待と関連することが多いことを考慮すると、デートＤＶの段階で被害者・加害者への早急で適切な対応が肝要である。社会全体でデートＤＶを助長するような風潮を改め、デートＤＶをなくすような対策が必要であるものの、まずは若年層に対する教育が喫緊の課題である。具体的にはデートＤＶを生じさせないような予防プログラムを低年齢から実施する必要があるが、実際に実施している教育機関はまだ少ない。

筆者が参加しているデートＤＶ研究グループでは、近畿や中国・四国地方で高校生対象の**デートＤＶ予防**

教育プログラムを実施しているが、実施させてくれる高校は非常に少ない。プログラムは無償で提供しているのにもかかわらず、実施できた高校は一つの県で二校程度である。いまだにデートDVなどの恋愛関係にまつわるリスクに関心が低いということや「寝た子を起こすな」という風潮があると考えられる。

成人対象の調査では、デートDVについて「交際相手からの被害経験がある」と回答したのは、二〇代女性の三六・〇%、二〇代男性の一八・〇%であった（内閣府男女共同参画局、二〇一八）。また交際経験のある一〇代の場合、女性の四三・八%、男性の二六・七%に被害経験が、女性の二一・四%、男性の二〇・二%に加害経験があると報告されており（エンパワメントかながわ、二〇一七）、デートDVの経験者は少なくないと考えられる。この調査では、暴力を「行動の制限」「精神的暴力」「経済的暴力」「身体的暴力」「性的暴力」の五種類に分類しているが、「他の異性と話をしないと約束する」「返信が遅いと怒る」「友人関係を制限する」などの「行動の制限」の被害が最も多い。また女性は「バカ、死ねなど傷つく言葉を言う」「体型や容姿について嫌なことを言う」「理由も言わずに無視する」などの「精神的暴力」の被害も多く受けている。

デートDVの主要な生起要因——依存的恋愛観

このような制限・束縛に関する暴力や女性への精神的暴力が多く起こる背景には「精神的に自立できずに恋人に完全に依存してしまうような状態こそが通常の恋愛スタイルである」「自分と恋人は一心同体であり、恋人は自分のものだから自分の好きなように支配してもよい。束縛は愛の証である」と信じるような恋愛観があると考えられる。このような恋愛観のことを「依存的恋愛観」と呼ぶことにする。少し説明を加えると、

「自分と恋人とは一心同体であるから、相手は自分のことをわかってくれて、自分の思いどおりになってくれて当然である」という考えから暴力加害に、反対に「相手の気持ちをわかってあげて自己犠牲的に尽くすことはよいことである。相手の暴力的行為は愛情から出たものである」という思考から暴力被害につながるような恋愛観である（伊田、二〇一〇）。

表面的には力による支配／被支配関係であるが、心理的には加害者も被害者も精神的に自立できずに相手に依存している状態があると考えられる。そのような恋愛観をもっている人は、自分たち＝内部、それ以外の他者＝外部という排他性を強くもっているので、デートDVが起こってもそれがほかの人には知られないことが多い。さらに、依存的恋愛観に見られる恋愛至上主義の考え方（後述）は「別れることは悪いことだ」という認識につながるため、深刻な被害を受けていたとしても我慢して関係を続けている場合も多い。

依存的恋愛観を助長する社会的背景

前述したように、依存的恋愛観は暴力につながりやすく、一般的には男性が加害者に、女性が被害者になりやすい。その背景には、いまだに日本社会に残る家父長制（第10章参照）や**ジェンダー規範**の影響がある。羽渕（二〇一三）は、家父長制的な男性行動規範、女性行動規範をもつことが女性への暴力を助長すると述べている。とくに男性の場合は、統制力を保つことが恋愛関係において重要であり、そのために戦術として暴力を使うことがあると指摘されている（ホワイトほか、二〇〇一、訳二〇〇四）。つまり、伝統的な男らしさや女らしさが女性への暴力の引き金となっており、男性の「男がパートナーをリードしなければならない」という思い込みが女性への支配につながり、ときとして暴力に発展すると考えられる。また女性の場合、

「母性愛こそが女性の美徳」「女は尽くすべき」などの「女性性」にとらわれているとDVやデートDVの被害者になりやすく、「女性性」を強くもつひとは依存的であることが示唆されている（Carroll et al., 1991）。依存的恋愛観をもつ女性は女性らしさへのあこがれが強いため、交際相手に依存しやすく、相手に献身的に尽くしたり、暴力を受けても我慢する傾向があると思われる。

また、このような依存的恋愛観をもつ若者が増えている背景には、小説やドラマ、歌詞などのメディアをとおして、「依存的な恋愛＝理想的で幸せな恋愛」という図式が流布されていることが考えられる。田代（二〇〇八）は「レディース・コミック」の分析を行い、「恋愛＝性行為＝暴力・支配」という図式が繰り返し表れており、またその傾向は中高生に人気のケータイ小説でも同様であると述べている。また、牧野ほか（二〇一二）もコミックの分析を行い、男性が主導権を握るような画一化された恋愛を軸にすえたストーリーが多いと指摘している。このような風潮、つまり、恋愛においては支配／被支配関係は当然のことであり、「男らしい」男性が魅力的であるとする描写が依存的恋愛観の普及・促進につながり、デートDVの要因の一つになっていると考えられる。

ここでは若者の恋愛観に影響を与えたメディアの一例として、ベストセラーになり、『恋空』ブームを巻き起こしたケータイ小説『恋空――切ナイ恋物語』をとりあげ、この小説や小説にもとづくドラマに描かれている依存的恋愛観について考察する。

2 ケータイ小説『恋空――切ナイ恋物語』に見る依存的恋愛観

『恋空――切ナイ恋物語』は、美嘉がデビュー作として執筆したケータイ小説である。ケータイ小説とはその名のとおり、いまでいう「ガラケー」の「ケータイ」で書かれ「ケータイ」で読む小説のことを指す。多くのケータイ小説は、一般の素人が「実話」をもとに書いたものだとされている。『恋空』は二〇〇五年から執筆が開始され、携帯ウェブサイト「魔法のiらんど」では〇九年までに延べ二四〇〇万人が閲覧したとされている。〇六年に書籍化されたが、一〇年には発行部数二〇〇万部を突破し、ベストセラーとなった。とくに女子中高生や二〇代の女性に人気が高いとされている。また〇七年の漫画化、映画化に続き、〇八年にはテレビドラマ化もされ、サイドストーリー『君空』『「恋空」一〇年目の真実――美嘉の歩んだ道』などの続編も出版されるなど、大きな反響を呼んだ。

『恋空』のあらすじ

主人公・田原美嘉は普通の女子高生であったが、金髪で不良っぽい同級生のヒロ（桜井弘樹）とつきあうことになる。ヒロは美嘉との交際にはじめは本気ではなかったが、次第に本気になっていく。ドラマ版では、ヒロは最初から強引に美嘉にアプローチするという設定になっている。二人は一緒に授業をサボったりして楽しく交際していたが、ある日、ヒロの元カノの指図により、美嘉が三人の男性に襲われレイプされる。映画版では、お花畑でのレイプシーンがきれいに描かれすぎているという批判がある。またドラマ版では、ヒロが助けにきたことにより、美嘉は軽い怪我をするものの、レイプは未遂に終わっている。

その後、美嘉はヒロとの子どもを妊娠する。二人は子どもを出産することを決め、両親の許可を得ることもできたが、美嘉はヒロの元カノに強く押されて転び、流産してしまう。二人は大きなショックを受けるが、また強い絆で結ばれていく。

ところがある日、ヒロは美嘉に突然の別れを告げ、別れたくないという美嘉に暴言を吐いたり暴力をふるったりする。二人はそれぞれ別の相手とつきあうが、ヒロが末期ガンを患っており、美嘉のために別れを選んだのだと知った美嘉は恋人と別れ、ヒロのもとに戻る。ヒロは奇跡的に三年生きながらえたのち、亡くなってしまう。しかし、彼の死後、美嘉は妊娠していることを知り幸せを感じる。

『恋空』に描かれる恋愛観

強引な求愛と恋愛幻想　ドラマ版では、つきあってもいないのに、ヒロは教室で突然、美嘉にキスをし「もしかしてはじめてだった?」と聞く。それに対し、美嘉は怒ることも傷つくこともない。そのかわり、「ヒロはいつだって突然だった。いつだって突然に私を奪って、心にざわめきだけを残していくの。まるで何もかも飲み込んで流れる激流のように」という美嘉のモノローグが流れる。その日から、美嘉はヒロのことを好きになっていく。

あるときは、突然教室に入ってきたヒロが、授業を受けている美嘉の手を引っ張り、教師の制止も聞かずに外へ連れ出す。美嘉は「何考えてるの。なんでいつもいつも強引なの」と言いつつも、おとなしくヒロの言いなりになり、むしろ満足そうである。

遠藤（二〇〇七）は、相手に暴力をふるわれていても、それを愛情と感じてしまうような恋愛幻想をもっていることがデートＤＶの特徴であると述べており、婚姻関係にないがゆえに幻想を抱きやすいと指摘している。このような幻想をもっていることにより、ＤＶされてもそれを暴力と気づかないと考えられる。

所有・束縛は愛情の証？

ヒロは美嘉とまだつきあってもいないのに、花火大会で美嘉と話していた同級生の男性を突然殴り「こいつは俺のもんだ」と言い、美嘉の手を引っ張って連れていく。美嘉はそれに従順に従い「どうしてこんなことをするの」と聞く。それに対し、ヒロは「好きだからにきまってんじゃん」と開き直って答える。とくに小説では、ヒロは大変嫉妬心が強く、美嘉も友人たちも、「ヒロは美嘉がほかの男性と話しているところを見たら何をするかわからない」とビクビクしている。それ自体がデートＤＶの加害行為であるにもかかわらず、美嘉も友人たちもまったく問題にしていない。そこには「束縛は愛情の証、嫉妬するのは愛しているから」というような恋愛観が共有されている。

結局、この同級生の男性はヒロの嫉妬のせいで、高校を退学することになるのだが、ヒロが彼に謝ったことで美嘉は許しているし、そもそも美嘉はヒロが何をしても嫌いになることはない。

「男らしさ・女らしさ」

ヒロが美嘉を好きになったのは、自分が置き忘れたケータイのストラップの熊のぬいぐるみのほつれた部分を美嘉が縫ってくれたことがきっかけであった。黙って繕い物をしてくれるという「女らしさ」「優しさ」を好きになったというところで、ここでも古典的な「らしさ」やステレオタイプ（第3章参照）が表れている。また美嘉は全編をとおして、従順で忍耐強く、ひどいことをされてもひたすら我慢し、あまり自己主張をしない。いわゆる「女性らしい」、男性から「守ってあげたい」と思われるタイプである。

その後に美嘉がつきあった男性もヒロも、頻繁に美嘉の頭をなでたりたたいたりする。コラムで紹介する「壁ドン」と同じく、「頭ポンポン」も女性が喜ぶ男性の仕草とされているが、そこには「男性は女性よりも上。男性は女性を守るもの。女性は保護されるもの」という図式が象徴されている。小説のストーリーでは、美嘉はヒロのせいでレイプされるのだが、ヒロは「これからは俺が美嘉を絶対に守る」と言っており、その後も繰り返し「守る」という言葉が出てくる。またヒロの姉も「これからはヒロが何があっても守ってくれるから大丈夫」と語っている。「俺の彼女」「俺の女」という言い回しも多く、「恋愛関係とは守り守られる関係である」「男性は女性を所有するもの」ということが全編をとおして強調されている。

依存的恋愛観の要因にはジェンダー容認感覚があり、ジェンダー規範にもとづく「男らしい」「女らしい」ふるまいをすることが支配／被支配につながると考えられる。伝統的なジェンダー規範のなかには「男は女よりも立場が上」「女は男に守られ幸せにしてもらう存在」という考えが強くあるため、その規範に沿った男性や女性こそが理想的であり、そのような生き方が幸せであると、思い込まされている若者も多いのではないだろうか。

自己肯定感・自己評価の低さ　ヒロが学校でも有名なモテ男であり、大変な美人とつきあっているとされているのに対し、美嘉は地味で平凡な女子高生だとされている。実際、美嘉は「ヒロは平凡だった私のことを見つけてくれた」と語っている。このような自己肯定感の低さから、美嘉はヒロが何をしても許してしまい、彼と別れられないと考えられる。

先行研究でも、自尊感情の低さや他者依存傾向がＤＶに関連していること（武内・小坂、二〇一一／吉岡、二〇〇七）や、自己犠牲的意識を表す恋愛スタイルとしての**アガペー**がデートＤＶの被害経験と関連していること（赤澤ほか、二〇一二）が報告されている。つまり、自己肯定感や自己評価が低い人は相手から嫌なことをされたとしても許容したり我慢したりする傾向があり、DVやデートDVの被害を受けやすい。また、自己肯定感が低い人ほどステレオタイプ的なジェンダーに自分を合わせることで自己価値を上げようとする傾向があるので、暴力を受けて自尊感情が低下するほど、ジェンダー規範にしがみつく悪循環に陥りやすい（小柳、二〇〇三）。

初恋至上主義

美嘉の姉は、恋愛の相談をした美嘉に「その人ってはじめて美嘉を好きって言ってくれた人だよね。だったら感謝しなきゃ」と言う。それを聞いて急に明るい表情になった美嘉の次のようなモノローグが流れる。「なんでもヒロがはじめてだった」。またヒロの姉は美嘉に「ヒロは今までいろんな女とつきあってきたけど、本気になったのは美嘉ちゃんがはじめて。ヒロの初恋は美嘉ちゃんだよ」と言う。ここには恋愛において「はじめて」が重要な意味をもつことが示唆されている。実際、ファーストキスを奪われた美嘉は急にヒロに魅かれ始める。また、ヒロと別れたあと、別の優しい男性とつきあったにもかかわらず、ヒロとよりを戻してしまう背景にも初恋至上主義があると思われる。この初恋至上主義は「別れるのは悪いこと」という概念につながるので、暴力を受けても別れられない傾向を助長させる。

暴力容認傾向

ヒロは美嘉を傷つけた元カノに対して「お前（美嘉）が望むなら殺す」と言うなど、暴力的な発言や行動が非常に多い。それに対し、周囲の友人たちも「かっこいい」と称賛している。美嘉もそういうヒロを許容しているものの「ヒロは怒ると何をするかわからないから、ヒロには言えない」と思っており、本当に辛いことを言えずに我慢している。結局は守ってもらえてはいないのである。その反面、暴力的ではなく優しい同級生の男性には、美嘉は「夜道が怖い」「男の人が怖い」などと本音を語っている。この同級生はヒロに対して「殴ることしかできないんだな」と言う、まともで穏やかな男性であるが、美嘉は彼を好きになることはない。その後も、美嘉は優しくて温厚な男性と別れてヒロを選んでおり、暴力的ではあるが情熱的な「初恋の人」こそが「運命の人」であるという結論になっている。このような「暴力的な不良は女性にモテるが、穏やかで優しい男性は女性に不人気」という図式は、多くのフィクションで見られるが、このステレオタイプもまた暴力関係を助長する要因になっているのではないだろうか。

デートDVの加害・被害経験がある人は、暴力容認傾向が強いこと（松並ほか、二〇一七）や暴力がパートナーに影響を及ぼすのに有効な手段であるという認識をもっていることが示されている（Cornelius and Resseguie, 2007）。つまり、暴力はコミュニケーションの一つであり、ときには必要であるという価値観がデートDVにつながると考えられる。

早い妊娠・結婚

ヒロの「優しくするから」という言葉で、美嘉は避妊もせずにセックスをしてしまう。しかも小説では学校の図書館でも行うという設定である。ドラマのほうではさすがにその設定は変更されていた。そのせいで、美嘉は妊娠してしまう。デートDVの加害者になりやすいタイプとして、「早く結婚したがる」「避妊せずにセックスしたがる」という特徴があるといわれている（伊田、二〇一九）。妊娠や結婚は相手を束縛するツールになりうるので、無意識のうちにデートDV加害者は早期の妊娠や結婚を望むのであろう。この『恋空』をロマンチックな恋物語と思う女性たちは、デートDV加害者のそのような特徴を「そこまで私のことを愛してくれているんだ」と好意的に受けとってしまうのかもしれない。

恋愛至上主義

前述したように、この二人の恋は運命的なものとして描かれており、たとえば、小説ではヒロは美嘉に告白した際、「返事は決まってる。考えなくても……とっくに決まってるんだ」と語っているし、二人の結婚の宣誓の際にも、美嘉は「その答えは決まっている。迷いはない」と言っている。武内・川原塚（二〇一二）はケータイ小説を分析した結果、『恋空』には女同士の親密な関係もヒロインの心の葛藤もほとんど描かれておらず、それによって、より端的な恋愛至上主義のストーリーが作り上げられたと述べている。つまり、恋人さえいればほかには何もいらない、恋愛こそが最高のものであるという考えが首尾一貫して描かれている。しかも作者はこのストーリーはほぼ自分が体験した実話であるとしているので、読者にとってはより説得力があるものと映る。このようなストーリーを支持する若い女性たちは、この恋愛至上主義の考えこそが正しく、「幸せ」になるためには恋愛こそが最も重要であると考えてしまうのではないだろうか。

宮台（二〇〇八）は映画版の『恋空』を「とても理解できない」「のけぞる映画だ」と評し、情緒的な機微や関係性描写を削り、「流産する」「レイプされる」「死ぬ」などのプロットだけを詰め込んだ作品だと述べている。つまり、『恋空』は古典的な恋愛ステレオタイプをはめ込んだだけのストーリーであるといえる。それが多くの若い人たちに支持されたということは、依存的恋愛観を肯定する人が少なくないことを意味するだろう。

3　依存的恋愛観に関する実証研究

『恋空』に見られたような恋愛に対する考え方やパートナーとの関係性は、実際にはデートＤＶとどのように関連しているのか、ジェンダー差はあるのかなどについて、実証研究が行われている。

表 4.1　依存的恋愛観尺度項目

1. 恋人の間では，干渉は愛の表れだから正当化される
2. 恋愛すれば，男性はリーダーシップを取ったりおごったりしないといけない
3. 恋愛すれば，女性は料理をしたり男性の世話をしなければならない
4.「プライバシーを尊重し相手を束縛しない」などというのは，冷たい感じで，付き合っている意味がない
5. 恋人と自分は一心同体なので，恋人は自分のものであり，自分は恋人のものである
6. 恋愛すれば性的関係があるのは当然であり，相手の性的要求に応じる義務がある
7. 相手を束縛したり独占したいと思うのは愛の証であり，当然のことである
8. 恋人との時間は何よりも大事なので，自分のことは後回しにすべきである
9. ひとりで生きていくのは寂しいので，恋愛相手がいないことは不幸なことである
10.「別れたい」という相手を攻撃したり怒ったりするのは当然である
11. 二人の関係は特別だから，他人が口を出すことではない

（出所）　松並（2020）。

依存的恋愛観尺度

「依存的恋愛観」を「自分と恋人は特別の一心同体の関係なので、恋人を支配・束縛したり、恋人に依存するのは当然である」とする考え方であると定義づけ、尺度を開発した（表4・1）。この依存的恋愛観は特定の相手との関係に限定されるものではない。つまり、現在のパートナーや過去に関係があったパートナーとの関係性を測るものではなく、一般的な恋愛に対する考え方や価値観を測るものである。この尺度には、『恋空』に見られたような恋愛至上主義や恋愛幻想、ジェンダー規範へのこだわりや自己評価の低さによる依存性を表すような項目が含まれている。これらは、デートＤＶの被害と加害のどちらにもつながる項目群であり、因子分析でも一因子構造が認められた。自分に自信をなくした場合、男性は、他者に自分をアピールし他者からの注目や賞賛を得ようとする「誇大的自己愛」が増加するが、女性は、ひたすら他者に依存・執着する「依存的自己愛」が増加する傾向が見られる（松並、二〇一四）。そのため、依存的恋愛観という同じ価値観を有していても、男女によって異なる加害行為や被害行為につながると考えられる。

依存的恋愛観のジェンダー差

この尺度を用い、高校生対象、大学生対象、二〇～三五歳の未婚者対象に調査を実施した結果、どの調査においても、依存的恋愛観は男性のほうが有意に高いことが示された（松並、二〇二〇／松並・青野ほか、二〇一七／松並・赤澤ほか、二〇一七）。したがって、若い男性は、恋人への依存性や恋愛幻想が女性よりも強いと考えられる。また男性のほうが女性よりも、恋人との関係を自分自身や自分の家族よりも優先的に考えている傾向があることも指摘されている（松野・秋山、二〇〇九）。

『恋空』においても、男性のほうが依存的恋愛観が強い傾向が見られる。たとえば、男性は「ほかの男性としゃべってはいけない」と命令するなど非常に嫉妬深く、「俺の女」と頻繁に言うなど所有観が強い。女性のほうは恋愛至上主義的な面は強いが、むしろ男性に引きずられている部分が大きい。最近の事件を見ても、ストーカー行為やその延長である傷害や殺人などの犯罪を行うのは男性が多く、恋人への執着心は男性のほうが強い印象がある。

一方、親密な他者への依存性を表すとされる「仲間集団への依存」傾向は、高校生対象の調査でも、大学生対象の調査でも、女性のほうが有意に高かった（松並、二〇二〇／松並・赤澤ほか、二〇一七）。「仲間集団への依存」傾向は、「私が尊敬している人が、私を突き放したりはしないかと気がかりである」「私は、より強い人にひかれがちである」「自分自身についてどう思うかは、人からの評価によって影響されやすい」などが特徴として挙げられており、一般的な対人依存性を表すものである。女性は男性よりも親しい友人や家族などに依存しやすく影響されやすい傾向がある。その背景としては、「女性の役割は周囲と上手に同調することである」「自己主張したり他者と争う女性は愛されない」「従属や依存は女らしさの表れである」などの社会からの期待やジェンダー規範があると考えられる。言い換えれば、女性は親や家族、友人などに依存しても規範に反することがないため、他人である恋人に依存する必要がより少ないといえるであろう。

同じ依存性であっても、恋人への依存性については男性のほうが強く、一般的な対人依存性については女性のほうが強いという傾向が見られた。男性は「甘えてはいけない」「感情を出してはいけない」「他者に弱みを見せてはいけない」など「男らしくあるべき」という教育を受けて育つため、他人に頼ったり本音を見せたりしづらいのであろう。その分、他者ではなく、自分の所有物である恋人や妻などのパートナーには依存したり執着しやすいのではないだろうか。

他者への依存性と暴力容認傾向の関連

依存的恋愛観が強い人は、過去に暴力の被害も加害もより多く経験している。また暴力を容認する傾向があり、交際相手から暴力を受けたとしても、そのダメージを低く見積もる傾向が示されている（松並・赤澤ほか、二〇一七）。つまり、交際相手に依存・執着したり、恋愛幻想が強い人は、交際相手との間の暴力行為を暴力とは認識しづらく、その暴力によるダメージも感じにくい。たとえ相手に暴力をふるったとしても、また相手から暴力を受けたとしても、気づかない傾向があるとも考えられる。そのため、加害者になりやすい、また反対に被害者になりやすい傾向があると思われる。

別の調査では、依存的恋愛観と対人依存性、暴力容認傾向の因果関係について報告されている（松並、二〇二〇）。男女ともに、対人依存性が強いと依存的恋愛観が強い傾向があり、依存的恋愛観が強いと暴力容認傾向が上がるという結果が見られた。つまり、男女ともに、親しい他者に依存しやすい人は交際相手にも依存しやすいと考えられる。また、この調査でも、交際相手に依存・執着している人は相手からの暴力を認知しにくい傾向が見られた。しかし、女性の場合は、対人依存性が強いとむしろ交際相手からの暴力を認知しやすく、暴力の影響に敏感であるという結果が見られた。親しい他者に依存しやすい女性は人間関係を重視する傾向が示されているので（松並・荻野、二〇一五）、交際相手からの暴力行為に対しても敏感であると考えられる。

これらの研究結果によれば、恋人と自分は一体であるとする考えをもち交際相手に依存・執着する人は、

コラム４
「壁ドン」や「顎クイ」は胸キュン？

「壁ドン」や「顎クイ」という言葉をご存じでしょうか。「壁ドン」とは，おもに漫画やアニメ，ドラマ，映画などで見られるシチュエーションで，男性が女性を壁際まで追い詰め，壁を背にした女性の脇に手をドンとつき，顔を接近させ迫るような行為のことをいいます。この「壁ドン」は男性からされたい魅力的な仕草ということで，女子中高生の間ではやり，2014 年にはユーキャン新語・流行語大賞のトップテンに選ばれました。その後は，「顎クイ」，「床ドン」，「足ドン」などの派生語も生まれています。

下の左の図は「壁ドン」，右の図は「顎クイ」を行っている場面で，『黒崎くんの言いなりになんてならない』というコミックのワンシーンです。「黒崎くん」はつねに命令口調で暴力的な男性で，ヒロインの女子高校生はファーストキスを奪われ絶対服従を強要されたりしているにもかかわらず，なぜか徐々に彼に魅かれていきます。このコミックは 2014 年から現在まで『別冊フレンド』に連載されており，映画化もドラマ化もされていることから人気の程がうかがわれます。

このような男性の行為は「男らしい」「胸キュン」などともてはやされていますが，一方，これは男性が女性を威嚇する「暴力行為」であるという指摘もされています。若者の間で起こるデート

（出所）　マキノ（2014 ～）。

DV の背景には，このような暴力的で強引な男性の仕草がカッコいい，セクシーとされるような風潮があると考えられます。筆者の授業を受講している女子大学生のなかにも，このような男性を魅力的で素敵だと考える人は少なくありません。一方，実際にデート DV の被害にあい，いまでは「支配／被支配関係があるような恋愛はハッピーではない」と痛感している女性は「あんな男性は全然よいと思わない。優しいのが一番！」と言います。実際に体験すればわかることなのかもしれませんが，被害にあってしまう前に，「女性たちよ，メディアの風潮に惑わされるな」「男性に守ってもらうことを期待する前に自立しましょう」「幸せな恋愛関係とは自立した人同士の対等な関係だよ」と声を大にして伝える必要があると思っています。

恋人への暴力は許容されると考える傾向がある。遠藤（二〇〇七）は、若い女性には携帯メールを勝手に見るなどの恋人の行為を、嫌だと考えるよりも、むしろ愛されていると考える傾向があると指摘している。『恋空』でも、恋人は「俺の女」、つまり自分の所有物であるから、恋人を束縛したり、「ほかの異性とは話すな」などの脅迫を行うことは暴力にはあたらない、むしろ愛情の証であるという考えが色濃く見られた。また交際相手に命令したり、避妊せずに性行為を行うことも、主人公の男女も、周囲の友人たちもまったく問題にしていなかった。このような認識が交際相手への暴力の容認へとつながっていると考えられる。上岡・大嶋（二〇一〇）は相手と自分がぴったり重なり合って「二個で一つ」の〝ニコイチ〟の関係はＤＶにつながりやすいと述べている。距離が異常に近い関係では、「相手」は他人ではなく自分だから、暴力をふるったほうもふるわれたほうも忘れたり、なかったことにできてしまうという。恋人との依存関係はいっけん、暴力とは関連しないように思えるが、他者に依存したりされたりするような関係は相手を自分の従属物として自由にコントロールすることにつながり、それが暴力行為を「暴力」と認識しない傾向に拍車をかけるのであろう。

前述したように、依存的恋愛観は「恋人は自分の思いどおりになってくれて当然である」「自分の所有物だから何をしても大丈夫」という考えから暴力加害に、反対に「恋人に自己犠牲的に尽くすことはよいことである」「恋人からの束縛や支配は愛の証である」という思考から暴力被害につながる傾向がある。言い換えれば、依存的恋愛観は暴力加害にも暴力被害にも関連している。昨今は女性から男性へのDVやデートDVも問題視されており、とくに相手の自尊感情を下げるような精神的暴力や相手を束縛するような「行動の制限」については、女性からの加害のほうが多いという報告もある。しかし、『恋空』をはじめとする小説やコミックなどに登場するカップルは、多くの場合、男性が加害者的、女性が被害者的な描かれ方をしている。その理由は、支配的な女性と献身的な男性という図式は、社会が求める理想とはかけ離れているからではないだろうか。若桑（二〇〇三）は伝統的なプリンセス・ストーリーの分析を行い、これらのストーリーには家父長制社会における「理想の女性像」、すなわち「男性にとって都合のよい女性」が描かれていると述べている。しかし現代のプリンセス・ストーリーには戦うお姫様が登場したり、そもそも王子様不在であったりと、昔とは異なるメッセージが含まれているようにも見える。他方で、いまだに伝統的なカップル像や恋愛観が描かれ、それらが人気を博しうる要因は何なのかについて、今後さらに検討していく必要があると考えられる。

デートDVのない社会に向けて

デートDVの予防として、井ノ崎（二〇一六）は、①デートDVを正しく理解する、②性差別意識を改める、③児童虐待やいじめなどの過去の暴力被害経験による心理的影響の解消に努める、④感情のコントロール力を高める、の四点を挙げている。正しい知識をもつことは必須であるし、暴力によるトラウマなどの心理的影響を軽減することで世代間連鎖などを防ぐことは重要である。また**アサーション・トレーニング**などのよい人間関係を築くためのコミュニケーション・スキルを学ぶことも、予防教育としては有効であろう。しかし、そのような個人に対する教育や個人的な努力だけでは十分とはいえない。「相手と一心同体になるような依存的な関係こそが幸せな恋愛」「男性がリードし守る、女性は尽くし守られる」関係が「フツー」の男女関係というような認識を改め、それぞれが自分らしく多様な存在であることが認められ、自立した個人が対等な関係を築けるような社会をつくっていく必要がある。そのためには伝統的な「らしさ」にこだわる社会のジェンダー規範の問題について考え、多様な社会や対等で健全な人間関係を築けるような教育を、幼い頃から実施することが肝要である。またメディアの描写がいかに恋愛観やジェンダー意識に影響を与えているかを指摘することで、メディアの発信者に注意を促すことも必要であろう。

用語解説

配偶者からの暴力の防止及び被害者の保護等に関する法律（DV防止法）　二〇〇一年に施行され、〇四年、〇七年、一三年、二〇年に一部改正された法律で、配偶者からの暴力に係る通報、相談、保護、自立支援などの体制を整備し、配偶者からの暴力の防止および被害者の保護を図ることを目的としている。「配偶者」には、婚姻の届出をしていない「事実婚」や離婚した関係も含み、被害者は男性、女性の別を問わない。基本的には生活の本拠をともにするパートナーからの暴力に関する法律である。

デートDV予防教育プログラム　デートDVに関する教育プログラムには、デートDVの予防を目的とした第一次防止プログラムとデートDVの経験者への介入を目的とした第二次防止プログラムの二種類がある。デートDV研究が早くから行われていた欧米では、一九八〇年代から予防教育プログラムが実施され、さまざまなプログラムが開発されているが、日本では二〇〇〇年代にやっと開始された。当初はNPO団体などの民間団体がおもな担い手であったが、現在は行政関連機関などでもデートDV関連の講座を実施している。

ジェンダー規範　男性として、女性として、どのようにあるべきかについての規範。具体的には、ある社会や文化、コミュニティにおいて、男女がどう行動し、どのような外見をすべきかなどについての一般的な基準や社会的な期待のことをいう。

アガペー（Agape）　カナダの心理学者リー（Lee）が一九七七年、八八年に提唱した恋愛スタイルの分類の一つである。リーは人間が恋愛に対してとりうる態度や考え方を、さまざまな文献から抽出した六つの型、エロス（美への愛）、ストルゲ（友愛的な愛）、ルダス（遊びの愛）、マニア（熱狂的な愛）、アガペー（献身的な愛）、プラグマ（実利的な愛）に分類した。アガペーは、相手の利益だけを考え、相手のために自分を犠牲にすることもいとわないような愛を指す。

アサーション・トレーニング　アサーション（assertion）とは、もともとは「自己主張」という意味の単語だが、「自分も相手も大切にする自己表現」のことをいう。人間関係において、自分の言いたいことを大切にして表現すると同時に、相手が伝えたいことも大切にして理解しようというコミュニケーションのことである。アサーション・トレーニングとは、行動療法に起源をもち、アサーティブなコミュニケーションを身につけるための具体的な訓練を指す。

ブックガイド

伊田広行『ストップ!デートDV——防止のための恋愛基礎レッスン』（解放出版社、二〇一一年）

実際に起こった事件やドラマ、雑誌など、多くの事例を題材に、DVやデートDVとはどのようなものかについてわかりやすく解説している。またDVにつながりやすい恋愛観に警鐘を鳴らし、DVにならないシングル単位の「新しい恋愛」を提案している。受講者から実際に出された疑問に対する回答も掲載しており、恋愛に対してよく見受けられる「誤った考え方」や「不適切な関係」についてていねいに指摘し説明している。

青野篤子編著『アクティブラーニングで学ぶジェンダー――現代を生きるための12の実践』（ミネルヴァ書房、二〇一六年）

身近なジェンダーに関する問題をとりあげ、アクティブラーニングの手法を用いて分析・考察することで、ジェンダーといういっけん難しい概念を「自分の問題」として考えることを目的としている。テーマはセクシュアリティ、おもちゃ、物語、エイジング、摂食障害、デートDV、母娘関係、金融リテラシー、ロールモデル、家事、結婚、日本社会と多岐にわたっている。

ティム・ブッチャー、グオ・シャオルー、ジョアン・ハリス、キャシー・レット、デボラ・モガー、マリー・フィリップス、アーヴィン・ウェルシュ著、角田光代訳『Because I am a Girl――わたしは女の子だから』（英治出版、二〇一二年）

NGOプランのキャンペーンに協力した世界各国の作家たちが現地を見たうえで書いた作品のアンソロジー。男性社会、宗教の壁、貧困の連鎖など、女の子たちをとりまく現実は想像以上に厳しい。「女だから」という理由だけで理不尽な扱いを受けたり、教育の機会を奪われたりもしている。この本を読むことで、途上国の女の子たちの現状を知ることができ、またこの本を買うことで、NGOプランの活動にほんの少しだけ貢献することができる。

第5章　性を超えようとする人たち

マイノリティと呼ばれて

薛　小凡

男女という性別と、異性愛を正常とみなす社会のなかで、生きづらさを感じる人がいる。「性的マイノリティ」（この言葉の適切性についても議論があるため、本章では「　」つきで表す）と呼ばれる人たちは、そういった社会に正面から立ち向かい、新たな自己のあり方を模索している人たちだといえるだろう。

本章は、「性的マイノリティ」の基礎知識と当事者たちが抱える身近な問題を紹介する。次に質的研究法を用いて、当事者たちの語りから、「性的マイノリティ」たちが有するセクシュアリティと社会が要請するジェンダーとの間の葛藤を明らかにする。当事者たちの生活実態をありのままに呈示し、時代とともに変化していくジェンダー問題を批判的に分析するとともに、「性的マイノリティ」当事者と同じ立場から「性的マイノリティ」に向けた新たな視点を提供する。

1 「性的マイノリティ」の社会的位置づけ

いま、世界の多くの国々で「性的マイノリティ」の権利が拡大している。日本では、マスコミを中心に「性的マイノリティ」やそれに関するニュースがその存在感を示し、一定の立場を築いたことから、社会のさまざまな側面で「性的マイノリティ」への配慮がなされつつある。

ジェンダーとセクシュアリティの基礎知識

日本の国内で、性に関する諸概念を包括的に分類し、定義した論考は、橋本（一九九八）の「ヒトの九つの性」に遡《さかのぼ》ることができる。具体的には、先天的に獲得する①性染色体の構成、②性腺の構成、③内性器の形態、④外性器の形態、後天的に獲得する⑤誕生したとき医者が決定する性、⑥戸籍の性、⑦二次性徴、⑧性自認、⑨性的指向である。

セックス（sex）が生物学的、身体的な性であるとすれば、ジェンダー（gender）は社会的・文化的に作られた性差・性別と定義される。これは社会のありようを象徴するものの一つである。また伝統的な性別二元論、異性愛規範を基盤にした男性性・女性性をも含む概念である。その後、バトラー（二〇一一、訳二〇一六）をはじめとした議論により、セックスもジェンダーと同じく社会的に構築されるものだと指摘された。つまり、セックスもジェンダーも人々を「男」「女」に二分し、男女の差異性を強調し、異性愛を強制する社会規範としての性格をもっている。

さらに、ジェンダーには、女性と男性にとってふさわしい行動を指定する社会的期待としての側面があり、これは性役割（gender role）と呼ばれている（青野、二〇〇四）。社会が期待する女らしさ（女性性：femininity）と男らしさ（男性性：masculinity）がこれにあたり、ジェンダー・ステレオタイプ（第3章も参照）や性別役割分業も性役割に由来する。女らしさ・男らしさにはさまざまなものがあり、話し方やふるまい、服装や髪型、体型や性格、家庭内の分業など、生活の隅々に浸透している。

また、個々人に内面化されたジェンダーの程度によって、人々をジェンダー・タイプに分類することができる。ジェンダー・タイプは、男らしい、または女らしい性格の側面として男性性・女性性の高低の組み合わせにより分類されてきた。しかしその後、性別二元論が疑問視されるようになると、それぞれの性格特性を指す男性性・女性性という用語は作動性・共同性に置き換えられるようになった（土肥・廣川、二〇〇四）。

英語でのセクシュアリティ（sexuality）はエロティックな側面の意味合いが強く、人間の性的欲求や性行動、性実践などを表す。公的なものというよりは、私的、個人的なものであり、規範や政治によって抑圧され、公的な空間や公衆の前では表出することがはばかられるものでもある（カメロンほか、二〇〇三、訳二〇〇九）。日本ではセクシュアリティという言葉は英語圏よりも幅広い意味で使用され、分野や使用者により異なった意味で使われている。大まかに以下の三つがある。①先述の英語におけるものと同じ意味、②自らをどのような性別とみなすかという心理的性別を示す**性自認**（Gender Identity，略して「GI」）、恋愛対象や性的対象がどのような性別に向けられているかを指す**性的指向**（Sexual Orientation，略して「SO」）、性的実践・表出、人間関係における感情全般を含む総体的な概念、③一部の「性的マイノリティ」当事者によって用いられる、性自認と性的指向の組み合わせによって呼ばれる名称、たとえばレズビアン、ゲイやトランスジェンダーなどである。

「性的マイノリティ」をめぐるさまざまな事象

「性的マイノリティ」はセクシュアル・マイノリティないしジェンダー・マイノリティとほぼ同義に用いられる。そして、当事者が自らの呼称として使うレズビアン（女性同性愛者：Lesbian）、ゲイ（男性同性愛者：Gay）、バイセクシュアル（両性愛者：Bisexual）、トランスジェンダー（広い意味でセックスに合致した性自認に違和感をもつ者、または自らの性自認や性的表出に違和感をもつ者：Transgender）の頭文字をとった「ＬＧＢＴ」もよく使われる。そのなかのＬＧＢは性的指向にかかわり、異性愛者ではない。トランスジェンダー（Ｔ）は性自認にかかわり、そのうち、性自認がセックスと不一致、あるいは違和感をもつ者は狭義のトランスジェンダー、ホルモン療法や手術でセックスを変更しようとする者はトランスセクシュアル（transsexual）、そして性的表出に関連して異性装をする者はトランスヴェスタイト（transvestite）と呼ばれる。また、トランスジェンダーは、男性から女性へ性別移行を望むＭｔＦ（Male to Female の略）と、女性から男性へ性別移行を望むＦｔＭ（Female to Male の略）に分けられている。

さらに現在「性的マイノリティ」の意味する用語は「ＬＧＢＴ」から「ＬＧＢＴＱＩＡ」へと拡大し「性的マイノリティ」のとらえ方は広がりを見せている。新しく加わったのは性自認や性的指向を特定しないクイア（Queer）、身体的な面で性分化が明確でないインターセックス（Intersex）、他者に恋愛感情や性的欲望を抱かないアセクシュアル（Asexual）である。

さらに、このような分類に収まらない人もいる。そのため、性自認と性的指向を組み合わせた「ＳＯＧ

I」（Sexual Orientation, Gender Identity）という言葉が出現し「性的マイノリティ」当事者たちが好んで用いるようになった。また、SOGIは性自認と性的指向の組み合わせにより、多様なセクシュアリティを包含する可能性があり「性的マイノリティ」だけでなく、誰にでも適用できる概念だと考えられる。

ただし、SOGIが「男性か女性」の性自認と「異性愛か同性愛」の性的指向の組み合わせにより、セクシュアリティを範疇化（カテゴリー化や分類）する言葉であるかぎり、LGBTと同様に安定していない、あるいは明確でないセクシュアリティを有する者を包括できない問題をはらむ。そのため、たとえば異性愛規範を批判するクイアや不定的で流動的な性自認を有するXジェンダーなどの当事者たちのなかにはSOGIという言葉には抵抗を示す人もいる。

かつては、同性愛もトランスジェンダーも病気として扱われた。一九九〇年の世界保健機関（WHO）の国際疾病分類の第一〇回改訂（ICD–10）で、同性愛は削除され、病気ではないと宣言された。そして、アメリカ精神医学会刊行の『精神疾患の診断・統計マニュアル』第五版（DSM–5）では「性同一性障害（Gender Identity Disorder：GID）」から「性別違和（Gender Dysphoria：GD）」へ、二〇二二年に発効のICD–11においても「性別不調和（不一致）（gender incongruence）」に名称変更され、トランスジェンダーの脱（精神）病理化が進んでいる。

現在、脱病理化のほかに、世界中で「性的マイノリティ」の権利獲得に向けての制度化が拡大している。アメリカやEU各国では同性愛者の人権を擁護する法制度が整ってきている。台湾では二〇一五年にアジア初の同性婚を認める法案が可決された。日本でも、教育や法律の面での配慮がなされるようになり、例として東京都渋谷区の同性パートナーシップを認める条例や、世田谷区のパートナーシップ宣誓に関する要綱

（いずれも二〇一五年に導入）などがあげられるが、それらは「法律」と根本的な違いがある。国による法制化が実現していない現在の日本社会では、社会一般に「性的マイノリティ」が受容されるようになったとしても、実態としては数多くの「性的マイノリティ」の人たちが社会生活で不自由な状態にあり、周縁化され、不可視化されている。

メディアにおける「性的マイノリティ」の表象

日本では、一九五〇年代からいわゆる「ゲイ」（当時は「ホモ」などと呼ばれていた）がメディアに登場したが、ゲイをはじめ「性的マイノリティ」が脚光を浴び始めたのは八〇年代以降である。そして九〇年代に入ると、**東京都青年の家事件**が起きた。九一年に女性向けファッション誌『ＣＲＥＡ』（文藝春秋）が「ゲイ・ルネッサンス91」特集をだいたんに組み、そのなかで多様な視点から「ゲイ」を紹介したことがその後広く知られるきっかけとなった。その前後から、同性愛、おもにゲイがマスメディアに多く取り上げられ「ゲイ・ブーム」が始まり（クレア、二〇一三）、当事者および支援者による活動が本格化した。

二一世紀に入るとゲイ・ブームは沈静化するが「ＬＧＢＴ」という言葉が広く知られるようになった。マスメディアにおいてもＬＧＢＴが使われるようになり、ＬＧＢＴという言葉に対する社会的認知が少しずつ広まっていく。そして、二〇一〇年代、ＬＧＢＴブームと呼ばれるほどの状況となり、経済や行政の領域で「性的マイノリティ」と性の多様性に対する社会の理解と受容が進んでいった。同時期にＬＧＢＴに関する作品もブームとなっている。ゲイだけではなく、レズビアンを含む同性愛者の恋物語を描く漫画、アニメ、ドラマ、映画が多数現れた。

焦点はさまざまだが、このように「性的マイノリティ」はラジオ、テレビ番組（とくにバラエティ番組）、アニメ、映画、出版物など、多くのマスメディアに登場している。だとすると、先に述べたような、周縁化・不可視化された「性的マイノリティ」問題の解決にたどりつけたかのように見える。

しかし、可視化され話題になる「性的マイノリティ」はごく一部であり、現実に生きている一般的な「性的マイノリティ」の生活実態とは大きな違いが存在する。たとえば、マスメディアで多く取り上げられる「おネエ」と呼ばれる人々は、女装した同性愛の男性かトランスジェンダーのタレントである。これを不快に感じる「性的マイノリティ」当事者・支援者およびその団体からの抗議や批判は少なくない。

さらに、二〇一五年に起きた**一橋大学アウティング事件**など、深刻な事件への関心度が低いことから見ると、現実的な「性的マイノリティ」が直面する社会背景、社会問題に対して鈍感で、これらの問題を無視しているマスメディアはむしろ多い。

「現実的」ではないキャラクターのマスメディアへの登場は、ポピュラーカルチャーとして広く受け入れられる一方、現実の「性的マイノリティ」の把握の仕方に深く影響する（メイナード、二〇一七）。マスメディアは「性的マイノリティ」を商品化し、人々に「性的マイノリティ」のゆがんだイメージを与える。そのイメージが、現実場面における「性的マイノリティ」もそれらのキャラクターと同じような人々であるという誤解を作り出している。

「性的マイノリティ」はマスメディアに登場する一方、アダルト・ビデオやポルノで独特な性的行為者として描かれる。同性愛者は感情的な恋愛より、同性間の性行為を追求する存在だという偏見が、同性愛嫌悪や同性愛恐怖を促し、一部の異性愛男性に、性行為の対象としてみられるという猜疑心をもたらすことさえある。

2 「性的マイノリティ」が抱える身近な問題

ジェンダーと日本語表現

言語は、人間の思考や感情を他者に伝える媒介物である。言語は社会的期待を反映し、言語上の差異は社会的不平等を反映し、再生産する。言語とジェンダーの研究をはじめたレイコフ（一九七五、訳一九九〇）や、早期に日本語とジェンダーの知見に貢献した寿岳（一九七九）は、女性が用いる「女性」を表す特徴的な言葉づかい、すなわちていねいさ（ポライトネス：politeness）の高い「女ことば」は女性の相対的な低い社会的立場を示しており、女ことばを使用することが女性の地位を低いままにすることを指摘した。

日本語におけるジェンダー差は顕著であり、終助詞、人称代名詞、感嘆詞でよく表現されるものの、近年、現代日本語における性差は縮小しているという指摘もある（現代日本語研究会、二〇一一）。この傾向は、たとえば職場やメディアのような公式な場面での発話、あるいは一部の私的な場面での会話にみられ、男性が女性と同じくポライトネスの高い表現を用いるようになったとされる。また、女性特有の「〜わ」や「〜かしら」の語尾の使用の減少も見られる。また、言語表現におけるジェンダー差の縮小傾向は、とくに若者に顕著である。仲間内でジェンダー規範を無視して会話し、若い女性が男性の言葉づかいを用いることも少なくない。

とはいえ、これらの変化は、特定の相手、場面、文脈に限られる。筆者が大学生を対象として、日本語の命令・依頼表現を調査した研究では、男性大学生より女性大学生のほうがすべての場面においてよりていねいで、命令形のような強制性の高い表現をほぼ使わない傾向にあった（薛・青野、二〇一七）。

「性的マイノリティ」当事者たちもまた、コミュニティ内外で自らの特徴を表す言葉を創り出している。そのなかで最も独特とみなされる言語表現の例として「おネエキャラクター」が用いる「**おネエことば**」があげられる。「おネエことば」はたんに女性の言葉の模倣と再現ではなく、より女性らしく誇張され、「女ことば」が再生産された言葉である。その意味では、「おネエ」は「現実の女性」以上に女性らしさを身につけ「現実の女性」以上に女性性に通じており、言葉に表れているジェンダー規範を攪乱するといえる一方、ジェンダー・ステレオタイプを強調して再生産した表現ともいえよう。

このように、言語はジェンダーを表し、構築する力をもつ。それならば、言語上の差別が解消されたら、社会的・文化的差別の解消にもつながることが期待できる。さまざまな集団が、特定の場面や状況において意識的に言葉づかいに配慮したり、ジェンダー差のない言語表現の形式を強調したりすることはジェンダー平等にたどりつくための一つの手段であり、そうすることで、言語のジェンダー差も必然的に縮小していくであろう。一方、ジェンダーの規範が根強い現代日本では、日本語からジェンダー差が消失する状況はまだ現実的ではない。

カミングアウトとマイノリティ・ストレス

カミングアウトとは、「性的マイノリティ」が性別二元論にもとづく異性愛主義的ジェンダー規範に反する性自認や性的指向を公言することであり、coming out（coming out of the closet の略）のカナ表記である。ただし、略語のみでは、この言葉に本来含まれた批判的な意味が失われる。英語の原文を見てみると「カミングアウト」は文字どおりに「押し入れ（クローゼット）から外へ出てくる」という意味となっている。そのため「カミングアウト」という行為には、まず背景としての「押し入れ」が存在する。また、押し入れの「中」と「外」も存在することになる。押し入れの中に閉じ込められて生きている者は縛りから離れ、より開放的な空間・環境に自分をおきたいと感じ、中から外に出る過程がカミングアウトである。すなわち、カミングアウトとは、抑圧された「性的マイノリティ」が、プライベートなものとして扱われていたセクシュアリティを隠さないことを決意して、世間一般に、あるいは特定の人、集団に公言することである。それを通じて社会の差別・偏見や周囲の無理解からの解放、自らのセクシュアリティを受け入れる寛容と肯定、マジョリティと同じ基本的な権利を求めようとする。さらに、より自分らしく生きることを求め、公的な空間においてマジョリティと平等な立場に自分をおきながら「性的マイノリティ」として、人間関係を構築することを期待する。

「性的マイノリティ」にとってカミングアウトは、その結果ありのままの自分として社会に存在できるという意味をもち、メンタルヘルスだけでなく、積極的な社会生産活動への参加に有益であるということに疑いの余地はない。しかし、カミングアウトは容易なことではなく、多くの困難を乗り越えなければならない。困難の一つとして、アウティング、つまりすでにカミングアウトした特定の相手から、当事者本人にとって望ましくない第三者へ暴露される可能性がともなう。さらにもう一つの困難としてマイノリティ・ストレスという問題がある。マイヤー（Meyer, 1995）がマイノリティ・ストレスを定義して以来、多くの研究がこの概念を取り上げた。マイノリティ・ストレスとは「性的マイノリティ」が自らの性自認と性的指向を隠すことや、「性的マイノリティ」であるために、スティグマが与えられたり、人から避けられることによるストレスである。

「性的マイノリティ」は、ジェンダーをめぐる複雑な権力関係のもとで「マジョリティ」である異性愛が正しいとされ、その規範のもとで構築された社会的・文化的現象である。「正常」とみなされた異性愛とは対立的な立場におかれた同性愛や性別違和には性対象の倒錯、性的逸脱、異常性欲、病気などの社会的スティグマが与えられてきた。したがって、カミングアウトはこのようなマジョリティの権威に対する反抗の宣言にもなる（風間、二〇〇二）。

カミングアウトを通じた理解と受容の達成は個別の望ましい結果だが、ジェンダー規範をもとにした道徳観や考え方がカミングアウトとともに消失ないし変化するわけではない。また、セクシュアリティが私的な問題と認識されたままであれば「性的マイノリティ」はセクシュアリティの表出には敏感にならざるをえず、カミングアウトという行為は当事者の社会的立場に悪い影響を及ぼすこともありえる。他者からの理解と受容にかかわる問題の詳細を次項で詳しく述べる。

他者からの理解と受容

中西（二〇一七）によると、日本国内の「性的マイノリティ」の人口規模については約五〜八％であるが、釜野ほか（二〇一九）が大阪で行った無作為抽出の調査ではわずか二・七％である。さらに「性的指向」の設問では「質問の意味が分からない」の回答率が七・五％もあり、釜野ほか（二〇一六）の全国における世論調査では、周りに「性的マイノリティ」がいると認識している人はごく少数である。「性的マイノリティ」

に対する社会的認知と、政府の差別解消の法制化も議論されているが、「性的マイノリティ」当事者にとっては、ジェンダー社会における生活は依然として難題である。「性的マイノリティ」はどの程度カミングアウトしやすくなったのだろうか。また家族、教育現場、職場において他者からの理解、受容と支援をどの程度得ているのだろうか。

「性的マイノリティ」の人たちが家族にカミングアウトすることは少なくない。カミングアウトした青年への家族の理解と受容、またそれ以後のマイノリティとしての生活への支援は、家族のジェンダー観を含む価値観の影響を受ける。伝統的価値観を強く重視する家庭ほど、困難さの度合いが高い。時間の経過とともに家族は「性的マイノリティ」の青年を受け入れるようになるが「性的マイノリティ」はマジョリティと比べて家族からのサポートが少ない傾向にある。家族の否定的な反応に対する恐れは青年のカミングアウトに強く影響する（Katz-Wise et al., 2016）。

文部科学省は二〇〇三年から「性的マイノリティ」の児童生徒に配慮する取り組みを進めている。日高（二〇一六）によると、一〇代を含め、対象となった「性的マイノリティ」全体の六割に学校生活（小・中・高校）におけるいじめの被害経験があった。そのうち「ホモ・おかま・おとこおんな」などの言葉によるいじめ被害率は最も多く、被害者は教員の対応がほとんどなかったと感じていた。

厚生労働省（二〇二〇）が行った職場での「性的マイノリティ」の現状調査では、企業側が「性的マイノリティ」に対する配慮や対応に取り組んだかどうかにかかわらず、職場でのカミングアウトの割合はＬＧＢが一〇％程度にとどまり、Ｔが一五％程度であった。カミングアウトしない理由としては「性的マイノリティ」であることは仕事と関係がないと思うことや、職場の人と接しづらくなり、差別される恐れがあることなどがあげられた。

3 当事者が語った現実と実態

本節では「性的マイノリティ」の当事者に語ってもらった青年期の経験から「性的マイノリティ」の生きる現実と実態を見てみよう。調査協力者たちの語りから、人々が「性的マイノリティ」とその生きづらさについての理解を深め、当事者たちの社会関係、そして生きやすい社会の構築に役立てたい。

協力を得た当事者四人（それぞれ、トランスジェンダー、Xジェンダー、バイセクシュアル、ゲイを自認している）には一人ずつ、三時間程度の半構造化インタビューを行った。インタビューで聞きとった内容は逐語録に起こし、ナラティブ分析の手法を用いた。ナラティブ分析とは、ナラティブ（語り）における「意味があるとされる出来事」を時間軸に沿ってまとめ、出来事を再構成する質的研究の手法である（フリック、二〇〇七、訳二〇一一）。この分析を用いることにより、協力者一人ひとりの個性を浮かび上がらせ「性的マイノリティ」の当事者たちの現実と実態へアプローチする。

各事例のプロトコル（インタビューデータ）には、セクシュアリティの確立にかかわる経験と「性的マイノリティ」としての生きづらさを表していると思われる語りがあり、その代表的なものを示した。さらに、その語りの内容を筆者が具体的に象徴すると思われる言葉に言い換え、傍点を付す。協力者の語りで明らかに省略されたと思われる語句がある場合は補足を［　］で表す。

目立ちたくないトランスジェンダーAさん

Aさんは五〇代後半、高校を卒業して自営業に従事している。性自認が男性（トランスジェンダー）であり、三〇代のときにタイで性別適合手術（FtM）を受け、戸籍上の性別を男性に変更した。その後、二度結婚しており、現在は外国人の妻と暮らしている。

女性の身体をもって生まれたAさんには子どもの頃から、外性器に対する違和感があった。Aさんは女性であった自分は男性と恋愛し、結婚するのが「普通」だと思っていたが、思春期に入って経験した初恋は女性の先生だった。そのとき、自分の性に関してとまどいながらも、セクシュアリティの覚醒が起こりはじめた。そのため、Aさんは自分を肯定できないまま目立たないように生きてきたと述べた。

> 中学校のときっていうのはやっぱり、こう、自分の性を人にばれたらいけん。こう、自分はちょっとおかしいとか、これがばれたらいけん。そのう、目立たんように普通に、こう、なんていうんかね、表に出んみたいな。

同時に、Aさんは性にかかわる自己の表出の仕方にも違和感をもち始めた。Aさんは母子家庭で周囲に男性がほとんどいない環境で育った。そのため、女性の言葉づかいや女の子向けのおもちゃなどにはそれほど違和感をもたなかった。しかし、服装が自分の性自認の表出における最も大きな問題となり、Aさんはとくにスカートに代表される女子の制服に嫌悪感を抱いた。

制服は嫌じゃった。制服は。小学校のときはジーパン大丈夫じゃけぇ。で、中学校は制服。セーラー服というやつ。まぁそれがすごい嫌じゃって。じゃけ、下にジャージをはいとったりね。

思春期以降、このとまどいは膨らんだ。Aさんのなかでは「自分が何者か」をめぐる葛藤が生まれていた。レズビアンであることを否定し、排除し、性的指向より性自認が、葛藤の中心にあることに気づいた。しかし、当時の日本では「性的マイノリティ」やセクシュアリティに関する知識や認知がそれほど進んでおらず、セクシュアリティの選択肢が少なかった。それゆえ青年期を迎えても、Aさんはその答えを見つけることができなかった。

からだが一緒っていうのがまず嫌じゃし、それは違う。まぁその当時は、でも、やっぱり、日本はジェンダーのことはどういうんかね、認められてない、閉鎖的。じゃけぇ、レズビアンか、ホモセクシュアル、二つしかない。

あぁ、レズビアンって言われた。それは嫌。いや、違うもん。それは違う。具体的に、じゃけぇ、その性別以前の問題、自分のなかの、うぅん、男とか女とかの前に好きになったのが人間じゃけぇっていう。……自分も自分のなかでおかしいんじゃないんかとか、すごい葛藤があって。でも彼女はずっと相手が女性で、初恋の人も女性で、いや自分はおかしいんかって思うけど。

さらに、当時はセクシュアリティにかかわる問題が精神疾患として扱われていた。周囲の人の評価を気にして、うすうす気づいていたらしい親からも受容してさえもらえなかったAさんは、精神的なストレスを高めた。それとともに、罪悪感のような感情も生じたので、Aさんは目立たないように生きるという方針を貫いたのである。

じゃけぇ、自分は人と違う。うん、人と違う。でも親も変な子だったって言うけぇ、やっぱ変じゃったんじゃろうねぇ、きっと。それからなんかねぇ、人の前、人前でしゃべることがなんかあったら、見られることに対して、すっごい精神的に苦痛なんよ。

目立つことが嫌。人がなんかあの辺でしゃべろうたら、自分のこと言われとんじゃないかっていう、まぁその精神病の一種かもしれんけども、そういう意味よ、そういうこと。……だから、罪の意識いうんかな、わからんけど、悪いことをしょうるみたいな、なんかそんな感じ。

Aさんは過去の自分を振り返って、そして、今後の人生について、こう語った。

過去があるけぇいまじゃん。つながっとるわけじゃんずっと。いまふっとこうなったわけじゃないじゃん。まぁ嫌なこともあったじゃろうけど、それを認めんとたぶん前に進まんと思う。

このまま。このままで目立たず、人に迷惑をかけず、うん。

自分らしく生きていきたいXジェンダーBさん

Bさんは四〇代。修士課程を修了後は日本語学校に勤めており、大学に非常勤講師として勤務している。戸籍上は女性だが性自認がXジェンダーで、性的指向はバイセクシュアルである。現在、一人暮らしで、女性パートナーがいる。

Bさんが自分の性自認に気づいたのは、中学校か高校のときだった。女性と特定できる服装、また伝統的なジェンダーが染みついた教育に抵抗し、さらに、自分が女性であることに対する嫌悪感から新たな性自認が生まれた。

ちっちゃいころからまぁ、女だからだとか、女のくせにっていうことを母がよく言う人だったので、それはすごく嫌だなぁとかは思ってて。

私はちょっと子どもだから、あのぉ、まぁまぁ、こうスカートが嫌だと思ってみたりだとか、……やっぱり中学生とか高校生のときまで自分の性別が嫌なことで、自分の性別を否定して、で、自分が中性であるとか男性であるとかを思おうとすることはあると思うんですよね。

制服もトイレも多分ね、傷つきますよ。うん、毎日毎日傷つくと思います。

その後「性同一性障害」という言葉が一般の人々の視野に入ると、Bさんには身体的な性への違和感がないため、トランスジェンダーではないことがはっきりした。

私がちょうど高校の頃にね、性同一性障害って言葉が、なんか一般的には一応広まるようになってきた頃で、で、私もしかしたら男なのかも、って思ったときがあったんですけど。ただ女性の機能を全部とっちゃったりする手術をしてまで男になりたいとか思わないからたぶん違うんだろうなっていうふうに思って、そこに落ち着いて高校が終わった。

Bさんは男性とつきあったこともあるが、大学に入ってから好きな女の子ができた。しかし、同性愛は精神障害のようにみなされた時代で、冗談のように相手に気持ちを伝えたものの、真剣な告白はできなかった。このように、同性との恋愛を含め、性別二元論やジェンダー・ステレオタイプに規定された服装、行為に反することが周囲の人や社会から認められないため、社会に入りづらく、さらにストレスやネガティブな感情・状態が生じた。

学校でもそれはだめだと好きなもの全部否定されて、家でもあんたは違うって毎日言われて、で、それだと自分がおかしいんだと、だんだん孤独になっていきますよね。それもよくない疑問がね。じゃあ、おかしいんだとか、私、世のなかに出ちゃいけないんだとか、みんなと遊んじゃいけないんだとか、どんどん出てくると思う。

Bさんは二〇代後半にXジェンダーという性自認をもつようになった。教育と就職以外にも、同性婚が法制化されないかぎり、同性パートナーとの関係は法律的に認められないため、結婚や子どもをもつ願望など、ジェンダー社会で直面せざるをえない多くの困難を感じて、思い切って自分らしく生きられなかったという残念さが心のなかに詰まっている。

なんか特別なことを求めてるんじゃないですけど、なんか特別な権利を求めてると思われるんですよねぇ。特別扱いしろと言ってるわけじゃないのに、言ってると思われる。そこのところはちょっと悩みかなぁって思ってますね。

そこはまぁいまの社会だとまだまだ。しょうがない。

「普通に」生きていきたいバイセクシュアルCさん

Cさんは三〇代前半、専門学校を卒業して、食品の製造で正規職として働くバイセクシュアルである。性自認・戸籍が女性で、女性パートナーがいる。家族は母、義父との三人暮らしである。Cさんの実の父親は暴力的な人だった。さらに子どもの頃に母が男性に襲われたところを目撃した。Cさんは男性が嫌いではないが、男性への恐怖感が性的指向に影響したことを自覚する。

中学校三年生から、男性より女性に恋愛感情が芽生えていた。しかし、当時セクシュアリティに関する情報は比較的少なかったため、Cさんは友人の影響で性的指向を確立した。

女の子なんだけど男になりたいっていう子で、それで普通に仲よくなって話をしてたらそうなのかな自分も、みたいな共感ができる。……男の人を好きにならないことにはっきり気づいたのが中学校三年生。

だがCさんには高校で男性との交際経験があった。そこで、Cさんは、女性か男性、すなわち特定の性別で恋愛対象を探すのではないという意味で、一般的な「性的マイノリティ」の定義におけるバイセクシュアルを自称するようになった。

好きになった人がたまたま男だった、女だったっていうとらえ方を私はしているんですけど。でもその世のなかの分類で表せって言うんだったら［レズ］ビアン寄りのバイセクシュアルかなって。

Cさんは自分がバイセクシュアルであることを人に理解してほしいと思わず、アウティングの恐れもあるため、カミングアウトしないと決めた。しかし、高校三年のときに、知らないうちに、誰かに受け入れてもらうためにカミングアウトしたいと思うようになり、好きな女の子に告白した。それ以後は、家庭や職場で、相手や場合によりカミングアウトしている。

高三で卒業するときに、どっかで自分を受け入れんとしんどいなっていうことに気づいて、その子［好きな女の子］に告白をして、別につきあってくださいとかじゃなくて、好きなんですって自分を認めたくて気持ちだけ聞いてほしくて告白をして、そこからはもうどうどうと周りの人とかにも言えるようになった。

Cさんはカミングアウトしたことで親や周囲からの批判やいじめを受けた経験がなかったので、自然体でいられるようになった。

周りの目とかは気にしたことないですね。それ［バイセクシュアルであること］を私のお母さん含めて受け入れてくれた環境にいたから。

だが、高校を卒業してから、女性を恋愛対象とする自分が、女性のままでいいのか、男性になりたいか、性自認について悩み始めた。Cさんは中学生の頃から周りの女の子のように自らをかわいくする行動や行為に興味がなかったが、男の子と同じ外見にもなりたくなかった。その結果、Cさんは、女性の外見を維持したいという希望から女性の性自認をもつことになった。

中学校のときはもうちょっとボーイッシュな感じでしたね。［学校の制服の］スカートはまずはかない。女の子っぽいかっこうがあんまり好きじゃなかった。……私はかっこいいとか、見た目で言われたかったわけじゃないから、外見は女の子のまんま、ありのままで生きていたいかなって感じです。

Cさんは、伝統的なジェンダー規範、とくに異性愛規範に抵抗のない過去の自分があえて厳しい選択をしたことについて後悔の気持ちがないわけではない。

わざわざ大変なほうを選んだっていうか、なったなみたいな。認めたくない感じ。

周りの人に認められても、法制化の進捗が見えない社会でバイセクシュアルとしての生きづらさを嘆きながら、Cさんは自分らしさについてこのように話した。

男に生まれてたらよかったなって思います。［男に］生まれてたら普通になんにも思わずに生きていられたろうなって、女の子のほうが好きで、そのまま、それがたぶん自分らしい。

誤解されないように生きていきたいゲイDさん

Dさんは二〇代のゲイである。三人兄弟の一番下で、両親と三人暮らしである。大学を二度中退し、そのあとＨＩＶ陽性が判明した。インタビュー当時はフリーターである。

Dさんは伝統的ジェンダー観の強い家庭で育てられた。Dさんは父親のことが怖いし、嫌いである。Dさんの父親はやや暴力的で、威圧的な人であった。そのため、父親のような人になりたくなく、母親を頼りにし、自分は母と少し似ていたと語った。そして、中学校や高校の男性の同級生を見て、男性は冷たいというイメージをもっていた。自分にはおとなしくて感情的などの女性らしい性格の側面があると感じる。

［自分の性格は］ちょっとだけ粘着質っていうか。感情的になることも多いかなと思います。……男の人よりは癖のあるしゃべり方をしているのかなと思いますね。その自分が使う言葉とかしゃべり方とか、うぅん、いや、もしかしたら女性らしいのもあるのかもしれないです。

そして、このようなDさんは、中学校に入ってから同じクラスの生徒に男らしくないと言われたり、男の子同士の会話に入れなかったりして悩んだ経験があった。

実際男の子が気になるっていうことに自分が気づいたというより、自然にそう思った。……つきあうことしてはないのですが、高校生のときとか［性的指向が男女］両方だったと思います。高校卒業したあとは、あんまり女の子は興味ないかもしれない。

住んでいた地元は保守的な地域だったため、より開放的で受容的な、同性愛の友人を作りやすい環境を求めて、一九歳で大学に進学することをきっかけに上京した。性的な関係を求めながら、同性愛の友人ができた。それから、ＨＩＶ陽性が判明した。

Ｄさんはﾃ ＨＩＶ感染者であることを異性愛の友人に告白したことがあるが、同性愛であることはカミングアウトしていなかった。ゲイに対する「男性＝恋愛・性的対象」という異性愛男性の偏見がＤさんに同性愛者としての生きづらさを感じさせた。

同性愛よりもそっちのほう［ＨＩＶに感染したこと］が言いやすいのかもしれないのです。なんかその言ったことで僕に対する態度っていうか、変わるのが嫌で。まあ別に僕はなんとも思ってないですけど、過度に男性の人がなんか、敵対意識ではないですけど、そういう敏感になるのかなと思って。

Ｄさんは「ゲイ」をめぐる評価に抵抗感がある。Ｄさんは自身のなかに女性らしい部分があることを認めるが、これらの評価に隠された「女っぽい」というニュアンスにはネガティブな態度をもっている。このような評価は、世間から見たゲイの特質を間接的に示唆するものだが、それは事実と相違があり、ゲイに対する偏見が含まれている。

同性愛っぽい＝たぶん男の子っぽくないってことですかね。……そうすると中性的っていう。……いろいろ矛盾することもあるんですけど。うーん、中性的＝もうたぶん女の子っぽいということなんでしょうけど、ほとんど。はい。中性的って言っても、ほんとは女の子っぽい［という］意味だからうれしくない。

Dさんは将来、一人の人間として認められ、生きていきたいという希望を語った。

自分の希望と将来的にもうまく行くように、世間的にも自分を認めてもらえるような人間になれたらよいのかと思います。同性愛とか関係なく、自分のこと。

「性的マイノリティ」の生きづらさ

セクシュアリティがそれぞれ異なる四人の語った唯一無二の人生から、「性的マイノリティ」の青年期の生活実態や感じ方、考え方をより直接的にとらえることができるだろう。四人のストーリーラインを図式化し、それぞれのセクシュアリティの確立にかかわる経験と生きづらさを図5・1に示した。FtMのAさんは、身体的性への違和感と恋愛対象が異性ではないことから、また、XジェンダーのBさんは、既存のジェ

図 5.1　4 人の協力者のストーリーラインの図式

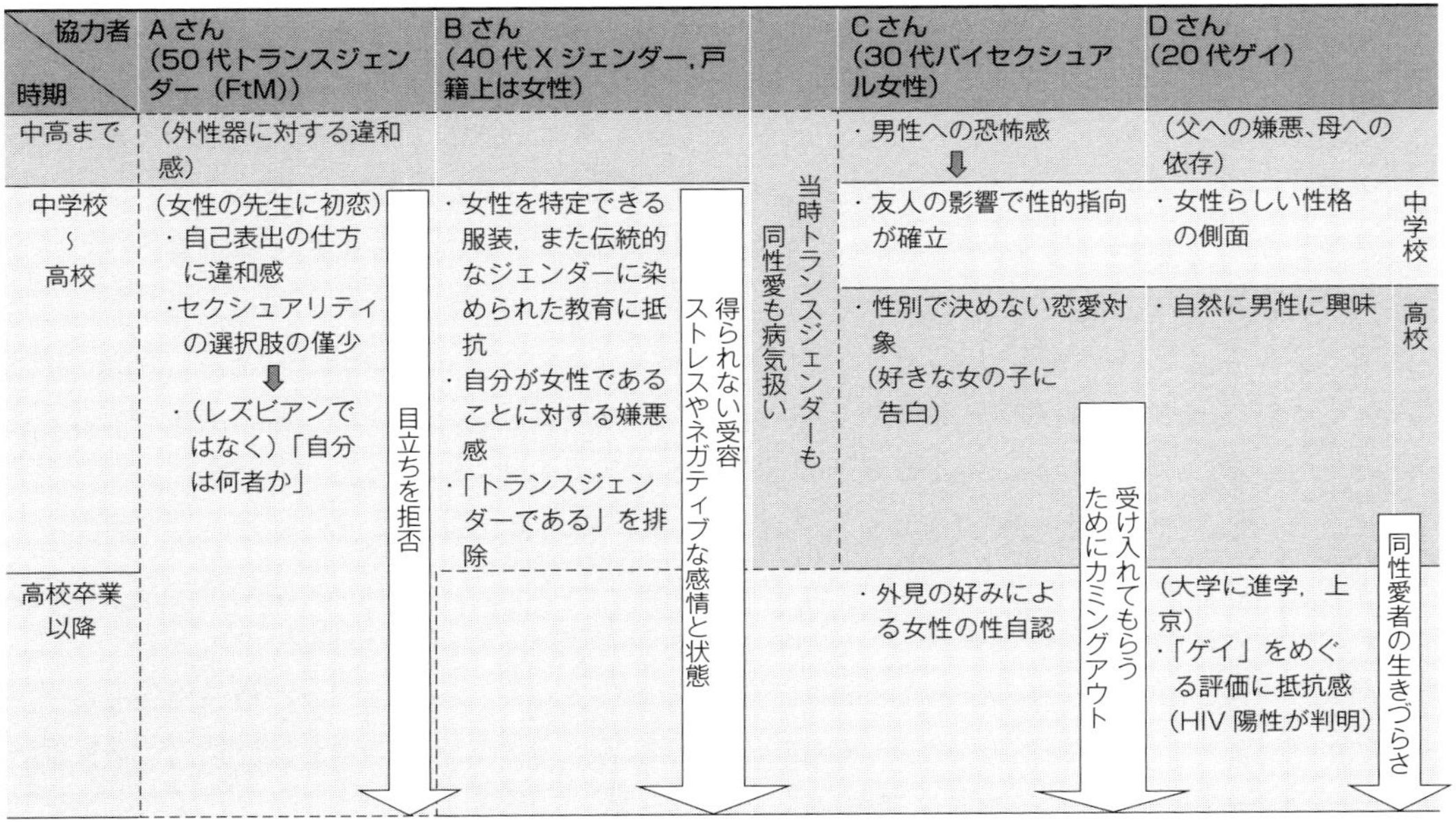

ンダー規範への抵抗感を強くもち、自身がマジョリティではないことに気づいたことから、性自認にとまどいを覚えた。しかし、五〇代のAさんと四〇代のBさんが青年期だった頃には、同性愛もトランスジェンダーも病気として扱われ「性的マイノリティ」に関する情報は不足していたため、セクシュアリティが確立できずに青年期をすごした。その後、Aさんはそういった葛藤を表に出さないように注意を払いながらすごすことになった。Bさんは消去法によって自身のセクシュアリティを模索したが、周囲の理解や承認が得られないことでストレスが生じた。

医療や精神医学の領域における同性愛の脱（精神）病理化と、ウェブを中心としたメディアの変容に従い、その情報源が多元化し「性的マイノリティ」についての情報が多様になっている。三〇代のCさん、二〇代のDさんは、青年期以降、そういった情報を容易に獲得でき、社会的にも受容されやすくなってきた。そのため、性的指向にゆらぎのあるバイセクシュアルのCさんとゲイのDさんはセクシュアリティの確立は比較的早く、それに関する迷いも少なかった。とはいえ、ジェンダー規範による制約と偏見は依然として強く見られる。バイセクシュアル女性のCさんは受容を得るためにカミングアウトを決意したが、男性より女性（すなわち同性）と恋愛関係を構築することが困難だと感じている。Dさんは「ゲイ」とＨＩＶ陽性による新たな偏見と闘いながら、生きづらさを感じている。

四人の協力者は、世代とセクシュアリティにより異なる問題に直面していた。それらの問題は、それぞれの時代の「性的マイノリティ」に対する定義、認知度、社会的受容の程度に応じて異なり、現実と乖離するかたちでメディアによって作られた「性的マイノリティ」像の影響を受け続けている。もちろん、問題への自覚と対応は個人による差異が想定できるが、「性的マイノリティ」としては周囲や社会からのポジティブな評価や受容を得るのはまだ難しく、セクシュアリティを自由に表出できず、抑圧されている。「性的マイノリティ」として抱える問題は、未解決のまますたくさん残されている。

用語解説

性自認　性同一性ともいわれ、セックスと一致する場合も多い。他方、セックスと異なる性自認をもつ者も存在し、女性か男性かに二分されるとも限らず、自らをどの性別にも属さないとみなす者もいる。しかし、自己の性を受容しているが、異なる性を獲得すること、また、自己の性を受容せず、異なる性を獲得しないことも可能である。つまり、ジェンダーとセックスが一致しない状態も存在する。

性的指向　自らの性自認とは異なる性別を求める、すなわち異性愛が一般的であるという認識が広く浸透しているが、自分と同じ性別を対象とする同性愛、両性を対象とする両性愛、どの性も対象としない無性愛も存在する。

東京都青年の家事件　「府中青年の家」裁判とも呼ばれ、東京都教育委員会が同性愛を差別したことで同性愛者団体が東京都を提訴した（一九九一年）事件。

一橋大学アウティング事件　あるゲイの学生が恋愛感情を男性学生に告白した。交際を断った男性学生はゲイの学生のことをLINEグループで複数の人に暴露（アウティング）した。これをきっかけに、ゲイの学生は極度の精神的不安に陥り、大学構内でパニック発作による転落事故で死亡した。

おネエことば　女ことばを取り入れ、独特な声やトーンをともなって毒舌ぶりを強調した、女ことばとも異なる表現方法である（クレア、二〇一三）。

ブックガイド

Cordelia Fine『Delusions of gender: How our minds, society, and neurosexism create difference』(W. W. Norton and Company 2011)

ジェンダー社会では、人々は「我思う、故に我在り」でなく「他人思う、故に我在り」だということをあらためて指摘し、「神経性差別主義」という視点からジェンダーやジェンダー・ステレオタイプを問い直す。心理学者である著者は男女を差異化した具体的な「科学的」根拠を羅列して論破し、読者を差異の根源へ導く。誰でも楽しく読める専門性のある本である。

斎藤美奈子編『男女という制度』(岩波書店、二〇〇一年)

二一世紀初頭に、一般人から乖離し学問の領域に閉じ込められたジェンダー批判を、川上弘美、大塚ひかり、小倉千加子ら複数の論者による短編の文学作品のようなテキストというかたちで呈示し、より多くの者と共有する。恋愛から日本語、小説から教材といったさまざまな現状とジェンダー、セクシュアリティの接点を批判的に考える。

クレア・マリィ『「おネエことば」論』(青土社、二〇一三年)

テレビに出演でおネエたちが用いる「おネエことば」で爆笑したことがあるだろうか。いっけんジェンダーを越境しているかのように見えるキャラクターのことばづかいは、実際の言語使用を反映したものではなく、ジェンダー・ステレオタイプによって創出されたものにすぎない。おネエことばを切り口に、ことばとアイデンティティ、メディアとジェンダーの関係を深く掘り起こすジェンダー論と語学の一冊である。

III

家族・子育てをめぐるジェンダー

第6章　育児休業の光と影

母親に取得が偏る実情が物語るもの

瓜生淑子

一般労働者に対する国の育児休業制度は一九九二年から始まり、その後の約三〇年間に休業補償や取得可能期間の延長などが盛り込まれ、利用者にとっての利便性が図られてきた。現在、母親の育児休業取得率は政府統計で八割を超えているとされ、仕事と子育ての両立支援策として、またライフスタイルの新しい姿としても（休業者の大半は母親なので、「女性限定の」といわざるをえないのだが）定着してきた感がある。しかし、この制度が実際に果たしてきた役割はどうであろうか。長期取得で母親のキャリア成長は？　母親のワンオペ育児を推奨する「三歳児神話」の復活？　ゼロ歳児保育は「必要悪」でしかなかったのだろうか？　など、さまざまな疑問も湧く。待機児童対策として活用されている実態もある。制度の現状を取り巻く問題は、実は、発達心理学・保育学が十分向き合えてこなかったこうした課題を多く内包しているともいえる。

これらの点を本章では育児休業制度の〝光と影〟としてとらえ、検討していきたい。

1　日本の育児休業制度の概要

今日の日本の育児休業制度のもとになる法律は、人口問題・労働問題が政策課題として浮上した時期に「育児休業等に関する法律」として制定され（一九九一年五月）、翌年四月から施行された。一九九五年には介護休業を加えて**「育児休業、介護休業等育児又は家族介護を行う労働者の福祉に関する法律」**と改称され、今日にいたっている（以下では、法律名は「育児休業法」に、また「育児休業」は「育休」と略すこともある）。

一九七六年から女性公務員の特定職種（義務教育職員・看護婦・保母等）に限定された育休制度が始まっていたが、一般労働者のための育児休業制度の開始は、国連の女性差別撤廃条約（一九七九年採択）の批准にあたり、国内法として男女雇用機会均等法（一九八五年）が制定されて以降のことであった（国家公務員・地方公務員には別途、法律が制定された）。

取得できる育児休業の内容

法律は何度かの改正を経たが、二〇二一年三月現在、取得できる休業の内容等は以下のようである。

休業補償　休業中は現在でも無給が一般的だが、一九九五年度から休業前賃金の二五％が育児休業給付金として制度化された。給付率は段階的に引き上げられ、二〇一四年度からは休業開始から半年間に限っては六七％となった（残る期間は五〇％支給）。雇用保険対象者であれば給付され、社会保険料免除と合わせると、最初の半年については休業前の手取り収入の八割程度をカバーしているといわれる。[1]

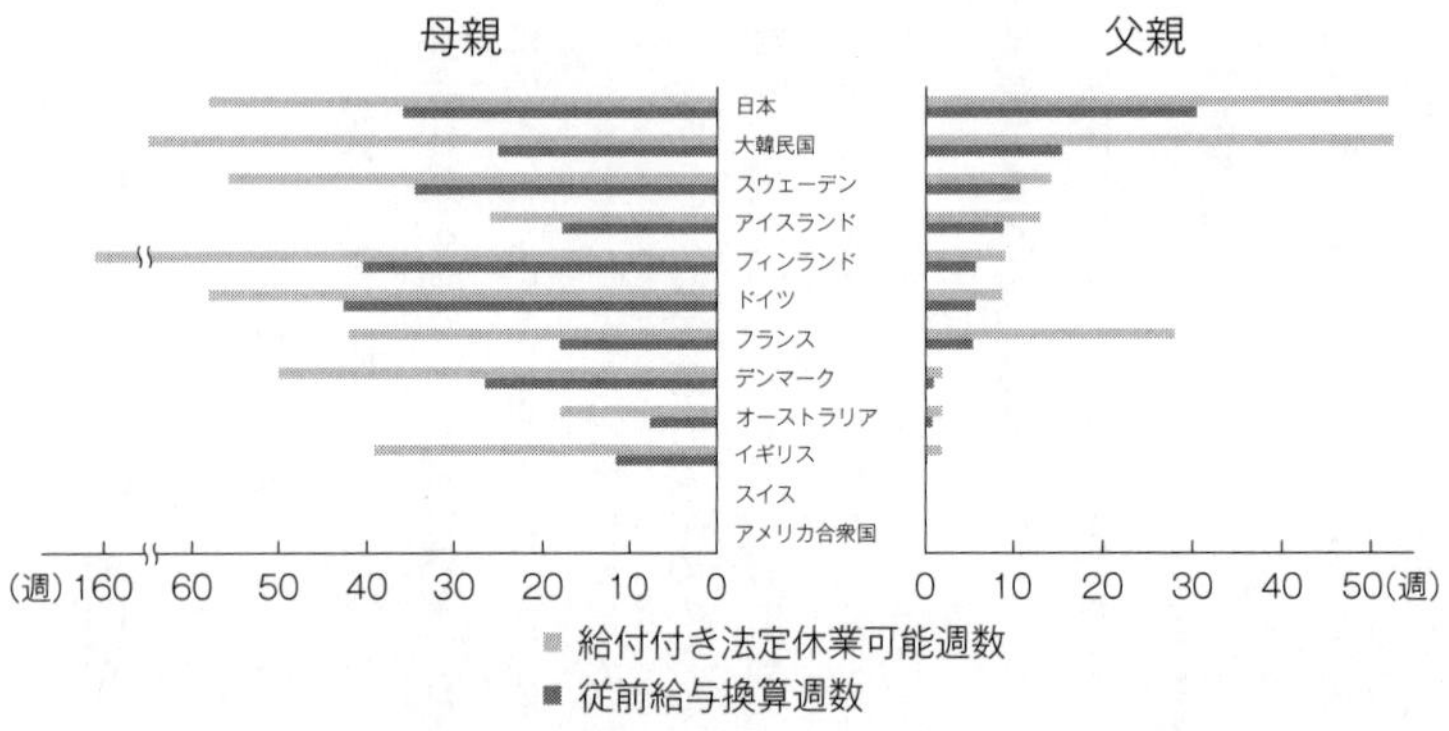

（注） 母親休暇・父親休暇・育児休暇のすべてが含まれる。ただし，紙幅の制約から日本と北欧など10カ国のみ報告。また，数値はOECD Family DatabaseのParental Leave Systemsの最新値（2019，URLはhttps://www.oecd.org/els/soc/PF2_1_Parental_ leave_systems.pdf）に差し替えた。

（出所） ユニセフ報告書（Chzhen et al., 2019）FIGURE2・FIGURE3。

図 6.1　出産・育児にかかわる取得可能な休業週数，および従前給与換算週数

取得対象者の拡大

一歳未満の子を持つ男女労働者は、当該事業主による雇用期間が一年以上であれば取得が請求できる。二〇〇四年の改正で有期契約労働者（パート・派遣・契約など雇用期間の定めのある労働者）も条件付きで取得可能なことが明記された。現在は、同一の事業主に実質継続して一年以上雇用されており、子どもが一歳六カ月になる日まで契約が見込まれるならば取得が可能である。また、二〇〇九年の改正で、妻が専業主婦や育休中である夫にも取得の道が開かれた。したがって、父親・母親の同時取得も制度的には可能となった。

取得可能期間の実質的延長

法定期間は子どもが一歳になる前日までだが、保育所入所が叶わなかった場合等の一定の条件付きで取得延長が認められ、二〇一七年一〇月からは二歳になる前日まで取得が可能となった。休業給付等も連動して延長された。

このように、給付金による取得インセンティブ拡大・取得対象者範囲の拡大・取得可能期間の実質的延長という方向で法整備が進められてきた。

世界的に見た日本の制度の特徴

ＯＥＣＤは加盟国の中で日本の育児休業制度が父親にとって最も恵まれた（generous）制度であると評価した（Nakazato, 2020）。ユニセフ（国連児童基金）のイノチェンティ研究所も一昨年、ＯＥＣＤもしくはＥＵ加盟の四一カ国中、日本が父親の育休制度で第一位と評価した（Chzhen et al., 2019）。図６・１に、その根拠となった、給付をともなう取得可能週数と給付額の従前給与換算週数を他国の値とともに示した。母親も含めて利用者にとっては恵まれた制度だといえる。また、就労者が個人単位で取得できる、つまり両親同時取得も可能なのは、対象国中では日本・アイスランドだけであり、世界的に見ても珍しい。[2]

しかし、ユニセフ報告書は、日本の父親の取得率の低さが際立っていることにも言及した。建前（法整備）と実態の乖離も世界でトップクラスというのが日本の特徴なのである。

1　当初は、育休中に支給される「育児休業給付金」と職場復帰後六カ月に支給される「育児休業者職場復帰給付金」とに分けて支給される分割方式であったが、二〇一〇年からはすべてが前者の方法で育休中に支給されることになった。このことを、雇用継続を後押しするという制度本来の目的が弱まったと見る議論もある（瓜生、二〇二〇）。

2　二〇〇九年の法改正で、それまでにあった労使協定による「専業主婦（夫）除外規定」（第三条）が廃止された結果、母親が専業主婦や育休中であっても父親の育休取得が可能となった。

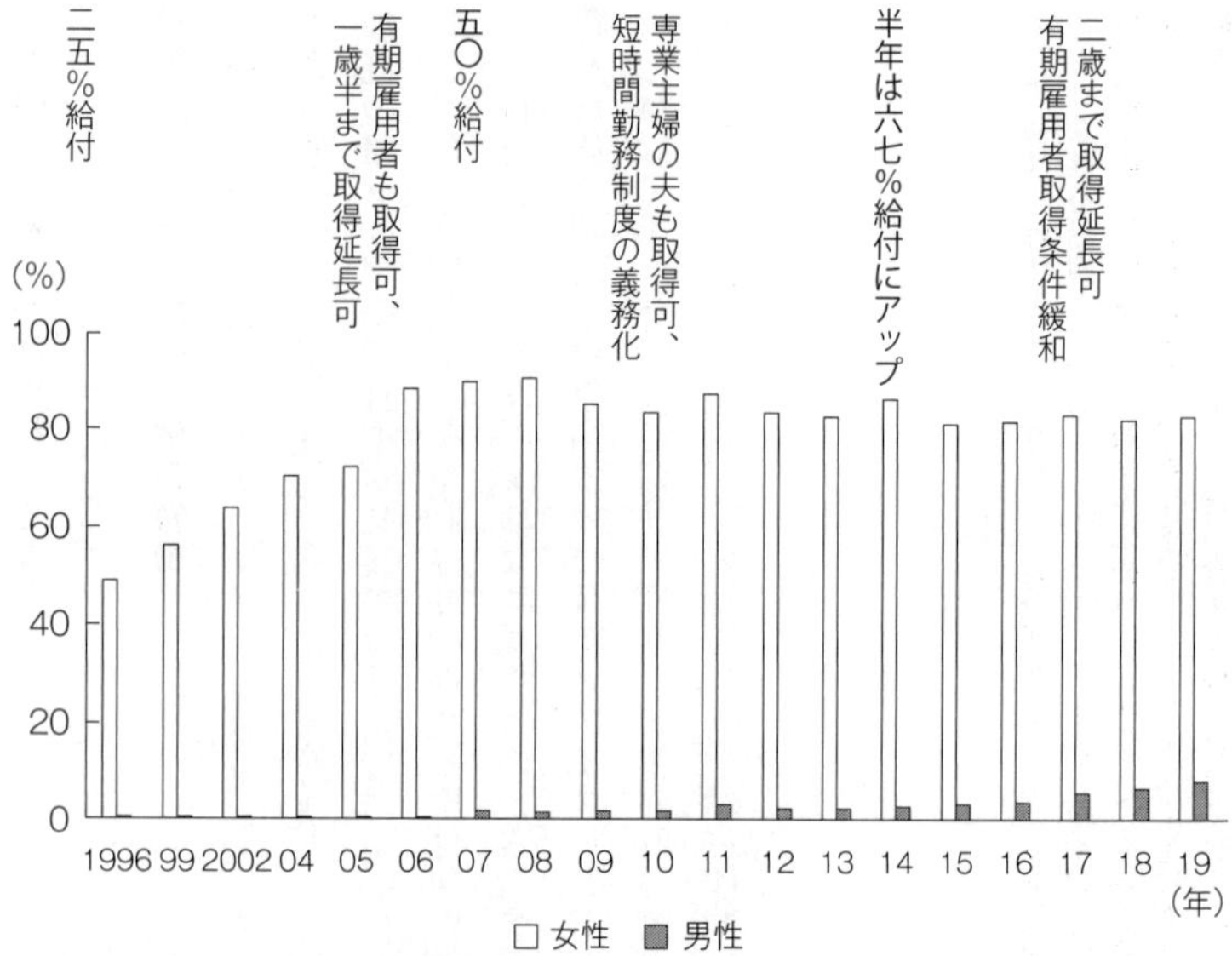

（注） 数値をもとに男女同一の図にした。上段の説明は，法改正や関連規則の改正による変更がその年より実施されたことを示す。

（出所） 厚生労働省「雇用均等基本調査」(https://www.mhlw.go.jp/toukei/list/71-23.html)，毎年の「結果の概要」。

図 6.2 育休取得率の男女別推移（一般労働者）

2 制度の評価と問題点

男女の取得率のギャップ

ユニセフに指摘されるまでもなく、男性の取得状況は国内でも問題とされてきた。政府は二〇一〇年に「イクメンプロジェクト」を立ち上げ、二〇年までに男性の育休取得率目標を一三%と閣議決定した。この目標はその後、二五年度末三〇%へとさらに引き上げられた。しかし、男性の取得率は増えたといってもようやく七・四八%である（図6・2。女性は八三・〇%）[3]。この間、男性の取得率向上に、育児休業法・関連法の改正の重点がおかれてきたにもかかわらずである。

こうした状況に対して、自民党内に

二〇一九年に発足した「男性の育休『義務化』を目指す議員連盟」のプロジェクトチームは父親取得の義務化を検討したが、義務化には批判や慎重論もあった（瓜生、二〇二二）。結局、最大四週間の男性版「出生時育休」の創設や雇用主に該当者への制度周知と取得の意向確認のための措置を講ずることを義務づけるなどとした育児・介護休業法の改正案が、二一年の通常国会に提出された。

父親の産後の休暇には実質一〇〇％の休業給付案も出ていた。それほど父親取得率に力が入れられている。しかし、性別役割分業（第８章参照）が根強い日本の家庭において、休暇を取った父親が育児・家事に参加するとは限らず、「名ばかり育休」「取るだけ育休」といった揶揄もある（瓜生、二〇二〇）。取得率には一日取得者も含められている。男性の七割は二週間未満（五日未満が三六％）の取得だが、女性の七割は一〇カ月以上取得ということからすると（厚生労働省、二〇一九a）、男女の取得率の比較自体に意味があるのか、疑問も湧く。父親が休業を取得したがらない・しにくい労働現場の実態そのものの改善がなければ、数字操作だけに終わってしまいかねない。

女性の就労継続支援としての効果はどうなのか

では、制度の実質の主たる利用者である母親自身の就労支援は十分果たされてきたのだろうか。従来、それについては否定的な評価が続いていた。これに対して、国立社会保障・人口問題研究所（二〇一七）の

3　厚生労働省（二〇二〇）「令和元年度雇用均等基本調査」（https://www.mhlw.go.jp/toukei/list/dl/71-r01/07.pdf）の「結果の概要」で発表された二〇一九年度値。発表される数値の小数点桁は男女で異なるので、それを踏襲した。

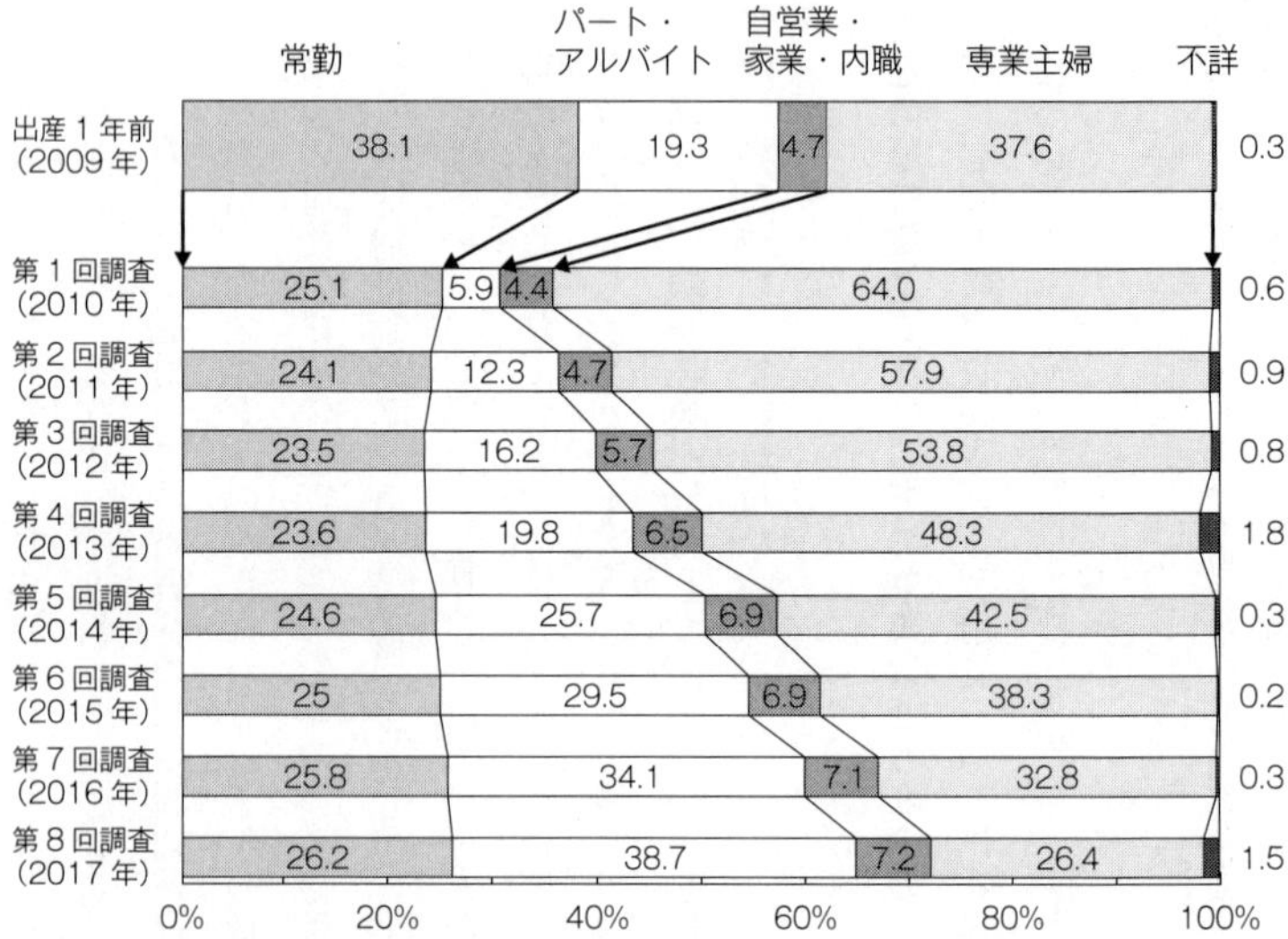

（注） 就労者数には育休者も含む。
（出所） 厚生労働省（2019b）「21世紀出生児縦断調査〔平成22年出生児〕の概況」。

図 6.3　出産 1 年前からの母親の就業状況変化

「第一五回出生動向基本調査（夫婦調査）」の結果、ようやく、最新コホート（五〇歳未満の有配偶女性のうち、二〇一〇～一四年に出産した者）では就労継続への育児休業の効果が顕著になってきたことが報告された。第一子出産に関するデータでは、七二・二％の母親が妊娠判明時に有職であったが、子どもが一歳時点でも全体の三八・三％が就労を続け、しかもこの継続者のうち約四分の三が育休利用者であったという。しかし、妊娠判明時に就労していた母親の半数程度（五三・〇％）しか就労継続していないということであり、しかも、第一子について、それも出産一年後という短いスパンでの話にすぎないのである。

そこで、より長いスパンで見るために、厚生労働省（二〇一九b）の「第八回二一世紀出生児縦断調査（平成二二年出生児）の概況」から、母親二万四九五人について子どもが小二時点ま

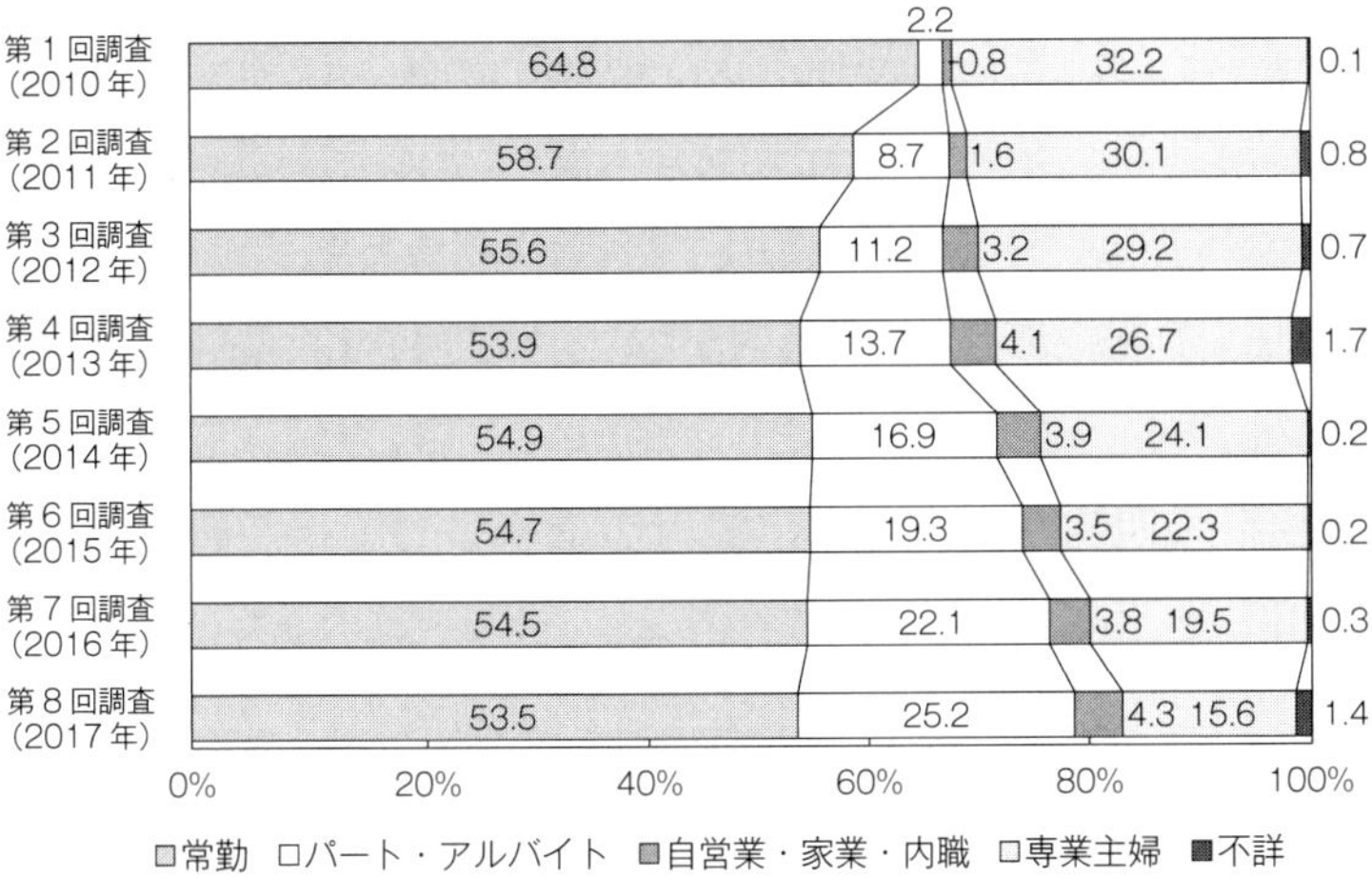

（注）　就労者数には育休者も含む。
（出所）　厚生労働省（2019b）「21世紀出生児縦断調査〔平成22年出生児〕の概況」。

図6.4　出産1年前からの母親（常勤者）の就業状況変化

での就労変化を見てみる。出産一年前（二〇〇九年）には、常勤三八％、[4]パート・アルバイト（以下、パート等と略）一九％、自営・家業手伝い・内職五％と、母親全体の六二％が就労していたが（図6・3最上段）、第一回調査（二〇一〇年、子どもは生後半年）では、同じ順に二五％、六％、四％と、計三五％の就労となり、一年前の半数を少し超える程度（五六％）にすぎない。自営業等ではあまり変わらないが、とくにパート等の減少が顕著だ。常勤者であれば育休中であっても就労者であり続けられるが、パート等では育休制度の恩恵を受けにくく退職に追い込まれる可能性が高いからだ。

では、恩恵を最も受けやすいはずの常勤者ではどうだろうか。図6・4は出産一年前に常勤だった者に限って推移を示したものだが、第八回調査時（子どもは小二）には出産一年前の値の五四％にとどまる。二五％はパート等に転じる。出産前に常勤者であってもいまだ雇用継続のハードルは高い。

民間企業の総合職で育児休業取得経験者一五人に面

接調査した中野は、学校教育の段階では男女平等に競争に参加し、仕事への意欲にあふれた女性が、育児休業やその後の配慮を受けることで、男性並みの働きができていない自分の立場に満足できず退職にいたるパターンを「男性中心主義的な社会で女性が『平等』を目指すときに直面するジレンマ」だと説明する（『「育休世代」のジレンマ』、二〇一四）。長時間労働を前提とする日本型労働慣行そのものの見直しがないと、育児責任をひとえに任されてきた女性が男性中心主義的な労働の場に帰還することは、常勤でも、あるいは常勤であるゆえの困難から、容易なことではない。

待機児童対策としての側面

保育所対策が本格的な政策となったのは、一九八九年の合計特殊出生率が「一・五七ショック」を引き起こした九〇年代に入って以降だろう。エンゼルプランの「緊急保育対策等五か年事業」（一九九五年から）を皮切りに、低年齢児受け入れの拡大、休日保育・延長保育・病児保育等、それまで長らく、望ましくはないがやむをえないという意味で「必要悪」と受けとめられる向きもあった多様な保育の拡大が進んでいった。しかし、今世紀に入って強まった福祉や労働分野における「規制緩和」「構造改革」といった新自由主義（第12章参照）の流れのなかでは、むしろ従来の認可保育所だけにこだわらない、あるいは専業主婦家庭をも対象とした「多様な」選択肢の検討がなされだした[5]（瓜生・川端、二〇〇八）。

それでも「中高年のリストラ」などの現実を背景に、女性の就労意欲の高まりは抑えきれず、二〇〇一年、小泉純一郎首相は所信表明演説で歴代首相としてはじめて保育所政策に言及し、翌年「待機児童ゼロ作戦」推進を宣言した。しかし、その後もゼロ目標は達成されず、二一年度からの「新子育て安心プラン」でも二四年度末の目標として先送りされた。一五年に始まった「子ども・子育て支援新制度」は、従来からの認可保育所に加え、低年齢児には保育士資格・給食自園調理を必須とはしない事業も制度に位置づけるなどして、待機児童対策としての効果が期待されたが、解決の決定打とはなっていない。しかも、一九年一〇月から唐突な実施となった「幼児教育（保育）無償化」が、今後、保育需要を掘り起こす影響も見極めていく必要がある。

そもそも、待機児童数については、厚生労働省（厚生省）は一九九五年以来、毎年四月一日現在の数値を発表してきた。が、近年それが減少に転じてきたといわれる。しかし、それは実態を反映しているのだろうか。減少の理由の一つには、二〇〇一年以降、厚労省が地方単独事業（自治体が独自の基準で認証する無認可施設や「保育ママ」等）の利用児などを除外する「新定義」を採用して待機児童数を発表するようになったことがある。ところが、一六年には待機児童二万三五五三人に加えて、厚労省は待機児童から除外できる数（いわゆる「隠れ待機児童」数）も四万三八〇一人あることを発表した。[6] この隠れ待機児童数のうち「育児休業」延長による待機児は七二二九人であった。育休制度が待機児童対策になっている面をここへきて政府も認めたわけだ。一六年二月には「保育園落ちた、日本死ね！！！」という過激なタイトルの匿名ブログが、待機

4　本文中の％の数値は便宜上、小数点以下を四捨五入して表記。以下でも同様。
5　「（保育所等の）施設整備よりも（子育て家庭全体を対象とした）家族手当を」とする現金給付案や、保育所や幼稚園・家庭的保育などの利用先は直接契約を前提とし個々の家庭の〝選択〟に任せるというバウチャー構想などが俎上に上った。それらの発想に沿った施策は、子ども手当や認定こども園制度に一部生かされている。
6　読売新聞二〇一六年九月一三日、東京版朝刊。

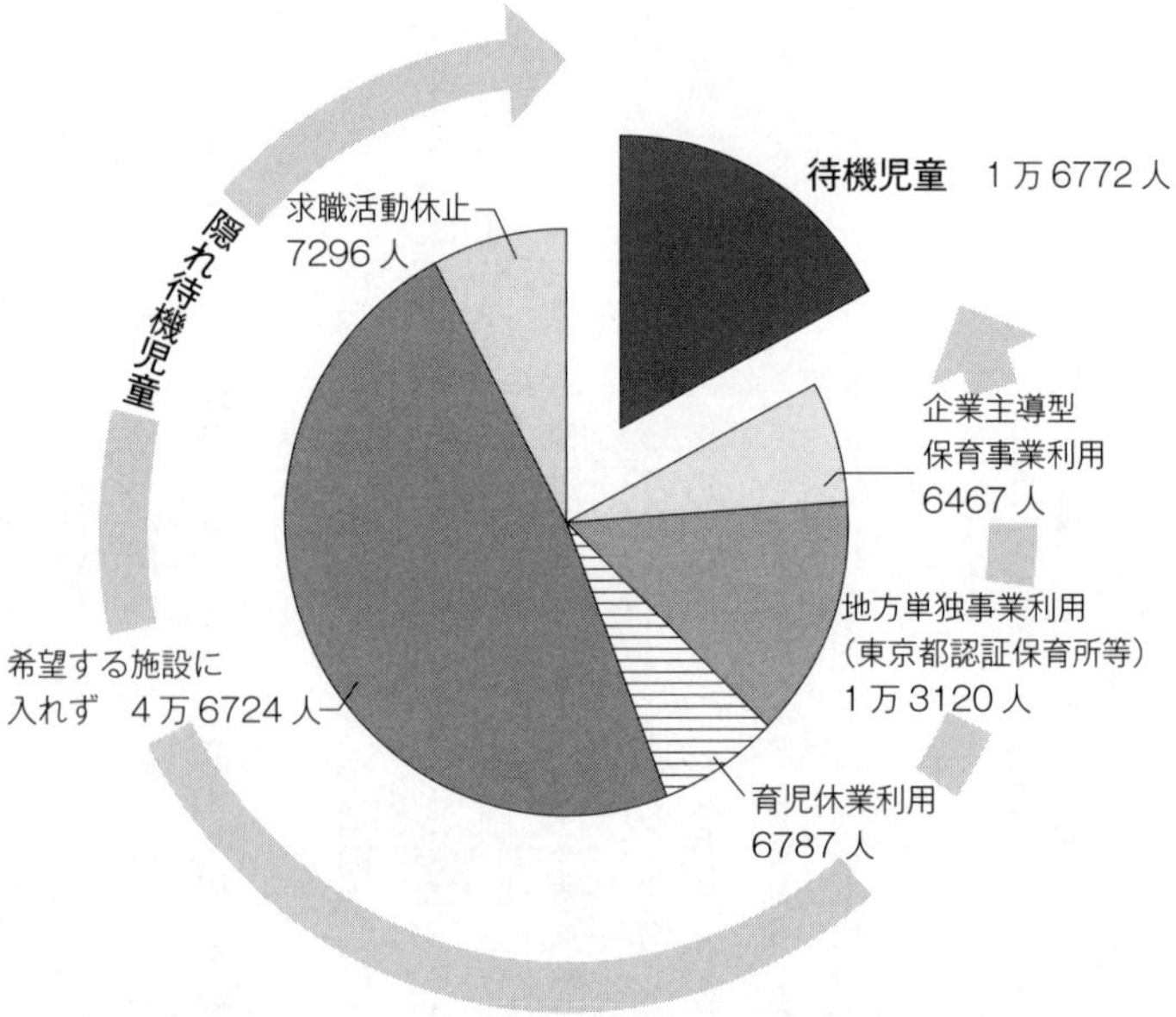

（注）　隠れ待機児童数8万394人のうち「育児休業利用」児は6787人である。なお，メディアによっては「企業主導型保育事業利用」児を隠れ待機児童数に含めていない報道もある。
（出所）『保育白書2020年』の集計値（p.122。2019年4月1日現在）。

図6.5　「待機児童」と「隠れ待機児童」の人数

児童問題の深刻さを反映したものとして受けとめられ、国会論議でも取り上げられたが、その投稿者も育休延長による隠れ待機児童の母親だったそうである（猪熊、二〇一六）。その後の隠れ待機児童数の公式発表はないが、『保育白書二〇二〇年版』の集計によると、二〇一九年の人数・その内訳は図6・5のようになる。

このように、「隠れ待機児童」という言葉によって、育児休業が待機児童対策として機能している現実も可視化されてきたが、近年の特徴は、育休取得が待機児童対策としてあからさまに推奨されることだ。保育所整備より育休制度を充実させたほうが社会的コストは軽減されるからと、二年間の「育休義務化」を提案する自治体首長もいた。[7]

また、品川区では二〇〇八年から入園予約制度（子どもが一歳になる前日まで連続して育児休業を取得しているならば、その後の保育所入所が約束される）を始めた。厚労省も一七年度からこの制度を補助金対象とした。江戸川区では二〇年度から、三歳の誕生日を迎えた年度の終わりまで育休の実質延長を行うなら、その間、従前給与の五〇％を給付するとした独自の給付金制度を始めた。待機児童は都市部の低年齢児に集中しているというなかで、あくまでめいっぱいの育休取得が引き換え条件となっての便宜提供だ。この背景には、育休中の母親の最大の心配事は育休明けの保育所入所だという切実な実態もある。[8] しかし、育休延長との引き換えでの入園保障という制度は、長引く待機で親の労働権が侵害されるだけでなく、育休を取得しない・できない家庭にとっては入所優先などありえないという不公平をもたらす問題などもある。

しかし、入園予約のために育休延長を強いることへの非難の声は意外に弱かった。長期の育休取得が、取得者である母親に心情的に受け入れられ定着してきているのも事実だ。安倍晋三首相が、第二次組閣時（二〇一三年）に「三年間抱っこし放題」の育休延長構想を打ち上げたのも「三歳までは母親の手で」という、いまだ日本に根強い育児言説（次項でいう「三歳児神話」）に乗ってのことだろう。[9]

7　厚生労働省で二〇一六年九月末に聞かれた待機児童対策の首長会での杉並区長の発言（朝日新聞二〇一六年九月二七日、東京版朝刊）。

8　小林（二〇一八）は、大都市とその周辺に居住する一〇三人の育休中の母親のストレスについての自由記述から、「保育所入所の不安」が最多で（三九人）、「両立生活に関する不安」（三三人）、「育児・家事の悩み」（三〇人）と続くことを報告しているが、心理学研究でもこうした実態を把握することが貴重である。

育児休業制度が内包する隠れたメッセージ――母親育児の推奨

「三歳までは母親の手で」という言説を「**三歳児神話**」と呼ぶのは、それへの批判的な意味合いが込められているわけだが、公文書でそれが「神話」であると断罪したのは、当時の厚生省（一九九八）の『平成一〇年版 厚生白書』である。「三歳児神話には、少なくとも合理的な根拠は認められない」と明確に否定したうえで、さらに「母親と子どもの過度の密着はむしろ弊害を生んでいる」「育児不安や育児ノイローゼは、専業主婦に多く見られる」と畳みかけた。これには、行政白書がそこまでいうか、結局、伝えたいのは戦前の「産めよ、増やせよ」ならぬ「産めよ、働けよ」なのかという違和感もないわけではない。しかし、この時期に女性研究者を中心にしてではあるが、それまでの心理学が、愛着理論の一面的強調などから「母親を家にひきとめる心理学」になってはいなかったかという問いかけ（柏木、一九九五）も始まっていた。

にもかかわらず、後述する「育休退園訴訟」を受けて立った所沢市長の「（乳幼児期の）子どもが話せたら（保育園に行くよりも）『お母さんと一緒にいたい』と言うはずだ」という発言[10]など、公人による根拠のない発言が繰り返される。ここから指摘できるのは、育児休業制度が「三歳児神話」に後押しされて受容されてきた面と、ひるがえって、制度の定着がこの言説を補強し、いっそう女性にその育児責任を強く求める役割を担ってきたという点である。

社会学者の松木（二〇一三）は、近年の子育てをめぐる論調について「子育て私事論とそれからの転換を主張する議論、支援の論理と抑制の論理とが併存するがゆえに、家族と子育てをめぐって、相反する規範的論理の二重化とでもいえるような状況が生じているのである」と指摘する。母親の取得に偏る制度であるかぎり、現行の育休制度も「**子育ての社会化**」の一策でありながら母親偏重の育児を推奨するメッセージを送っているという点で二重規範状況にあり、そのことがこの制度の〝光と影〟を象徴することになっている。

3　子どもにとっての育児休業制度

「育休退園訴訟」で問われたこと

親が育休中なら上の子は保育の必要性がないと判断され、保育所退園を求められる「育休退園」に対して、二〇一五年六月に埼玉県所沢市で保護者たちが、退園の差し止め行政訴訟を起こした。マスコミは、下の子を産むと上の子が追い出されるという制度では第二子以降の産み控えを招き、少子化対策に逆行すると批判した[11]。他方、子どもに安定した育ちの場を提供するべきという視点からの批判は弱かった。しかし、幼児期はもちろん、〇・一・二歳の乳児保育の時期であっても、園で毎日繰り返される食事や昼寝、遊びや活動といった生活の流れを子ども集団として受けとめることで一人ひとりが安心感と意欲を形成していく、その昼間の生活の場から突然離脱を迫られることの子どもにとっての喪失（感）に目を向けるべきではないだろうか。核家族化・少子化社会にあって、子どもの育ちが「お母さんと一緒に」（前述）だけで事足りるのか、

9　安倍首相の「成長戦略スピーチ」（二〇一三年四月一九日）は http://www.kantei.go.jp/jp/96_abe/statement/2013/0419speech.html に記録されている。ただし「三年間抱っこし放題」には企業や経済団体から反対の声もあがり、この育休構想は立ち消えになった。
10　所沢市長が記者会見で語った言葉（朝日新聞二〇一五年六月二六日東京版朝刊記事）。なお、所沢市では、上の子が三歳未満の場合に退園を求めている。本文括弧内は筆者の補足。
11　日経ＤＵＡＬ 二〇一五年七月二日（https://dual.nikkei.com/article/054/78/）。

そのことが問われてほしい。

「育休明け保育」という新たな課題

育児休業の定着は、保育所に新たな問題をもたらした。「育休明け保育」という課題である。瓜生・清水（二〇一八）は、保育研究集会での実践報告をもとに、育休明け保育児の入園時の特徴を分析・紹介した。対象となった民間園からの報告には「……育休制度の拡充とともに、ゼロ歳児後半から一歳前後での入園が多く……、食事、排泄、睡眠といった生活面でのしんどさ、運動面での遅れやアンバランスな心の面での不安定など、子どもたちの多くが産休明けからの保育では考えられなかった、子ども自身の問題というより、育ちのまずさと思われるさまざまな問題を投げかけてきました」とある。[12] 産休明けからのゼロ歳児保育の実績を積んできた園での、ゼロ歳代の産休明け乳児よりも育休明け後の乳児の受け入れが難しいという実感である。一歳児六人に保育者一人という一九六七年以来の保育士配置基準の見直しはかねてより求められてきたが、育休普及により一歳を過ぎての入所が多くなっている現実を受けとめるなら、その普及にともないっそう切実な課題と位置づけ、取り組まれてほしいものだ。

4　親と子をともに応援する制度に

取得の長期化推奨を前提としない

女性のキャリア成長（第11章参照）からすれば、長すぎる休業は問題が多い。育休取得の長期化と引き換えの「入園予約制度」は、待機児童対策であって本末転倒だ。こうしたことを防ぐには、保育政策とのギャップを解消する必要がある。それには「育休明けの保育の保障」が法律的に明示される必要がある。たとえば、保育を受ける子どもの権利という視点から、プレスクール全入運動が歴史的背景にあるスウェーデンでは、現在、学校教育法のもとにあるプレスクールには、申請後四カ月以内の入所が約束されている。[13]

一方、働く女性の職種の多様化、里帰り出産の慣習を支えてきた祖母世代の就労継続など社会変化が大きいなかにあって、現行の母親の産前休暇六週・産後休暇八週は十分なのだろうか。父親の「出生時育休」、いわば「産休」の新設だけでなく、今日的課題（それは就労する母親だけの課題にとどまらない）として、このことを検討すべきではないだろうか。[14]

「正規雇用の母親にとってだけの制度」にしない

育休取得者が、高学歴で大企業の従業員であるなど、恵まれた条件の者に偏っていることの指摘はかねて

12　全国保育問題研究協議会が毎年主催する同研究集会の報告を分析したが、本文事例は『季刊保育問題研究』一六四号（一九九七）に掲載されたもの。

13　ただし、それは満一歳以上の子どもが対象である。育児休業法が制定された一九七四年当時は、ゼロ歳児は私的な家庭的保育を利用することが主であったが、そこに預けたがらない親たちの多くが育休取得を選択したという歴史的経過があるようだ。しかし、スウェーデンの公的保育になぜゼロ歳児保育が位置づけられていないのか、詳細は不明である。

14　それには、母性保護策（産前産後休暇）と両立支援策（育児休業）の相対的区別と整理が必要であろう。長期化する育児休業の功罪を考える意味から、大正時代、与謝野晶子・平塚らいてうほかの間で交わされた「母性保護論争」を、今日的文脈で読み解くことは有意義だろう。しかし、紙幅の制限もありそれは別の機会に譲りたい。

よりなされてきた（阿部、二〇〇五など）。非正規雇用者は、仮に育休を取れたとしても休業給付の保障が必ずしもないことから休業の恩恵を受けにくい。パート等の多くが出産前後に退職を余儀なくされている実態は、第2節でも見た。今世紀に入って、非正規労働は初職者、男性、公務員等にまで進んでおり、正規雇用者との待遇格差が大きな課題となっているが、育児休業についても公平性という点から実質的な改善が必要である。[15]

しかし、正規職の母親にとっても、長時間労働の現場では「育休を使わざるをえない」のであるし、使えば使ったで復帰後の不全感に悩みはつきない実態もある（中野、二〇一四など）。男性も含めた日本の労働現場の厳しい現状の解決と切り離しては語れない課題がある。

休業を「0」か「1」かの制度にしない柔軟な制度に

職場からの全面的離脱の期間を今以上に長期化させないためには、スウェーデンなどにある、育児休業と短時間勤務を組み合わせた「部分育休制度」（瓜生、二〇二〇で紹介）の導入も検討されてよいだろう。男性の取得率アップをめざす最近の検討会等でも、より柔軟な取得法として、育休中の就労が注目を集めだした。それを男性だけの制度にせず、休業によって男女ともに懸念されるデメリットに正面から目を向け、検討がなされてほしいものだ。

子どもたちに安定した育ちの場をどう保障するかの議論と研究を

ボウルビィ（一九五一、訳一九六七）の愛着理論の影響がひときわ強かった日本では、柏木（二〇〇八）が

「長らく、愛着は子どもと母親との一対一の関係で育つものとされてきました。いまも根強い『三歳児神話』などはその典型です。しかし、そうした考えが支配的だったのは、子どもが家庭で母親（だけ）に育てられる場合が圧倒的に多かったからです。そうしたケースしかみえなかったからでしょう。このことは、母子関係を過度に重視する偏見を助長し、……」と述べた状況が続いてきた。研究そのものについても、前述の「母親を家にひきとめる心理学」の時代が長く続いてきた。そうしたなかでは、核家族下で母子密着の閉じた関係が育休の長期化に連動して長く及ぶことへの危機感などは、問われることはなかった。保育学研究でも、育休普及との関係で低年齢保育、とくにゼロ歳児保育の利用が抑えられている現状についての関心は弱かった。

世界的に見れば、早期教育（保育）の効果については、ヘックマンらのアメリカの一九七〇年代のペリー・プロジェクトの介入政策効果に関する追跡研究（Heckman, 2006）以来、ＯＥＣＤはじめ、強い関心が寄せられている。日本でも近年、就学前教育（保育）の違いも変数に組み込み、パネル・データ等を用いた研究が始まっている。しかし、多くは学齢期以降を対象とした研究であり「投資効果」という関心からはどうしても「学業成績」が有力な目的変数になっている。そうしたなか、山口（二〇一九）は、経済学の立場からであるが、前述の厚生労働省の「二一世紀出生児縦断調査」の個票データを使った二次分析の結果等から、早い時期からの保育所保育が乳幼児の発達や母親の精神的健康にむしろポジティブな影響を与える可能

15　育児休業給付が創設される際、既存の雇用保険からではなく、国の一般会計予算から新規の財源を確保し支出すべきという批判が当時からあったが（詳細は、瓜生、二〇二〇）、休業給付のない人たちへの処遇という点からも、財源の問題にはあらためて議論が必要だろう。

性を論じ「あまりに長い育休は（母親にとって）逆効果になる」（括弧内は筆者）、「保育園は、『家族の幸せ』に貢献している」など政策につながる発言もしている。

「三歳児神話」のいまだ根強い日本において、育児休業にかかわってのこうした現代的課題につながる研究は、心理学や保育学研究においてこそ、もっと正面から取り組まれるべきだろう。ほかの分野ではできない、子どもの発達や親の主観的幸福感（well-being）にかかわる研究が期待されるからである。それがあって、ほかの政策科学との連携も有機的に進められるだろう。

世界的な動向に押され、一九八〇年代に入って男女平等をめざす施策の整備が急ピッチで進められてきた日本において、育休制度が抱える課題は小さくはなく、かつ複合的だ。保育制度や長時間労働が前提とされる日本的労働慣行の問題などと合わせて課題を検討する必要がある。それらを抜きにした改革では、数字合わせか、過剰な配慮によって性別役割の固定化への逆行をもたらしかねない。

竹中（二〇一二）は、一九六五年初出の論文で「育児休業制度が、一方では若年労働力への需要の増大による若年労働力不足と若年労働力の供給減退のため、ある程度中高齢者の労働力確保が必要だという労働市場条件と、他方、育児の家庭化への評価とが結びついて出されてきているところに大きな問題がある」として、当時の社会的条件から見て「この制度の一般化にはかなり大きな危険がともなっている」と述べていた。また後段の「育児の家庭化への評価」という点について「こうした風潮は、〝婦人よ家庭に帰れ〟の動きともあいまって、現在の託児所不足とその施設の不備のなかで不安定な保育を余儀なくされている婦人労働者にとって共感をよび、受け入れられていく側面を持っている」ことも指摘していた。五〇年以上前の懸念が今もって古くなったとはいえないことに驚かされる。

その課題解決の論点の要に、すでに述べてきたように、もっと子どもの育ちを位置づける必要がある。それに応えられる心理学や保育学の研究の到達点については、高辻（二〇一六）がレビューした「乳幼児の保育所経験と発達」が参考になるが、より普遍性をもち一定のスパンで子どもの育ちを追う研究は、残念ながら、日本ではこれからだといわざるをえない。保育所の量的拡大にともなう問題も指摘されるなか、「保育の質」を問う研究も、ようやく始められだしたところである。

用語解説

育児休業、介護休業等育児又は家族介護を行う労働者の福祉に関する法律　一九九一年五月に「育児休業等に関する法律」が制定され、一九九五年には介護休業についても加えられた。その目的は「子の養育又は家族の介護を行う労働者等の雇用の継続及び再就職の促進を図り、もってこれらの者の職業生活と家庭生活との両立に寄与することを通じて、これらの者の福祉の増進を図り、あわせて経済及び社会の発展に資すること」（第一条）である（傍点は九五年改定以降に加えられ変更となったおもな箇所）。休業のほか、看護休暇・介護休暇・短時間勤務の措置・所定外労働の制限などが規定されている。事業主への罰則はない。以上は、直近の改正（二〇一九年六月）にもとづく。

三歳児神話　子どもが三歳になるまでは母親が子育てに専念すべきであり、そうでないとその後の成長に悪影響を及ぼすという言説（ボウルビィの「母性的養育の剝奪」への警告が、戦後、とくに高度経済成長期の労働政策〔既婚女性のパート就労の活用〕と結びついて日本で広がったとみられる）である。これに対して『平成一〇年版　厚生白書』は「三歳児神話には合理的根拠がない」と批判した（本文参照）。

子育ての社会化　内閣府の『国民生活白書　二〇〇五年版』で、子育てが家族の責任だけではなく社会全体によって取り組まれるべきだとして「子育ての社会化」の必要性がいわれた。保育所など施設の整備はもちろんだが、国全体として（つまり国民負担増も含めて）取り組む必要性を意味しても使われる。

ブックガイド

大日向雅美『母性愛神話の罠 増補』（日本評論社、二〇一五年）

発達心理学の立場から「母性愛神話にとらわれた社会とそのゆがみ」「三歳児神話——母子癒着の元凶」「母性愛神話からの解放——女性の自己実現をめざして」を論じ、子育てや女性の生き方に「母性」を一面的に強調する社会風潮を「母性愛神話」と呼んで警告している。

柏木惠子『子どもが育つ条件——家族心理学から考える』（岩波書店、二〇〇八年）

時代とともに変わる家族のあり方や子どもの育ちをふまえて、母子関係を過度に重視する風潮や研究を批判し、「（子どもは）ほかの子に向かって開かれている存在」「おとなが子育てから学ぶ」ことの意義を力説する。

山口慎太郎『「家族の幸せ」の経済学——データ分析でわかった結婚、出産、子育ての真実』（光文社、二〇一九年）

経済学の立場から、実証的研究によって少子化時代の子どもや母親の主観的幸福感について論じ、保育所保育や育休制度についても積極的な発言をしている（本文参照）。二〇二一年発行の『子育て支援の経済学』（日本評論社）では、研究で使用した分析法なども簡潔に「付録」にまとめられており、より専門的な内容となっている。

第7章 「子どもを預ける」「子どもを預かる」

女性の仕事の格差と葛藤

清水民子

現代の保育をめぐる問題のなかで、メディアに取り上げられることが比較的多いのは、まず保育所入所難すなわち待機児童問題であり、ついで保育士の低賃金であろう。保育所入所をかちとった人々と入所できなかった人々の間には育児休業延長などのかたちで経済的な格差が生じる。ジェンダーギャップの一因がここに発するのもたしかである。

保育士の賃金は男女込みの平均月収との差が約七万円、女性のみの平均月収差で約一・四万円と出ている。低処遇問題が話題となり、改善策がとられたうえでの現状（二〇一九年度）である。保育職への評価の低さはジェンダーに起源があるといわれる。

保育をめぐる格差にはもう一つの側面がある。現代の保育所保育がプロフェッショナル化を加える一方で、家庭での子育ては、極限では虐待を生むまでに問題を多くはらんでいるとされる。子育て力量の格差と親たちの自己効力感の低下を問う必要がある。

1 「預ける」階層と「預かる」職業――女性間の格差と葛藤の起源

預ける側と預かる側の確執――雇う側の優位と雇われる側の不安

二〇一六年、フランスでゴンクール賞を得た小説（レイラ・スリマニ『ヌヌ――完璧なベビーシッター』）は、ベビーシッターと子どもの家族との間に起こった凄惨な事件を主題としている。著者はアメリカでの最近の事件にヒントを得たといい、現代社会におけるこのような人間関係の病理の一端を寓話的にあらわにしたといえよう。

この物語では、ベビーシッターである主人公の不安定雇用状態（フリーランスであり、保育している子どもの成長の節目でシッターは不要となり、職を失う）に起因する不安に加えて個人的生活にひそかにかかえる「生きづらさ」と、よいシッターに恵まれてかわいい子どもたちを安心して託すことができ、仕事に生きがいを見出している夫婦の幸福感との思いのずれの高まりが描かれている。

乳幼児保育の制度的整備が進みつつあるとされるフランスでも、この小説のように個人でヌーリス（＝ヌヌ、英語の nurse ＝ nanny にあたる）を雇う人は少なくないようで、訳者の松本百合子は「訳者あとがき」のなかで「平日の夕方四時、パリ市内の住宅地近くの公園であれば、……ベビーカーを押すカラフルなアフリカ人女性の列」「おしゃべりに興じるアジア系の小柄な女性たちの一群。周りでは疲れを知らぬ幼い子どもたちが金切り声を上げながら走り回っている」と実見した風景を描写している。

フランスの保育統計によれば、このような保育形態は「自宅雇用による保育」と分類され、三歳未満児人口の一％が託されているという（赤星、二〇一七）。親や親族による保育（六四％）を除く「家庭外保育」は三六％、そのうち、後出の「家庭的保育」（保育ワーカー）は行政が関与し、一九％が利用するとされ、保育所など施設型保育（EAJE）一三％、保育学校（二歳児）三％の利用を上回っている。

ナニー制度――雇用される保育者と保育の専門性の起源

映画やミュージカルにもなった『メアリー・ポピンズ』は魔女的な力をもったイギリスのナニーのファンタジックな物語だが、書かれたのは一九三四年で、一九一〇年頃を舞台にしているという（野口、二〇〇八）。ナニーは「十九世紀に発達し、一八五〇年頃から制度として栄え、第二次世界大戦とともに消滅」した（浅井、二〇〇八）とされる。制度というのは、ナニーを養成する学校が設置されていたこと、子守り女中や保母助手からセカンドナニーを経てナニーへという職階の異動があったことなどによる。親たちはほとんどナニーに子育てを丸投げし、直接の世話はしないという情景は『メアリー・ポピンズ』の記述からもうかがわれるが、子ども部屋は邸の上階など、家族のおとなやほかの使用人とは生活空間を異にし、子どもたちはナニーとともに生活していた。

このようなナニー（ナース）とともにある子ども部屋を「ナースリー」と呼び、のちには「託児所」「保育所」を意味する用語となった。ナニーの出身階層は労働者階級だったといわれ（浅井、二〇〇八）、専門職としての処遇はあったかもしれないが、基本的に家事使用人であり、社会的評価も賃金も低い職種であったと推測される。

ナニーがある程度に専門職化し、母親が子どもの世話をほとんどしないとなれば、子どもについてどれだけ知っているか、子どもにどれだけ影響力をもつことができるかといえば、ナニーのほうが母親に勝るという実態も生じてくるといえよう。

たとえば『メアリー・ポピンズ』のⅨ章、四人の子どものうち上の二人は出かけていて、下の二人の赤ん坊、双子のジョンとバーバラはまだコットのなかでの生活である。自分でソックスを脱いだり履いたりがやっとできる月齢なのだが、窓際にやってきたムクドリとポピンズと双子は語り合う。ジェイン（姉）もマイケル（兄）もムクドリのおしゃべりがわからないみたいだと双子が言い、「小さいときはわかってたのよ。だけど大きくなると忘れるの」とポピンズが言うと「ぼくは大きくなっても忘れない」とジョン、「私もよ」とバーバラ、「でも、きっと忘れるの」とポピンズの断言――という会話の果てに双子は悲しくなって泣き出す。すると、泣き声をききつけた母親のバンクス夫人が子ども部屋にやってくる。「どうしたの？ さっきまでおとなしくしてたじゃない？ どういうこと？」。ポピンズは答える「二人とも歯が生えてきてるんだと思いますわ。奥さま」。夫人「そうね。きっとそうね」。ジョン「ぼく、歯なんか生えなくていいんだ。もし、それでいろんなこと忘れちゃうんだったら」、バーバラ「私もよ」、と二人はますます泣きじゃくる。

本書はイギリス社会や家庭への批判を含んだ書ともいわれ、このようにポピンズの子どもへのより近い距離感、子どもについての知識と母親のややずれた理解を対比させ、子育ての力量における格差の発生を暗示しているといえる。

日本においても、富裕層では「乳母」や「子守り」などの雇い人に育児を託す風習があったことは子守歌などの詞で知られる。明治・大正期の仕事をもつ女性も同様であった。

ファミリー・デイ・ケア（チャイルドマインダー）の制度と実態

ナニーの制度は廃れたとしても、共働き家庭に必要な公的保育所の供給が満足に行えないのはイギリスも同様で、保育者の自宅で子どもを預かる**チャイルドマインダー**が公的制度として利用される。保育所など施設型保育に対して、家庭型（home-based）保育と分類されるチャイルドマインダーについて、一九八〇年代にブルーナー（一九八〇、訳一九八五）は「子どもの背後の家庭の育児機能の問題に対処しきれず、保育所のように子ども集団の存在によって活性化される契機もないので、子どもが被害者になっている」と否定的に指摘している。

今世紀に入り、ロンドン大学などの子ども研究チームが「ファミリー・デイ・ケア」の国際比較調査（イギリスなど一〇カ国）にもとづいて論じた報告が出された（Moony and Statham, 2003）。彼らは、ファミリー・デイ・ケアは「母親の代理」の考え方に発し、ボウルビィ以来の「単一母親像のもとでの育ち」重視の理論が支えていると考える。そのようなファミリー・デイ・ケアの保育者には、一方に愛情を傾け世話をする仕事の側面と、一方にはそれにより賃金を得るという側面との間で、「愛情／賃金」ディレンマ（Love / Money dilemma between affective,

コラム５
男性保育者の草分け

男性保育者の草分けと称される人は多いようです。戦前でも大学セツルメントの活動で保育活動に携わった学生たちがいます。筆者の地元京都で認可保育所勤務の男性保育者第１号は 1969 年の福本護氏です（68 年から前身の大学職場保育所に採用され，翌年保育所が認可されました）。彼の出身校である京都府立大学社会福祉学科からは多くの後輩男性保育者が輩出しました。73 年，他地域の仲間とともに保育諸団体の合同研究集会で「全国男性保育者連絡会（男保連）」を結成，児童福祉法施行令改正による初の「保母試験」に対策講習会をやってチャレンジしたということです（藤井，2018）。京都市の公立保育所の第１号は 92 年でした（上月，2018）。

caring aspects of the work being paid to care）が生じると分析している。「雇われる」立場にあったナニーのかかえる葛藤とつながる職業的特質が見られるといえよう。

実態として、イギリスのチャイルドマインダーの多く（九五％）は子どもがあり、「自分の子どもといっしょにいられる」仕事としてこの職に就き、「子育ての経験は保育職の資格（a childcare qualification）よりも仕事の役に立つ」と考え、「（子ども自身の）家とはちがう家（a home away from home）」に預かり、「自分の子どもにしてやるのと同じように」してやり、「二人目のお母さんのつもり」「ママみたいだけどママではない、伯母さんみたいな存在」ととらえていると分析している。職業としてのチャイルドマインダーは保育関係職のなかでも低賃金で社会的評価も低い、労働市場ではキャリア（第11章も参照）として認められない自営の小企業であり、保育の仕事への魅力を感じながらリーズナブルな収入を求めるという心的緊張をかかえているとしている。

さらに、保育者と保護者の関係性として両者の保育観の一致度が高く、低収入層や異文化出身の家族がファミリー・デイ・ケアを多く利用している実態から、これらの利点の活用方向を示唆している。近年の各国の制度では、ファミリー・デイ・ケアの保育を施設保育との交流により支援する形態がとられている。保育者の研修の質を高め、保育は女性なら生得的な資質によって誰でもできるというとらえ方からの脱皮をはかる方向にある。

同書ではこの保育制度のもとでの男性保育者の少なさ（イギリス一％未満、スウェーデン五％未満）が指摘され、モス（Moss, 2003）は「男性の参加で保育は本当の仕事（real job）になるだろう」と述べていることを付記しておきたい。

日本では、一九六〇年代から自治体の独自制度として始まり、現在は児童福祉法のもとで「家庭的保育」として制度化されているが、おもに対象とする三歳未満児の保育のなかでも主流は保育所保育に求められ、普及度は小さい。

2　性別役割分業社会での子育て
——子育てにおけるジェンダー内・世代間協力と世代内・ジェンダー間協力

女性コミュニティが担ってきた子育てと家事労働

保育史のひとこまとして語られるある地域の習わしに「昼休みに母親たちが田畑仕事から帰り、子ども部屋に駆けつけると、自分の子にではなく、最も激しく泣いている子どもから先に授乳するルールがあった」という。すなわち、一族の母親集団が子ども集団を育てるという前近代の親族共同体の子育ての風習である。女性たちは子育てや家事労働を協働、分担し、互いに代わりを務めることができた。子育てに必要な知識や技能は経験豊富な女性から未経験の若い母親や娘たちに生活習慣・習俗として伝えられ、衣生活・食生活・子守歌・遊ばせ歌・身振り・遊具などさまざまなかたちで女性コミュニティの文化として家庭と地域社会に蓄積されてきた。

近代に入り、職場が家庭の外におかれるようになっても、母親が働く場合の子育ての代替は祖母や女性親族であった。家族内で代替・補助機能が得られないときには近隣コミュニティにその役割が求められ、「近所のおばさん」の力は近年の**ファミリー・サポート・センター事業**にいたるまで活用されている。

このように家庭内の無償の家事労働であり続けた仕事は、前節で見たように雇用の枠組みに組み込まれても、地位・賃金ともに低く扱われ、公的保育の普及に際しても「一〇〇人の母親が働くために五〇人の保育者」（ボウルビィ、一九五一、訳一九六七）を雇用することの経済的得失を問う見地から、保育者の賃金は低く抑えられてきたのである。

性別役割分業社会の家族論

核家族を前提とした性別役割分業（第8章参照）の家族論の到達点は、パーソンズ（パーソンズ・ベールズ、一九五五、訳一九八一）による「パーソナリティの形成と維持のための機能」論に示されている。一九五〇年代アメリカの家族の実態をモデル化し、かつて家族の機能とされたものが高度の社会的機能分化によって喪失した現代社会における家族の主要な機能は「パーソナリティのための機能」、すなわち、その第一は子どもが社会のメンバーになれるように行う基礎的な社会化＝パーソナリティの形成の機能であり、第二はおとなのパーソナリティの安定化の機能であるという。

共著者ベールズは、小集団の人間関係の変動過程を時系列で分析して集団内の役割と地位の分化を定式化している。彼は集団内のリーダーシップには二種があり、一方は集団の課題や目標達成に寄与するリーダー、他方は集団のメンバー同士の緊張を緩和し、親密感を強めるリーダーだとする。前者を手段的（instrumental）、後者を表出的（expressive）と名づけるこれら二つの役割を、パーソンズは家族における父親の役割（収入を得て家族の生活手段を確保する）と母親の役割（子どもの社会化にあたり、家族のパーソナリティの安定をはかる）に擬し、それぞれの役割を専門的に果たしたうえで、両親（夫婦）は「リーダーシップの連合体」を構成して家族のまとまりを維持しているとした。女性が表出的役割をとるのは、子どもを産み、子どもとの初期の相互作用をより多く行うゆえに、母子の下位体系（小社会）を形成して母親がその代弁者となり、父親よりもその点では優位に立つのだと説明する。子どもの成長（社会化）はジェンダー役割取得の過程としてフロイトによる同性の親への同一化機制にのっとって記述している。

パーソンズは父母ともにリーダーとして対等の地位におく男女平等論者であったかもしれないが、彼の理論が「男は仕事、女は家庭」の社会意識を典型的に支えてきたことは確かだ。前世紀半ばで見捨てられたとはいえ、ジェンダー論史としては一顧の余地があろう。

ジェンダー平等の見地からいえば、まず家庭内では夫婦間で子育てを協力して行うことが意識の面でも実践上でも求められる。すなわち、世代内・ジェンダー間協力である。女性コミュニティのなかにジェンダー内・世代間協力として閉じ込められていた子育てからの脱皮が保育という仕事の公的価値を高め、処遇の改善にもつながるであろう。

3　家庭の子育てと保育所保育の矛盾・葛藤

保育園生活初期における保護者と保育者との不協和の事例

保育園の乳児保育では、「連絡日誌」を用いて、子どもの睡眠、哺乳（食事）、排泄など生活の逐次的記録とともに保護者、保育者双方からの連絡事項、要望、意見などを記し、伝え合うことが多い。石原（二〇二〇）は、連絡日誌にもとづいて主として授乳時間をめぐる乳児の母親とのやりとりを記している。

——四月、Aちゃんは三カ月半で入園。二週間経った頃、お母さんから「お風呂も最後のミルクも二二時には終わらせたいから、ミルクを必ず一八時に飲ませてほしい」と話がありました。Aちゃんが心地よくすごせる日課を、お母さんが無理なくできそうなリズムに合わせていけるといいなと思いました。そこで、できれば朝のミルクを六時に飲ませてほしいと伝えました。次の日から実行してくれましたが、一週間ほど経つと二度寝をしてきたり、寝ながら飲ませ、量が少なかったりする日が増えました。

——六月（六カ月）より離乳食開始。保育時間が一九時まで延び、登園も遅くなる日が多くなりました。しっかり午前寝できない日が増え、睡眠が足りず気持ちよく離乳食にむかえませんでした。

——七月からは離乳食を一〇時三〇分にしていく、起きている時間を二・五時間に延ばす、ミルクは四・五時間間隔に延びるため、夕方の園でのミルクがなくなることを伝えました。日課の変化を理解してくれたと思いました。

——七月後半（七カ月）、質問がきました。……二時間寝て、二・五時間起きるリズム、ミルク四・五時間おきが目安になることをノートで知らせ、その日の夕方のミルクをなくしました。翌日のノートには「帰宅後泣き叫んでいたので、まだ時間を延ばすのは早いと思います。離乳食が二回食になってからのほうがいいと思うのですが」と書かれてきました。これは直接話したほうがよいと考え「Aちゃんが二時間以上起きていられるようになったので、あそびをたっぷり保障してあげたいこと、睡眠時間を二時間しっかり保障してあげたいこと、そうするとミルクも四時間以上は間隔があくため、家で一九時過ぎにミルクというリズムになっていくこと」を伝えました。離乳食については「二回食になるのはもう少し先になる」と伝えました。お母さんは頷きながら聞いてくれていました。

——八月からお迎え時間が早くなったので、夕方のミルクをなくしました。お母さんがお迎えに来たとき、まだ寝ているのを見て「まだ寝てるんですか？ こんな時間まで寝てたら夜寝られない。一八時にミルク飲ませてってI先生と話をしました。そもそも一〇時三〇分に離乳食なのも聞いていない」と怒って帰っていきました。翌日ノートに「相談なく変更されると困る。お風呂も夜のミルクも寝る時間までズラされてしんどいのはAなので、一八時に起こしてミルクをあげてください」とあり、急遽、園長・主任・担任で父母と面談することにしました。

――面談でお母さんの話を聞いた園長が「お母さんはミルクの回数が減るのが心配なんだね」と声をかけると「そうなんです」とこちらに向きを変えてくれました。

――お母さんは、Aちゃんが生まれたときから身長・体重や日課などすべてをアプリで管理していて「入力後表示された成長曲線が緩やかであまり成長していないのでは？」と、体重・栄養の面が一番引っかかっているとわかりました。また、アプリでは「八カ月児は二回食」だけれど園の離乳食は進まない、それなのにミルクの回数が減るのはよくないのではないかと感じていたようでした。

その後「お母さんの納得を得るまでの一〇日間、Aちゃんの心地よい日課ではすごせませんでした」と保護者の意向に添い、Aちゃんの変化をていねいに伝え、……と歩み寄りへの努力は続く。

保育園にはそれまでの保育経験や実践検討の蓄積をつうじて、一定の保育計画やマニュアルが形成されている。また、個々の子どもの個性や発達水準に応じて、柔軟に対応することもできる。家庭での育児は、かつては家族・親族間の伝えと援助行動によって、近現代では育児書から「アプリ」まで、さまざまな情報源に影響されつつ、親自身は現実の子どもの姿に当惑しながら、ときには不安にかられながらの営みである。

ワーク・ライフ・バランスのなかの「生きづらさ」――母親たちの声

前項は保育者の目をつうじての記録を紹介したので、母親自身の記述を参照したい。以下は筆者の手がけた子どもの生活時間調査（清水・川北、二〇〇四）の自由記述欄から引用する。五七七件の回答中約半数が記入しているが、保育園や保育者に向けられた不満や要求はほとんどなく（保育所をつうじて依頼した調査であったからか）、しいて選べば以下の二件である。

――親子のスキンシップの時間や規則正しい生活が大切だとはわかっているが、できないのが現状です。保育園の先生に「もっとこうしたら」といわれるのが辛いです。少しだけ親のがんばりを認めてもらえると、やれる範囲で努力しようと思うかも（五歳児の母）。

――保育園での話し合いの機会（部会、クラス会）が多く、子どもを連れ帰る時間が遅くなることが多い（六歳児の母）。

家庭での夕方の生活のゆとりのなさを嘆く声が多く、保育者からの「子どもの様子」の伝えや助言もプレッシャーと感じる母親の「生きづらさ」の表現ともいえる。原因は母親自身の労働条件と夫の労働条件にいきつくことが多い。以下がその例である。

――産休明けから四歳八カ月まで、朝六：五〇に家を出、夜七：〇〇まで保育園、夕食は九：〇〇からの生活、親も子も精神的に余裕などあるはずもなく、いとしいわが子のいちばんかわいいときを自分の目で確かめることもなかった。思い切って仕事を変えようと、ただいま求職中（五歳児の母）。

――父親の勤務が不規則で、平日が休み、土日が勤務なので、子どもといっしょにいる時間がない。もう少し育児に参加してもらえれば、子どもとの生活も少し潤いのあるものになる、と思っている。土日は父なし、車なしなので、もてあましてしまう（四歳児の母）。

保育園については「入園したら起床、就寝の時間が一定」になり「生活にメリハリ」がつくようになり「楽しい時間をすごし」「外で遊ぶことが多く」「小さな悩み事は保育士さんに相談すればほとんど解決できる」「いい保育園なので、子どもを預けて安心して働け、ありがたい」と信頼感を寄せている母親が多い。

保育者の労働条件――低賃金・非定時労働

保育士の賃金は厚生労働省統計による保育団体連絡会の作成資料では一般労働者平均（男女）月額三〇・七七万円よりも約七万円低い二三・八〇万円、一般労働者平均（女性）よりも一・四万円低い二三・七一万円（二〇一九年度）と算出されている。男女の賃金差と保育職の他職種との格差の二重の不利益を受けているといえる。参考までに看護師は三〇・一八万円、介護支援専門員／ケア・マネージャーは二五・八〇万円である。保育士の低賃金が求人難での保育所不足（待機児童発生）をきたす原因としてここ数年に改善策がとられ「二万円ほど差は縮んだ」結果の数字である（厚生労働省「二〇一九年賃金構造基本統計調査」による、『ちいさいなかま』七〇四号）。

益山（二〇一八）は、保育士不足の要因という観点から保育士の低賃金の分析を行っている。**ラスパイレス**

指数を用いた他職種との比較では、保育士の指数を一〇〇として、看護師（一三四・八）、理学療法士・作業療法士（一二五・四）、幼稚園教諭（一〇九・七）、ケア・マネージャー（一〇九・六）、歯科衛生士（一〇九・五）、栄養士（一〇四・八）がそれより高く、福祉施設介護員（九三・二）、ホームヘルパー（八九・五）、娯楽接客員（八六・五）、販売店員（八二・八）、給仕従事者（七五・八）がそれより低いとしている。

保護者とくに母親たちとの賃金格差（「女々格差」と指摘される観点で）があるかといえば、民間企業やフルタイム公務員は高いほうに位置するであろう。しかし、保育所利用者の利用終了時間（厚生労働省、二〇一八）によれば、夕方一七時までには半数近くが、一八時までには八〇％強が降園することから、利用者の少なくとも半数はパートタイム就業者層であることが推測される。シングル・マザーなど、低所得階層の利用も多いことから、収入格差のなかで保育士が低賃金層にあるとはいいきれないが、資格の必要な専門職層のなかで低処遇を受けていることは確かである。

保育士の労働条件としては賃金だけでなく、長時間保育のなかでの時間差勤務、勤務時間内の職務の多様さなど労働密度の濃さが負荷を大きくしている。

4　現代の保育所保育と両親・保育者集団のパートナーシップ

組織的活動としての保育所保育と保育文化・ジェンダー平等

前節に例示した保育内容にかかわる保護者と保育者の思いの不協和は、日常の連絡日誌や送迎時のコミュニケーションでは容易に解決せず、園長や主任も加わり、子どもの両親そろっての話し合いにもちこまれている。ここで園長の一言「お母さんは……が心配だったのね」が母親のためこまれた不満や保育園との対決という緊張感をやわらげる役割を果たしている。担任の責任だけではなく、また思いの不協和を担任と保護者の感情的対立にいたることなく、園としてのチームワークで園活動の計画、実践、問題解決にあたる公的施設保育の特性であり、個人契約雇用による「預ける」「預かる」とは異なっている。

担任の責任だけではなく、園の組織的力量で、さらには園を超えた地域や全国規模、あるいは国際的な保育実践の交流と討議をつうじた「保育の質＝子どもの生活の質」の向上がグローバルな課題として追求されている。

産休明けからの乳児・三歳未満児保育、長時間化する保育の時代に入って、基本的生活様式（食生活・睡眠・排泄習慣など）の形成を基礎に多様なあそびを楽しむ乳幼児の生活文化がつくりだされてきた。父母や地域住民もともに楽しむ四季のいくつかの行事は、保育園を中心とするコミュニティの祝祭という性格をもつものにもなってきている。仕事をもつ親たちが同世代の仲間と同世代の保育者集団と協力して生活し、子育てをいとなむ拠点の一つであり、生き方の文化をつくりだす場でもある。

保育所利用者のライフスタイルは「共働き」＝「ジェンダー平等」を志向する文化でもある。それは保育職への男性参加をも含むことになるだろう。前述のモスの指摘のように「ほんものの仕事」になる道でもある。

保育職への男性参加は一九六〇年代の無資格での採用から始まり、七七年に法的に認められ「保父」などと呼ばれた。九八年に名称が「保育士」と改められた。「女の仕事」「女の職場」からの脱皮は、保育職の処遇改善のためにも、社会や家庭でのジェンダー平等の推進のためにも重要な一石といえよう。

グローバルスタンダードとしての「パートナーシップ」

「保育の質」（乳幼児の生活の質）はいまや国際的な共通課題として認識されている。「質」の決定因子として、たとえば二〇一二年にOECDがカリキュラムの質の向上について必要なチャレンジとして挙げた「質に関する目標と基準の設定」など五項目の一つに「家族と地域社会の関与」（親と地域社会は「パートナー」）とある。「パートナー」の語を用いるとき、パートナーを組む双方は「対等」の意味があると思われる。

日本の保育カリキュラムのナショナル・ガイドラインというべき「保育所保育指針」「幼保連携型認定こども園教育・保育要領」「幼稚園教育要領」のいずれにも保護者との「連携」「協力」がうたわれているが、現実施策として保護者は「要支援」者であり、内容的には「指導」「助言」を与えられるという関係性に立つことが多いとみられる。保育者の役割として「児童の保育」に加えて「児童の保護者に対する保育に関する指導」あるいは「保育相談支援」が課された（児童福祉法第一八条の四による）のは、二〇〇一年の保育士の国家資格化以降のことであるという（亀﨑、二〇一七）。

現実に、保護者・家庭に「相談・支援」すべき問題が多いとしても、子育ての権利主体としての親たちは保育のあり方について関心をもち、意見表明する権利を確保し、保育への関与性を高める方策を探るべきであろう。「パートナーシップ」はその理念である。

保育運動と保育者組織・保護者組織

親としての権利と責任を行使するための補助機能としてこそ保育所保育は存在する。「預ける」「預かる」の関係のなかにそのことは織り込まれなければならない。

保育界の現実にもそれは実現されている。かつて保育所づくり運動によって日本の保育所の多くはつくられてきた。行政がすぐには保育所をつくらない間，まずは親たちが共同して運営し，ボランティア的に協力する保育者が保育する無認可・共同保育所が産休明け乳児保育，障害児保育，長時間保育，夜間保育の実践を開拓したといえる。そのような保育所が認可を受け，公的経費による運営に変わったとき，多くの場合，園の運営への保護者の参加・発言を保障している。それは保護者会を組織して，その代表が運営組織に加わるという形式によることが多い。

コラム6
家庭内ジェンダー平等の基礎を築く教育の課題

1985年の男女雇用機会均等法など一連の女性差別撤廃の動きのなかで，家庭科教育の「男女共修」が実現しました。「男女が協力して主体的に家庭や地域の生活を創造する資質・能力」を育成することをめざし，「乳幼児期の心身の発達……について理解するとともに，乳幼児と適切に関わるための基礎的な技能を身に付ける」（「高等学校学習指導要領」第2章第9節「家庭」）とうたわれ「乳幼児との触れ合いや交流などの実践的な活動を取り入れるよう」求められているので，高等学校や中学校生徒と保育所・幼稚園児との交流（生徒の園訪問，あそび相手），子育て中の母親を授業に招く試みなどがあります。金田ほか（2010）は『幼児とのふれ合い体験学習』ガイドブックを作成しています。また，そのほかの教科においてもジェンダーの視点での教科書・教材の見直しなどの課題があるでしょう。

一方には，公立保育所や設置主体の性格，設置経過などで運営上の保護者の役割が定められていない，保護者会もないという実態も少なくない。かつては，高額の保育料，たびたびの値上げ，給食費と給食内容への不満などを契機に保護者会が結成され，地域ごとに連合して対自治体交渉にあたるなどの事例があった。近年では，公立保育所の民営化など保育内容・保育条件の変更に対して保護者の反対運動が起こされる例がある。

保育界の現状は複雑・多様になり、企業による保育、認可外の施設、行政の関与する子育て支援事業（ファミリー・サポート・センター事業）などさまざまな条件の場に子どもが預けられている。保育の現場での事故やときには虐待の事例も少なからず生じている実態に鑑れば、行政の監視力はもちろんであるが、保護者の関与性はもっと高められるべきであろう。

保育所運営における保護者団体の公的な地位の確立とともに、インフォーマルな友好関係も築かれる。子ども同士が仲のよい親とのつきあいから始まって、クラス懇談会、園の行事への参加や実務の支援、保護者が実行委員会に加わっての事業（バザーなど）の遂行のなかで、お互いを知り合い、特技や知識を生かし、協働の力を実感する機会を得る。保護者会のなかに野球チーム（父親と男性保育者）や和太鼓サークルを結成して子どもの卒園後も活動を続けていく例もある。行事などの反省会をかねた飲み会は手軽な仲間づくり儀式であるといえよう。もともと男性コミュニティの男性文化に発する飲み会であるが、父親の育児参加、保護者会参加をうながす重要な機会となっていることは認めなくてはならない。

保護者会は「地域の保育要求と住民運動としての地域保護者会」として、「保育行政における『市町村』の責任（児童福祉法第二四条）を追及し、改善につなげることができる」。東京都練馬区では「練馬区保育園父母連合会」が「先輩パパ・ママによる入園説明会」（「保活」のアドバイス）を開催し、多くの入園希望者を集めたという（『ちいさいなかま』七〇四号）。住民から住民への支援活動でありつつ、行政への強力なアピールになったといえよう。

用語解説

チャイルドマインダー（childminder）　保育制度や保育形態を論じる際に、保育者の自宅に利用者の子どもを預かって保育する形態を「ファミリー・デイ・ケア」（family day care）と総称する。イギリスにおけるファミリー・デイ・ケア（チャイルドマインディング：childminding ともいう）の保育者の職名が「チャイルドマインダー」である。

ファミリー・サポート・センター事業　子ども・子育て支援法第五九条に定める一三の事業の一つとして自治体が実施する「子育て援助活動支援事業」。「乳幼児や小学生等の児童を有する子育て中の保護者を会員として、児童の預かり等の援助を受けることを希望する者と当該援助を行うことを希望する者との相互援助活動に関する連絡・調整を行う事業」とされ、保育所保育の時間外の保育ニーズに対応するなど補完的役割を果たしている。

ラスパイレス指数　賃金水準を比較する手法の一つであり、労働者の性別、学歴、年齢、経験年数など、構成の変化にともなう影響を除去して純粋な賃金の格差を明らかにできる。本章引用の益山（二〇一八）は保育士の賃金水準を一〇〇とした他職種のラスパイレス指数として、いずれも女性のみのデータを使用し、各職種の経験年数別の平均給与（年額）に保育士の労働者数を乗じて得た総和を保育士の実賃金総額で除した賃金の加重平均を算出している。

ブックガイド

全国保育団体連絡会・保育研究所編『保育白書』（ひとなる書房、逐年刊行）
　保育にかかわるさまざまな状況や制度の解説、実態調査報告、国の統計、通達、主要自治体の資料を掲載。変化の激しい保育界の情報を知るには必須。

保育研究所編『月刊・保育情報』（全国保育団体連絡会）

保育制度・政策の速報、国の発する通達・通知・事務連絡・統計資料、地域・自治体の注目すべき動きのほか、投稿による研究論文・評論・調査報告を掲載。

全国保育団体連絡会編『ちいさいなかま』（ちいさいなかま社、月刊誌）

「保育者と父母を結ぶ雑誌」として、子育て世代の読み物をめざしている。保育園での活動や食のノウハウ（あそび方、つくり方）、子どもの発達にかかわる研究者の論考のほか、保護者の声が多く集められ、子どもの言葉の採集（いわゆる口頭詩）も魅力。

第8章　母親の人生は誰のものか

障害児を育てる母親の語りから

沼田あや子

私は要するに生を与えました……。けれどもっと正確にいえば、生命は私を通過したのであり、そのあとでは私は生物学的にも、心理学的にも何もできないということです。ただ私は残りの時間、私たちに残された時間においてずっと、ある膨大なものを、つまり私の生きる源である一つのものを抱え込んでいるということです（クレマン・クリステヴァ、一九九八、訳二〇〇一）。

これは、フランスの哲学者ジュリア・クリステヴァが、友人との往復書簡上で病気の我が子を案じて書いた一文である。母親は子育てをするなかで自分の人生を探っていくが、自分だけの人生ではない。とくに子どもに病や障害があった場合、母親たちは日常的に生まれる心配事のために、心身のバランスを崩すほどの日々を生きている。本章では、**発達障害**のある子どもを育てる母親の語りをフェミニズムの言説を援用しながら解釈し、子どもとの人生の境目が見えにくくなる母親の人生について考えていく。

1　子どもの人生を背負う母親

障害児を育てる状況におかれた母親は、母親役割をさらに凝縮させたかのようなケア役割を背負うことが多い。これまで障害児の母親研究は多くおこなわれてきたが、筆者の研究を含め、従来の研究ではまだ足りない。埋もれている声が、まだ残されていることを感じる。

社会から求められる役割

障害のある子どもの育ちにかかわる支援現場の空気は温かい。職員みんなでその子の発達に合った支援を探り、その子らしさや成長を家族と共有する。それが家族支援にもなるよう願いながら。しかし、それが水面上に出ている船の一部分、おひさまが当たる部分だとすると、水面下では母親による絶え間ない足掻きがおこなわれている。そこに光は当たりにくい。

父親の育児参加は少しずつ増えている。しかし、現在の日本において、育児の**性別役割分業**は依然として強い。そのため、育児にかかわる時間は圧倒的に母親のほうが長いのが現実である。障害のある子どものケアとなるとますますその傾向は強い。発達障害児を育てる母親へのインタビュー調査では、乳幼児期には母親が育児を全面的に担ってから、母親のアレンジによって少しずつ父親に役割が分担される傾向が見られた（沼田、二〇一六）。

障害児、とくに重度の障害児を育てる母親は、子どものケアに費やす時間が多いために就労機会が狭められている（藤原、二〇〇六）。たとえば、療育施設や病院への付き添い、地域の母親ネットワークへの参加、学齢期になると就学先の検討、各種申請手続き、学校との折衝、入所施設探し、すべて平日の日中に動く必要のあるもので、これらを母親が引き受けているというのだ。

障害が軽度と表現されるものであっても、母親は重い役割を背負っている。たとえば、発達に偏りがある場合、その表れ方によっては、療育への付き添い、同級生との対人トラブル、家庭学習、学業不振、学校との折衝、進学先の検討、就労先の検討などの役割がある。発達の偏りが大きくても知能検査では平均の域に入る、いわゆるグレーゾーンと呼ばれる子どもは、傍目からは困りごとがわかりにくく、周囲の理解を得ることが難しい。なによりも、親ですら我が子を理解することが難しいという声を聴く。それでも母親は、社会に対して子どもの代弁者として奔走することになる。

子どもが第一

女性が子どもを妊娠・出産すると、子ども中心に生活が回っていく。日本では住民票のある自治体に妊娠を届け出ると母子健康手帳が交付され、「母子」単位での行政サポートが始まる。出産前から出産後の子育てまで、地域の保健師に相談することができる。いよいよ子どもが生まれると、乳幼児健診や予防接種のお知らせが届く。この類のお知らせに「子どもの健康管理は母親の義務」というメッセージを感じる人もいるだろう。そのあたりから、母親は気づく。それらすべては赤ちゃんのためにあると。夜泣きと授乳のために一日三時間しか寝られなくても誰も代わってくれない、それなのに「宿題」は次々と課される。

たとえば、赤ちゃんに皮膚トラブルが起きると毎日のスキンケア、離乳食が始まるとバランスのよい食事、運動発達のための環境作り、社会性発達のための児童館通いと母親仲間との交流（これはほぼセットである）、言語発達のための共感的な言葉がけ、これらが毎日毎日繰り返される。すべて子どものためだから母親は頑張るしかない。

そのうち、少しずつ不安が募る母親たちがいる。自分の子どもはよその子と違うのではないか、という不安である。寝つきが悪いし、かんしゃくもすごい。動きが多く片時も目を離せない。言葉がけをしてもあまり聞いてくれないように感じる。そこで、自治体の子育て相談に相談してみると、助言や励ましとともに、発達の偏りの可能性を指摘されることがある。でもまだ月齢が低いので診断はつかない。そこから、日常生活の世話に、さらなる発達を促すかかわりという宿題が追加される。

日本において、発達障害の早期発見・早期療育は国の方針である。児童福祉法、母子保健法、厚生労働省が取りまとめる「健やか親子21」という国民健康運動、発達障害者支援法などを根拠として、子どもの発達について相談する窓口は自治体に必ず設置されている。子どものために一緒に考えてくれる人は用意されている（人員が十分とはいえないが）。

しかし、母親たちの不安が完全に払拭されることは少ないようである。相談窓口、保育所、幼稚園、学校など、複数の助言を総合して判断を下すという役割が課せられる。夫や実家のサポートがあればまだよいように見えるが、社会とのかかわりのなかで〝母親〟役は自分ひとりしかいないのだと痛感する。それなのに、母親自身が相談できて、じっくり話を聴いてくれる場所は少ない。

こぼれ落ちる母親の声

障害児の母親に関して、これまでに多くの研究がおこなわれてきている。発達障害のひとつである自閉スペクトラム症は、一九五〇年代は親の養育が病因とされていたために、当時は両親のパーソナリティの研究がおこなわれた。支援対象として家族研究が始まったのは七〇年代といわれている（久保、一九八二）。研究者の関心が、原因よりも支援に移行するに従い、家族全体から母親のストレスに焦点が当てられるようになった。

そのなかでも、研究者の関心を多く集めたのは、親の障害受容プロセスである。そこに見られる悲嘆と回復のプロセスは障害児を育てる親支援のための大きな手がかりとなった。しかし、そこからこぼれ落ちる母親の声があることは、人間の生活の多様性を考えれば想像ができる。母親はそんなに障害受容のことばかりを考えてはいない（高岡、二〇一二）という当事者の声は、彼女たちの忙しい日々を思えば説得力がある。

私が発達障害のある子を育てる母親の語りを研究対象としたのは、もともと日常生活のなかで彼女たちの声を聞く機会があったからだ。研究のためのインタビューの依頼をすると「うちは参考になる家庭じゃないけど」と何人もの人が前置きをした。障害児の母親は、社会が求める、子ども第一の家族像に応じて母親の声を抑制して「問題のない家族」を演じてきたという指摘がある（藤原、二〇〇六）。それは「協力し合って障害児を育てる家庭」と自分たちを比較する母親たちの姿につながる。

そこで、私は障害児の母親研究における既存概念である〝葛藤の乗り越え〟を使わずに語りを読みとろうと、研究をおこなった（沼田、二〇一六／二〇一八）。語りの分析過程で、母親たちが家族にとって分裂を招くような問題は棚上げにしつつ、家族をつなぐ〝母親役割〟を引き受け続ける覚悟を感じとることができた。

しかし、人間の豊かな語りを、ある枠組みに従って示さなければならないのが学術研究である。たとえば、障害児を育てるストレスや葛藤などの枠組み、もしくは母親の成長という枠組み、などである。私の研究においても同様に、手持ちの枠組みでは解釈しきれていない母親の声がまだ積み残されていた。名づけるとすれば、それは母親と子どもの「いのち」に触れる語りである。

2　いのちに触れる語り

「子どもを生むってリスキーですよね」。私がずっと解釈しきれずにいるのは、発達障害がある男の子を育てる母親Pさんのこの言葉である。前述の調査における、母親の日常生活を聴きとる半構造化インタビュー中の、子育ての大変さを語る文脈で出てきた言葉だった。聴いた瞬間はそれがどんな意味を含んでいるのかわからず、そのまま保留となっていたが「産む」という分娩時のリスクではなく、ひとりの人間を「生む」こと、そこから続く子どもの生を指していることはわかった。

いのちの出発点に立ち返る――Pさんの語り

Pさんは発達障害についてよく勉強していたが、我が子がなにを考えているかわからないと何度も口にした。私が最初に会ったときには、その子は思春期で、母親はそれまでにかなり子育てにおける傷つき体験を重ねているように見えた（沼田、二〇一八）。

「子どもを生むってリスキーですよね」という言葉をずっと忘れることができなかったのは、それが母親の経験の大事な部分と感じられたからだ。そして、私は二年後にもう一度Pさんに連絡をとり、今度はインタビュアーも自身の考えを語る対話志向のインタビューをおこなった。息子は高校を卒業する年齢になっていたが、Pさんの語りにはやはり忘れられないものがいくつかあった。たとえば、次のような語りである。

もうすべてに疲れたから俺は死ぬんだとか言うんです。なんですぐ死にたいっていうのかなって。生きるのに疲れたから死ぬって。それはお母さんのセリフだって言いたい。

あの子はあの子で傷ついている。口論して突き詰めていくと、なんで俺を生んだの？　って言うんです。そこにいまだに立ち返る。こんな生きにくい世のなかになんで俺を生んだの？　って。あんたが勝手に生んだんでしょって。

よその親子でも、ケンカして、くそばばあと言われたとか、金くれとしか言わないとか、そういう話は聞きます。でも、そういうのと違うレベルでこの子は言ってるんじゃないかって思うんです。

一番耳に残っているのは、「そこにいまだに立ち返る」という言い方だった。Pさん親子には、積み上げてきた信頼が壊されるような事件がたびたび起こり、そこで出てくるのが「なんで俺を生んだの？」という言葉であるという。

Pさんは語りながら、たびたび「生む」ということについて触れた。そこで私は、Pさん親子の時間は、誕生を始点とした一直線の矢印で描けるような、連続的かつ不可逆的なものではないのではないかと考えた。母親と子で積み上げられそうで積み上げられない、不連続なものなのではないか。同じような出来事が繰り返され、意味づけされる間もなく、事あるごとに「生む／生まれる」というところ（母親と子のいのちをめぐる出発点）に立ち返ってしまうのだ。
「あんたが勝手に生んだ」という言葉が思春期によくある子どもの憎まれ口といいきれないのは、Pさん親子は、ぶつかり合うその瞬間ごとに、いのちの責任の所在を何度も問い直し、ぎりぎりの攻防をしているからだ。だから、Pさんはその出発点である「生む」ことをリスキーだと言っていたのかもしれない。その攻防を裏づけるような、気になる言葉があった。

発達障害はその子らしさを認めて、っていうけど、そんなに生易しいものじゃない。個性だって認めるなんていうこと以前に、生きていくだけで闘いですから。殺さないで済むっていう。

この語りは、どのように受けとめられるのだろう。Pさん親子の事情は特別ではないかと感じて、Pさん家族のこと、経済状態、診断名、支援の有無などを知りたくなる人がいるだろう。しかし、ここで取り上げたいのはそのような養育状況の条件ではない。Pさんが語った感情は、Pさん固有のものであり、他者には理解しえない部分がありながら、違う境遇にいる私にも身に覚えがある気がした。私を含めた母親は、我が子に対して、多かれ少なかれ、「生む／殺す」の境界線にいた記憶があるのではないか。そして、なにかの折にそこに引き戻される瞬間があるのだ。

子どもの生を感じ続ける――Qさんの語り

その後、もう一人、発達障害のある男の子を育てる母親Qさんにインタビューをした。息子は発達障害のグレーゾーンといわれていたが、思春期になって心身の体調を崩していた。療養にはずいぶん長い時間がかかっている。

Qさんは息子の体調を見ながら社会活動との調整を図る生活の大変さを語るなかで、やはりいのちにかかわる語りをした。

> 自分がそういうふうに生んでしまったという負い目がずっとある。それは夫とは違う。だから今、発達障害で苦しんでいるのは自分の責任だっていうのが根底にずっとある。自分がちゃんと生んであげられなかったからっていうのが。
>
> そう思うと……今というより、ずっとなんだけど、一番恐れているのは「なんで自分を生んだの?」って言われることなんです。長生きしたくないとか言ってるし。生きることに夢と希望がまったくないわけじゃないけど。それは辛すぎる。

生む性である母親の背負うものの大きさが、この語りにはある。「それは夫とは違う」とQさんはいいきっていた。二人の遺伝子を持ち合わせている新しい命なのに、このように考えるのは合理性に欠けると言えるかもしれないし、子どもは母親の所有物ではないという批判の対象にもなりえる。しかし、Qさんのこの思いに対して「誰の責任でもないよ」という他者の助言がどれほど役に立つだろう。

生んだことの責任を子どもに問われること、それ以前に、子どもが自分の出生自体に疑問を持つことに対し、Qさんは「それは辛すぎる」と言った。その言葉の主語が誰なのか、逐語録を読んでも、私にははっきりわからなかった。母親なのか、子どもなのか。いのちをめぐる母親と子どもの関係とはどのようなものだろうかという問いは、次の語りからますます強まる。

私も子どもの辛い経験を親も一緒に感じた感じ。最近、登校したら自分の席がなくて、自分のことをみんな忘れちゃって、居場所がないっていう夢をしょっちゅう見るようになっちゃって。自分はそんな経験してなかったのに。親がこんなに苦しいのに、本人はどれだけの辛さだったのかなって。

子どもの経験を、母親が夢のなかで経験してしまうということは、ほかの母親からも聞いたことがある。いつも明るく元気に子育てをしている人からその話を聞いたとき、母親の身体に子どもは浸み込んでいくのだな、と思った記憶がある。

「私とこの子はまだ臍《へそ》の緒でつながっているみたいって、家族から言われるんだ」と、ある母親が言っていた。子どもがとても敏感な子で、母親の心の動きすべてに過敏に反応してしまう。母親が自信を失くすと、その子も不安定になる。それが生まれたときからずっと続いている。母親はおちおち自分の人生に悩むこともできないという。母親の人生はいったい誰のものなのか。

3　いのちの責任

母親と子どものつながりは、精神分析的に語られたり、自立した権利主体として語られたり、そうでなければ神秘的なものとして語られる。第2節で語られたような母親の経験は、フェミニストたちが理論化に挑んできた。その言説を援用することで、母親の人生と子どもの関係について、なにかわかるかもしれない。

母性幻想で母親を語ること

母性の問い直し

母性は本能だという考え方は作られた幻想である、というのがフェミニズムにおける認識である。バダンテールは『母性という神話』（一九八〇、訳一九九八）において、フランスの歴史をたどり、一六世紀には子どものほとんどは乳母の手によって育てられていたこと、母親の愛情の価値が生み出されたのは一八世紀半ば以降であったという史実によって、母性愛の認識を覆した。母性という観念が生み出された背景には、平等と個人の幸福に価値をおく**啓蒙思想**と、近代国家のための出生率の向上という二つの社会的要請があった。

啓蒙思想は、子どもの幸福という観念を生み、子どもの幸福のためには母親の愛が必要とされた。一七六二年にジャン゠ジャック・ルソーの教育論『エミール』が出版され、母親に教育者の役割も求められるようになった。第二次世界大戦後は、ウィニコットら精神分析の学者によって、母親が子どもの精神発達に影響を与えるという考えが広まり、母親の愛の責任は大きくなっていった。母性の価値はこうして生まれた。

日本における母性も欧米にならって同様の意味づけがされた。その歴史を、米津知子が「日本の母性はたかだか一〇〇年」（一九九一）という論考にまとめている。日本では、一八世紀前半までに家父長制（第10章参照）が浸透したが、江戸時代の女性の役割は、母親役割よりも夫と夫の父母への服従に重きがおかれていた。明治の時代になると、近代国家建設のために欧米から啓蒙思想、自由民権思想、キリスト教が輸入され、知識的にも道徳的にも子どもを感化する力を母親が備えることが求められた。

フランスにおいても、日本においても、社会的に不利な立場におかれていた女性たちは、近代以降、〝価値ある〟母性を積極的に引き受けることで自らの存在を守ったと読み解くことができる。当時、参政権がなく、有償の仕事を持たない多くの女性たちが生きていくために残された道が、良妻賢母だったともいえる。母親の扱われ方という視点で歴史を問い直すと、生得的な母性というものの存在は疑わざるをえない。母性という概念が生まれたときから、母性があると認定された女性は賛美され、母性がないと認定された女性は貶められてきた。それは現在でも続いている。そのような、母親当事者以外にとって便利な母性というイデオロギーの利用を、フェミニズムは否定した。

母性幻想の否定

母性、母性本能、母性愛は厳密にいえば違うものを指している。フェミニズムはこれらにまつわるすべての存在を否定しているのではない。フェミニズムは母性の再定義を試みたのである。江原（一九九一）は、「リブ」（ウーマン・リブ）と呼ばれる一九六〇年代末からの日本の女性解放運動が母性の「負の部分」を明るみに出したと評価し、「リブは母性を否定したのではない、母性幻想を否定したのだ」と断言した。

江原（一九九一）は母性という概念を、身体機能としての母性、行動としての母性、理念としての母性という三つに区分して論じている。身体機能の母性とは、子どもを産むことができる身体機能である。行動としての母性とは、子育てにかかわる行動や母親業にあたる行動である。そして、リブが否定しているのは三つ目の理念としての母性である。

理念としての母性は、母性イデオロギーとも呼ばれる。身体とも行動とも切り離されたもので、観念的である。母親は無償の愛を子どもに注ぐものであり、子どもにとっても母親が一番であるという信奉は、その一例である。実在しない幻想のために、女性が分断されたり、男性が国や企業に使われたりしているという点で、江原はきっぱりとこれを否定している。

フェミニズムには、理念としての母性を否定しても、身体機能としての母性と行動としての母性は肯定的に受けとめる議論が多い。たとえば、フェミニズムの一部には身体器官が女性のアイデンティティであるという思想がある。そこには、外部から規定されてきた女性の身体を自分たちの手に取り戻そうという目標がある。

身体機能としての母性と連続するかたちで、行動としての母性は存在する。行動としての母性は、妊娠・出産だけではなく、子どもを育てるという女性の経験を重視する。例を挙げると、子育ての実践をとおして母親業の価値の再評価を試みた、リブの共同生活実践がある。また、詩人であるアドリエンヌ・リッチの著書『女から生まれる』（一九八六、訳一九九〇）は「経験と制度としての母性」を副題としている。制度によって規定されてきた母性の経験を、女性自身が語ることにより女性の手に取り戻そうというのが、リッチの意図である。

母親となる女性の経験は、妊娠・出産・子育てだけではない。小さな子どもへのケアをとおした倫理的配慮も経験される。このような経験に裏打ちされる母性をフェミニズムは否定していない。母性とは、ケアする者・される者との間の絶え間ないケア実践のなかに生まれうる。しかし、経験といっても、理念としての母性を自ら取り込んだ女性の子育ては、自分を縛り、苦しめることがある。理念としての母性は、社会の要請による幻想であり、母親に子どもの育ちの責任を負わせる。その責任は重く、父親の存在を薄れさせるほどである。

母親と子どもを対立させるのは誰か

中絶は子殺しかという問題

母親は我が子のすべてを受け入れて慈しみ育てるという母性幻想がある一方で、母性幻想にそぐわない母親は、いとも簡単に悪者にされてしまう。最たる例が、人工妊娠中絶問題である。中絶をめぐる母親と子どもの関係は、母親という生き物を語るうえで避けてはとおれない。

第二波フェミニズムは、性と生殖に係る女性の権利について取り組んできた。人工妊娠中絶は、日本では一九四八年という早い時期に**優生保護法**によって合法となった。意外に思われるかもしれないが、フランスで合法化されたのは一九七〇年代、アメリカでは七三年に連邦最高裁において中絶禁止は違憲であると判決が下った。現在、アメリカでは再び禁止する州が増えており、大きな政治的争点となっている。

中絶の法制度は、女性たちにとって切実な問題である。避妊するすべもなく低年齢から繰り返し妊娠・出産する女性もおり、経済上や健康上の理由から闇で中絶をおこなわざるをえず、健康を害し、ときには命を落とす場合もある。そのような時代が長く続いた。

日本では比較的早い時期から合法化されたが、荻野（二〇一四）は中絶をめぐる法制度についての歴史をたどるなかで、優生保護法は女性たちの自己決定権にもとづくものではなかった点を強調している。母性保護という名目の裏には人口抑制政策と優生思想があった。戦後の急激な人口増加による食糧難と、不良な子孫の出生を抑制したいという差別があった。とはいえ、合法化したあとは、中絶件数は急増し出生率は一〇年以内に半分にまで減った。

他方、中絶に対しては日本でも多くの批判があった。とくに一九七二年の優生保護法の改定案として、中絶の理由に「胎児に重度の精神・身体障害の可能性がある場合の中絶を認める」という条項が追加され、障害者団体から「障害者は殺されるのが当然か!」と、優生保護法そのものに猛烈な批判がなされた。

「胎児を殺すことは女の権利か」という問いに対して、その後リブと障害者運動の議論が続いたが、両者とも、もともとは国に人口の質と量を管理されるような世のなかを批判の対象としていた。そのため、国に自分の命を管理させないという主張で一致し、優生保護法改定案に反対する者同士で共闘したのである。その結果、一九九六年に優生思想にもとづく条項は削除され、母体保護法となった。

性と生殖にかかわる女性の権利を勝ちとるまでの道のりは、人殺しとされることとの闘いであるといえる。妊娠した女性、つまり母親予備軍は、妊娠した時点からもう自分の人生は自分だけのものではない。「生む/殺す」の境界線におかれているのである。

権利主体の対立関係

「胎児生命の大量破壊は正当化できるのか」という法哲学者の井上達夫の問題提起から、人工妊娠中絶をめぐる「井上・加藤論争」は始まった。この論争は、江原由美子の『生殖技術とジェンダー』(一九九六)においても詳細な解説がなされているため、ここでは本章の関心に引きつけてまとめる。

井上の立場は、大量中絶が道徳的に許容されるのかという疑問を呈し「胎児の生命権」と「女性の自己決定権」を対立させ、胎児の「人」と「人以前」の線引きをおこなうものであった。

それに対し、社会学者の加藤秀一は井上の「胎児＝権利主体」論に異を唱えた（山根、二〇〇四）。女性と胎児を権利主体という概念で語る問題設定自体を、女性のおかれている立場をわかっていないと批判した。女性が闘っているのは、所有物として胎児をどのようにしてもよい権利ではなく、家父長制に対する闘いなのだ、というフェミニズムの思想をもって反論したのである。

井上・加藤論争は、母親たちと子どもたちをそれぞれが自立した権利主体として対立させる両論併記的なリベラリズムと、女性から見た歴史をふまえて中絶を論じるべきだというフェミニズムとの論争ととらえることができる。あるイデオロギーを代表する者が、生む性の声が圧倒的に抑圧されてきた歴史を見て見ぬふりをして、母親と子どもを語る。その姿は、多くの母親にとって見覚えがあるのではないだろうか。

新たな命の決定をめぐり女性は周縁化され、周縁化されるだけでなく、中心的な位置にいる他者からジャッジされる構図が存在する。

いのちの境界線への引力

母子一体性を用いる他者

母体と胎児の関係と、出産後の母子の関係は、連続しているかのようだ。身体は分離してもその距離は近い。子どもは、生まれてしばらくは手厚いケアが必要な生き物である。そのため、母親が育児をする場合は、母子の濃密なケア関係が存在する。第2節で見た母親たちの語りでは、子どもの痛みが自分の痛みに感じられるような応答敏感性が語られた。

それは、〝母子一体性〟（江原、一九九一）という言葉で表現できるように見える。母子一体性と聞くと、精神分析における母子のイメージを思い浮かべるだろうか。マーラーの**分離・個体化理論**における母子の共生期は象徴的である。また、スターン（一九九八、訳二〇一二）は「避けられないこととして、母親は我が子を自分の延長として同一化する」と言っている。そのような一体性が母子関係を築くというのだ。うっかりすると納得してしまいそうな理論だが、母性幻想のイメージに寄っていないか注意したい。外部から母子一体性として語られることと、実際の母親の語りには、どのような関係があるだろう。

江原（二〇〇二）は「母子一体性」について「子どもを育てている母親が子どもと一体であって自己も他者も区別がつかないなんてことがあるはずがない」といいきる。そして「母子一体という言葉を使う人は当たり前のように子どもの側に自分をおいていて、母親の側に立っていない」と指摘する。母親について語る他者は、誰でもないように見せかけて、実は子どもの側に立っている。母子の共生期にも同一化にも説得力を感じてしまうのは、誰でも赤ちゃんだった時代があるからではないか。

母親について、母性幻想をもって語ることと、中絶をめぐって母親と胎児が周縁化されていることは、ひとつの問題でつながっていると考えることができる。母子一体性が雑に定義されたものであり、母親の実態をともなっていないからこそ、都合によって母子を密着させたり引き離したり、自在に使い分けられてしまう。さらにいうと、母性幻想の実現は母親に投げられて終わりで、妊娠も母子一体も、どちらも失敗すれば母親の責任になる。そのような「乱暴」な母親言説に、母親たちは巻き込まれている。

境界線に立たされる母親　もう一度、第2節の母親の語りを振り返ると、彼女たちは母子一体の意味を含んだ言葉は使っていない。むしろ、子どもという他者に対して、理解できないことを苦しみ、強烈に自分の「生む者」の立場を意識し、生む者の責任を感じている。

母親と子どもを対立関係において、最終的には母親に責任を負わせる社会には、母親をいのちの出発点(「生む/殺す」の境界線)に引き戻す力がつねに働いていると言っては言いすぎだろうか。境界線を越えた母親を、私たちは頻繁にニュースで目にする。身ごもった子どもを自宅で出産し殺めてしまう母親、何年も必死に育てたのにある日子どもの前から姿を消す母親。彼女たちはセンセーショナルに報じられ、罰せられる。「彼女たちは私だ」と感じる母親は少なくないだろう。

第2節で引用した、母親たちのいのちに触れる語りは、私たちの社会が作りだした、母親だけに働く引力に導かれたものと解釈できる。彼女たちの辛さは、もちろん、発達障害ゆえのつながりにくさ、絶え間ないケアの実践が育んだ愛情によるものだといえる。しかし、その根底には、母親としてのあり方が、社会が求める母性幻想にあてはまらない、かといって、それを自分ひとりではとても確立しきれないという、多くの人が感じる寄る辺なさがあるのではないだろうか。

4　こぼれ落ちた声が響くために

筆者を含め、心理学に携わる者が母親について語るとき、身に沁みついた立ち位置から脱することは難しい。最後に、本章において母親の語りの解釈にフェミニズムの言説が大きな助けになったことを振り返る。

フェミニズムの力を借りる

私がこれまで出会ってきた発達障害児を育てる母親たちの声にはさまざまな響きがあった。しなやかに難局を乗り切る響き、迷いのなかにいる響きもあった。それでもまだ別の響きが残っていて、解釈は保留となっていた。本章ではフェミニズムの言説の力を借りて、それらを響かせることを試みた。

発達障害があることの生きづらさは、綾屋・熊谷（二〇一〇）が表現したように「つながることの難しさ」ととらえられる。それゆえPさんもQさんも、他者である我が子とつながろうとしてもつながれずにいたこ

コラム 7
緊急避妊薬は緊急に手に入らない？

緊急避妊薬は，いつになったら処方箋なしで，薬局で買えるようになるのでしょうか。女性が望まない妊娠という緊急事態に陥ることがあることはよく知られていても，この薬に関してはなかなかアクセスがよくなりません。現在は，市民グループが運動を続けた結果，処方箋なしで購入できるよう検討することが「第５次男女共同参画基本計画」に盛り込まれた段階にあります（2021 年 1 月時点）。

緊急避妊薬とは，性交後 72 時間以内に服用すれば高い確率で妊娠を避けられる経口薬です。WHO（世界保健機関）では必須医薬品に指定されており，世界約 90 カ国で医師の処方箋なしに薬局で購入できます。日本では 2011 年に認可されましたが，いまだに医師の診察と処方箋がないと入手できず，20 年にようやくオンライン診療による処方が始まったばかり。それでもオンライン診療をおこなっている医療機関はかなり限定的なのが現状です。

なぜこんなに日本は遅れているのでしょうか。半年で承認されたバイアグラ（ED 治療薬）の場合と比べると，緊急避妊薬にはジェンダーの問題が絡んでいるといわざるをえません。これまで厚生労働省の検討会で市販化について議論されるたびに「性教育が不十分」という理由で見送られてきました。女性のリテラシーが低いために，緊急避妊薬は医師による避妊指導とセットでなくてはいけないというのです（会議のメンバーのほとんどが男性です）。

しかし，2021 年現在，状況は待ったなしです。新型コロナ感染症が拡大してからは，生活の制限から 10 代の妊娠相談が急増しました。緊急避妊

薬は高いものでは2万円，ジェネリックでも6000円もかかります。海外では無料でもらえる国もあるというのに。ちなみに日本では経口避妊薬もまだ処方箋がないと入手できません。この「ピル後進国」をなんとかしようと20代～30代の女性が以下のような活動を続けています。
・「#なんでないの」プロジェクト
・NPO法人ピルコン https://pilcon.org

とは、発達障害のある子どもの母親特有の経験といえるだろう。そのような苦しみに、周囲や社会全体が耳を傾けるようにならなければならない。

しかし、本章では、障害のある子を育てる母親をどのように支えていくかという話はあえて支援論に譲ることにした。二人の語りには、障害児の母親研究で従来多用されてきた障害特性を起因とする葛藤だけではない、もっと身体的な、いのちを感じさせる響きがあり、そこを掘り下げたかったからである。

いのちに触れる語りの響きは、〝母性〟と呼ばれるものと非常に近く、私はうっかりすれば、そこに引き寄せられていた。しかし、母性幻想をていねいに解体していのちの問題に正面から（体を張って）向き合ったフェミニストの先達たちの言説によって、いのちとの近さは母親に生得的な心理だと思い込んでいた自分に、疑いを持つことができた。そのうえで、自分が感じた声の響きに最も近い解釈をした。

その結果、第3節で「境界線に立たされる母親」という表現をしたが、それでも、まだ、ジェンダー・バイアスから逃れられない私という人間による解釈であるといえる。近年の新たな潮流である新マテリアル・フェミニズムでは、母親と胎児を別個の存在とみなして境界線を引こうとする言説に対し、その境界の再検討を試みている。水島希は「羊膜は誰のものか」（二〇一九）という論考において、新マテリアル・フェミニズムの研究を紹介し、母体の免疫システムや母子の腸内細菌の物質的な事実から、母体は胎児に削りとられる存在ではなく、能動的な行為主体であることを論証している。今後、母親の人生を語る際にはこのような視点も重要であり、日常的に子どもか自分かに引き裂かれるような思いをさせられている母親にとっての、希望でもある。

自分の声を信頼する

最後に確認しておきたいのは、母親がいのちの境界線に引き戻されるという経験、引き戻す社会について、その問題点が具体的にはどうしたら多くの人に伝わるかということである。

女性であれ男性であれ、母親という人間を語るときに、語っている自分は誰なのかを自覚することは重要である。当事者として語っているのか、子どもとして語っているのか、支援者として語っているのか。とくに、心理学における母親言説の多くは知識人の男性によって語られ、女性はそれらの枠組みによって査定されてきた。このことは、母親の生きづらさに少なからず影響している。

私たちは、母性の経験を、まずは自分の直観を信頼して語ることから始めてみてはどうか。「そんなことはもうさんざん語られているよ」と笑われるかもしれない。しかし、語り尽くされたように見える母親という大陸には、足元をじっと見つめればまだ名前を知らない草が生えていることもある。「これはなんだと思う？」とそばにいる仲間になら声を出しやすい。自分の声も仲間の声も信頼し、何度も語り合うことで、母性の経験を表す言葉を紡いでいけるのではないかと思うのである。

用語解説

発達障害　乳幼児期から思春期の発達の過程で、認知、言語、社会性、運動機能の発達の遅れや偏りが生じ、それが生きにくさをもたらしているものを発達障害と呼ぶ。思春期までに気づかれることが多いが、仕事や結婚などを契機に成人期において気づかれるケースもある。日本では、知的障害、自閉スペクトラム症（ASD）、注意欠如・多動性障害（ADHD）、学習障害（LD）の四つをあわせて、発達障害と称されることが多い。一人の子どものなかで、この四つの特性が重なり合うことがしばしばあるが、どんな精神機能の発達が遅れているか、どの程度遅れているかの違いによって、診断名がつけられる。現在、アメリカ精神医学会の診断分類マニュアルDSM-5と、世界保健機関（WHO）の統計のための国際分類ICD-10が基準として使われている。

性別役割分業　性別によって役割や職務を分けること。その背景には「男性は～すべき、女性は～すべき」という性別役割規範がある。日本では「男は外で仕事、女は家事・育児」という考えが家庭内の役割分業に影響を与えている。家庭外においても、命令権・決定権のある職務には男性が就く傾向が強く、ケア要素の強い職務は女性が多く担っているのが現状である。

啓蒙思想　ヨーロッパで一七世紀末に起こり、一八世紀に全盛になった革新的思想。合理的・批判的精神にもとづき、中世以来のキリスト教会によって代表される伝統的権威や旧来の思想を徹底的に批判し、理性の啓発によって人間生活の進歩・改善を図ろうとした。活躍した思想家に、フランスのモンテスキュー、ヴォルテール、ルソーなどがいる。彼らの思想は、フランス革命に影響を与えたとされる。

優生保護法　一九四八年に制定され、優生思想にもとづき、中絶、避妊を合法化した法律。第一条に「優生上の見地から、不良な子孫の出生を防止するとともに、母性の生命・健康を保護することを目的とする」とある。一九九六年の法改正により、不良な子孫の出生防止にかかわる条項が削除され、法律名称が母体保護法になった。

分離・個体化理論　精神分析家であるM・S・マーラーが構築した乳幼児の発達理論。新生児が母親と母子一体で自他の区別がつかない状態からいかにして分化していくかを理論化した。正常な自閉期（〇〜一カ月）、正常な共生期（二〜五カ月）のあとを受け、分離―個体化期はおおむね五〜三六カ月の期間であるとされる。

ブックガイド

荻野美穂『女のからだ――フェミニズム以後』（岩波新書、二〇一四年）

一九七〇年代の女性解放運動のなかでも、一九七〇年代にアメリカで展開した「女の健康運動」と日本のリブによる優生保護法との闘いが詳細に描かれている。男性医師の管理下にあった性や生殖を女性の手に取り戻す運動の歴史書といえる。いまだ避妊用ピルが保険適用とならない日本の現状を理解するのに知っておくべき歴史である。

山根純佳『産む産まないは女の権利か――フェミニズムとリベラリズム』（勁草書房、二〇〇四年）

フェミニズムが掲げるリプロダクティブ・フリーダムとリベラリズムの権利概念は対立する。リベラリズムがフェミニズムにとって有効でないことを明らかにし、リベラリズムに修正を迫ろうとする、勇気ある書。そして、この書が著者の修士論文だということにも驚く。中絶問題に関心がある人の論点整理の参考にもなるだろう。

綾屋紗月・熊谷晋一郎『つながりの作法――同じでもなく違うでもなく』（NHK出版、二〇一〇年）

自閉スペクトラム症の身体をもつ綾屋と脳性まひの身体をもつ熊谷の共著。自閉スペクトラム症について教科書的なものを読んでもピンとこない人は、この本を読むことをお勧めする。当事者の身体感覚の「つながれなさ」を理解することは、生きづらさを理解する助けになる。

第9章　保育という仕事

母性的ケアと労働のはざまで

五十嵐元子

「家でまで保育士しなくていいんですよ」

ある保育者が自分の子どもが通う保育園の担任にそう言われてほっとしたという。保育者であることと母親であることは別だとわかっていても、その間で揺れ動く。

保育という仕事が、家庭領域にまで影響を及ぼすとは、この語りを聞くまで、思いもよらなかった。保育職はまぎれもなく専門職であるが、考えてみれば、子どもを育てるという点では家庭での育児と重なる部分が多い。しかし、それだけなのだろうか。

本章は、育児経験のある保育者（本章では幼稚園・保育園などで専門職として資格を有し保育する者）に焦点を当て、保育者であることと母親であることの間で揺れ動きながら、保育者としてのアイデンティティとそのキャリア（第11章参照）をどのように形作っていくのかを描きだし、あらためて保育という仕事について考えてみたい。

なお、本章で記す保育という言葉は、保育者が幼稚園・保育園といった集団施設の場で子どもを育てていくものとして、育児は親が家庭で子どもを育てていくものとして位置づけ、論を進めていく。

1　保育という仕事のイメージ

保育者養成校に入学した学生に、保育という仕事のイメージを尋ねると、自分たちが出会ってきた保育者の姿と結びつけて語ってくれる。たとえば「普段はすごく優しいけど、いけないことをしたときには真剣に叱ってくれた」「一人になって寂しくなったとき、そっとそばにいてくれた」など優しくて温かい、だけど厳しいときもあるといったイメージがほとんどである。さらに付け加えれば、ここに登場するのは女性の保育者である。保育についての学習をする前、入学したての学生が語る保育者像は貴重である。なぜなら、世間一般の人たちが抱く保育のイメージ（たとえば「女性的」で「母親代わり」に子どもの面倒をみる）に通じるところがあるからだ。

保育の資格とその名称

保育は長らく女性だけの仕事であった。保育に従事する者としての資格は、**保姆**ないし**保母**と呼ばれ、女性に限定されていた。なぜ女性だったのかといえば、子を育てる主たる役割が女性、すなわち母親だったことと関係する。保育者はそれに代わる者とされていたからだ。保姆・保母という名称が使われていたのも、その象徴だろう。

だが、この保姆・保母という資格の変遷は、戦前から戦後おおよそ三〇年の間、女性が仕事を得て、その社会的地位を向上させていくための労働運動でもあった。女性の仕事とされたのは、その労働運動の歴史の上に立つことを忘れてはならない（保育職の歴史については第7章も参照されたい）。

一九四七年、保姆は幼稚園教諭へ、九九年に保母は保育士へと名称を変えた。[1] とくに保育所で働く男性保育者は七七年に公的に認められ、保父と呼ばれていたが、九九年まで正式名称は保母のままだった。保母が「母」という語を使うかぎり、女性と結びつく。当時の男性保育者の「保母」という名称への違和感とその訴えを受け、九九年の男女雇用機会均等法が改正されたのを機に、性別とかかわらない保育士という名称を使うようになったのである（森合、二〇一四）。

女性に選ばれやすい職

とはいえ、保育職における男女比は圧倒的に女性のほうが高い。現在、保育現場で働く保育者は、女性が九五・八％を占め（福祉医療機構、二〇一九）、保育が女性の仕事といわれる理由の一つである。

小学生の女子や中学・高校の女子生徒の間でも、就きたい職業として、保育職の人気は高い。小学六年生の将来就きたい職業を尋ねる調査（クラレ、二〇二〇）では、女子が選ぶ職業として保育士が第一位に入り、高校生とその保護者への進路選択の調査（全国高等学校ＰＴＡ連合会・リクルート、二〇二〇）でも、保育系（保育士および幼稚園教諭）は女子高生が希望する進路の五位となっている。とくに後者の調査では、その理由に「子どもが好きだから」「保育園にボランティアに行き、子どもの笑顔がかわいかった」などが挙がる。娘の進路選択（第3章参照）に賛同する母親は「子どものお世話をするのが好きだった」とその理由を記入していた。

保育者養成校に入学してくる女子学生も「子どもが好き」「子どもの面倒をみるのが得意」といったこと

を理由にあげることが多い。そのなかには、自分を育ててくれた保育園や幼稚園の保育者に尊敬と憧れを持ち、あんなふうになりたいと将来像を描く者もいる。

このように保育職を選ぶ理由を見てみると、子どもへのポジティブな感情を持っていることと子どものお世話をすることに価値を感じていることの二つが共通し、それはそのまま保育という仕事に抱くイメージになるのかもしれない。さらに、保育職を希望する子どもや学生が園生活で出会ってきた保育者は、女性保育者が圧倒的に多いという現状からも、女性を連想しやすく、女子および女性に選ばれやすいのだと思われる。高校の進路指導時にも「子どもが好き」という女子生徒には、保育士・幼稚園教諭の資格取得ができる専門学校・短期大学・大学への進学を勧めやすいのかもしれない。

保育と母性的ケア

保育は、看護・介護といった他者へのケア労働の一つとされる。このケア労働は、家庭領域における旧来の性役割観にある女性役割の延長としてとらえられてきた（矢原、二〇〇七）。中田（二〇〇四）は、厚生労働白書にある「保育者」言説の変遷を分析したなかで「性役割分業で女性が果たす役割と考えられている『育児』は、保育者の行う『保育』と同一視される傾向にある」と述べている。つまり「男は仕事、女は家庭」

1　一九四七年保姆から幼稚園教諭へと名称が変更されると同時に、資格取得条件として女子を限定する文言がなくなるが、そのほかの教諭免許状（小学校や中学校）と比較すると、その賃金水準は低く、女性の資格取得率のほうが圧倒的に高かった。一方、保育士は二〇〇三年に国家資格として施行された。保育所だけでなく、乳児院、児童養護施設、障害児施設といった児童福祉施設全般で、子どもの保育に携わることができる資格である。

といった性別役割分業（第8章参照）が主流となっていた時代まで、保育者は母親代わりとして位置づけられており、保育という仕事は、家庭領域における女性役割の延長、いいかえれば母性的ケアとしてとらえられてきたといえるだろう。

中田（二〇〇四）によれば、一九八九年以降、それまで政府が「性役割分業を維持してきた家庭を理想として行ってきた政策を一転させ、性役割分業を否定」すると、今度は保育者を母親代わりではなく保育・育児の専門家と表現するようになったという。この頃から、保育職を女性向きの仕事というイメージから切り離し、かつ専門性のある職業だと強調したと考えられる。しかし、育児のおもな担い手がいまだ母親である日本社会において、保育者を保育だけでなく、育児の専門家と呼んでいるかぎり、母性的ケアという枠組みのなかにとどまったまま、保育が女性向きの女性ならではの仕事というイメージをなかなか払拭できないのではないかと思われる。

保育という仕事の特徴

保育が、女性向きの、女性ならではの仕事というイメージが根強くある背景を、その仕事の特徴から考えてみたい。垣内（二〇一二）は、保育の仕事の特徴について二つの側面に注目した。一つは「子どもたちを豊かに育てその発達を保障する」という側面、二つめは「子どもの気持ちに寄り添い、その人生を共有しケアする」という側面である。[2]

たとえば、一歳後半で出てくる子どもの「イヤイヤ」は、自我が芽生え、私とあなたの意見は違うということに気づくが、まだそれを言葉で表現できないために、反抗という姿で現れる。保育者であれば、この

「イヤイヤ」を自我の芽生えとしてとらえ、この先の発達を見とおし、子どもが「イヤイヤ」という態度ではなく、別の表現方法を見つけだしていけるように対応する。ここで、その発達を促していくために、保育者は、いったん、その子どもの気持ちに寄り添い、子どもの思いを言葉にしていく。簡単にいえば、保育者が行う保育という行為には、典型的な発達段階を客観的にとらえると同時にその子どもの内面的な要求や感情に共感し寄り添うという二つの側面が含み込まれている。

発達段階に関する知識やその判断は、保育の専門技術としてわかりやすい。一方、内面的な要求や感情に共感し寄り添うということを保育の専門技術として位置づけるのは難しいといわれている。なぜなら、家庭で親が行う共感や子どもへの寄り添いとどう違うのかがわかりにくいからである。

旧来の性別役割分業観にもとづく育児の代替としての保育は、女性・母親と結びつきやすいと先の項で述べた。そして、保育者の行う子どもへの共感や寄り添いは、育児と通じ、女性・母親を連想させやすくなっている。この連想がいわゆる保育のなかで保育職は女性向きだとするジェンダー・ステレオタイプと結びつく。女性・男性にかかわらず、共感や寄り添いはなりたつはずなのに……。

2　垣内（二〇一一）は「子どもの気持ちに寄り添い、人生をケアする」といった保育の仕事の特徴を「共感共生労働」と呼び、感情労働と結びつけて考えている。感情労働とは、社会学者のA・R・ホックシールドが提唱した概念で、専門的な知識や技術ではなく、感情をともなう相互的な交流にもとづいたケアを指す。日本では看護分野で発展し、現在、保育分野でも注目されてきている。

2 保育という仕事と家庭での育児の間で——女性保育者の語りから

保育という仕事が、家庭での女性的な役割の延長としての母性的ケアのイメージと結びつき、女性に選ばれやすく女性向きの仕事とされるなかで、実際に保育現場で働く女性保育者は保育と育児をどのようにとらえているのだろうか。

中堅期の女性保育者の葛藤と保育者としてのアイデンティティ

足立・柴崎（二〇一〇）は、保育者としてのアイデンティティがどのように作り上げられていくかを、保育歴をもとに五つの時期に分け、その特徴を述べている。そのなかで取り上げられる中堅期（保育歴三年〜一五年）は、保育者が自身の持つ保育観や理想とする保育と社会や自園で求められる役割とに折り合いをつけながら、自分なりの保育を作り上げていく時期とされている。その際、業務の多忙さとプライベートな出来事（結婚・妊娠・出産等）が引き金となり、保育者としてのアイデンティティが揺らいでいくことが示された。この揺らいだアイデンティティをふたたび統合していくためには、先輩保育者からの学び、管理職の理解、家族の協力が鍵となる。

女性保育者へのインタビュー

二人の女性保育者に養成校時代からいままでの出来事を振り返り語ってもらう**ライフストーリー研究**のかた

ちをとった。本節は、ライフストーリーを「人間が生きている人生の物語・生の物語・いのちの物語・生活の物語を、ナラティブ（語り・物語論）の立場からとらえるもの」（木戸、二〇一九）とし、聞き手と語り手との相互行為（インタビュー）をとおして構成していくものとする。インタビューの内容はＩＣレコーダーで記録し、それを逐語録化した。ここではその逐語録にもとづいて、就職後から現在までの語りに注目し、ライフストーリーを記述した。

Ａさんは私立幼稚園に一二年間勤め、退職。約一年後（二〇一〇年代半ば）に妊娠、出産した。途中で大病を患い、子どもを保育園へ預けながら、治療に専念した。四年後、私立保育園のパート職員として復帰した。現在四〇代前半であり、おもにクラスの補助的な役割を担っている。

Ｂさんはインタビュー当時五〇代後半で、入職から公立保育園に勤め続け、保育歴約四〇年のベテランである。現在、管理職に就き、園全体の運営と後輩保育者を育てる立場にある。Ｂさんが入職した当時はまだ保母資格の時代であった。Ｂさんが出産を経験したのは一九八〇年代後半で、七五年に制定された「義務教育諸学校等の女子教育職員及び医療施設、社会福祉施設等の看護婦、保母等の育児休業に関する法律」の適用であった。育休期間は一年間で、その間は無給であった。

Ａさんの場合

子どもは仕事を辞めてから　Ａさんは高校卒業後、私立幼稚園で助手として働きながら、夜間に保育者養成校に通い、資格をとったあと、そのまま同じ幼稚園に就職した。助手の時代から、先輩保育者の手伝いをするなかで、保育技術の指導を受けてきており、関係もよく、楽しかったという。

ただ、先輩保育者が独身で仕事を続けていることが多く、結婚している先輩保育者がいても、子どもを生み育てるために産休・育休をとる姿をAさんは見たことがなかった。担任を持ったら一年間、途中で辞めてはいけないという園独自のルールがあり、それがAさんにとって結婚や出産することを足踏みさせていたと語っていた。

A　子どもって辞めてからなんだなって、思っていた部分もあったし、正直、そのときはそうだなって自分も思っていました。そういう園で育っていたから、（途中で）辞めるのは悪なんだって。思っちゃっている部分があったから、え？ って思うことはなかったんですよね。

――筆者（以下――と記す）産休とか育休とか制度ありましたよね？

A　そのとき、制度としてあったんだろうけど、たぶん、そこでそういうのが使えるってわかったとしても、実行はできなかったと思うんですよね。環境がそういう感じじゃなかったので。

Aさんがその園で働いていたのは、すでに「育児休業制度」が法律で定められていた時代である。だが、それを利用する以前に、園独自のルールによって、結婚や出産を考えること自体、はばまれているような雰囲気が感じとれた。Aさんは養成校時代からこの園で働き続けていることもあってか、そういうものなのだと当たり前のこととして受け入れていた。

一二年のときが過ぎ、そろそろ結婚して、子どもが欲しいなと思ったという。それはこの幼稚園を退職することを意味していた。

パート勤務への期待と実態　Aさんは、出産後、自身の病気がひとまず落ち着き、生活のために働くことを決心する。幼稚園で働いていたときの経験を生かそうとパートで保育園に勤め始めた。患った病気の後遺症で定期的に病院に通わなくてはならず、休むことがあると、採用面接で申し出たときのことである。

A　私が入るときにパートが多いから休めるわよって。子どもが病気になったときは行ってあげて、だからパート増やして、行けるようにしてるのよって。でも、いい顔はしない。しょうがないってわかっていても、ちょっと後ろめたいんですよね。だから休みとりづらい。

職場に迷惑をかけて申しわけないという気持ちの一方で、採用面接のときの話と実際が違っていたこと、さらに一緒に働くパートの同僚も同じ思いを抱えていたことを知り、憤りを感じていたようだった。そして、声をあげても、聞き入れられず、職を追われて稼げなくなってしまうことを恐れ、諦めるしかないという空気がパート職員たちの間に漂っていたという。それでもAさんは「子どもがかわいく、子どもに罪はない」という気持ちで勤め続けた。

保育と育児はまるで真逆　保育と育児の違いについて尋ねると、Aさんは、次のように語っていた。

A　子どもを産んで、保育と子育て（育児）って全然違いますね。真逆です。やっぱもっと余裕を持ってできると思っていたし、保護者の方にも「先生は慣れているからいいよね」と言われるんですけど、私も（子どもを産む前は）そう思っていたんです。

――どう違うんでしょう?

A　なんか愛情も、自分のなかでの愛情も、考え方も同じなのに、違うんですよ。なんか、なんだろう。どこかで第三者というのがあったんですよね。自分は気づかなかったけど、自分はつねに自分の子どもではないけれど、この子のためにっていうのはあったけど、あくまで第三者だったというのはあって。

――(第三者というのは)保育している子どもたちに対してですね? 自分の子どもとなったら全然違うじゃないかって感じた……。

A　こういう職業というのもあるのかもしれないけど、しっかりさせなくちゃとか、うーん、世間に出て恥ずかしくないようにって思う。なんでこんなことできないの? って子どもには思うのに、クラスに入って(自分の子どもと)同じような月齢の子どもに出会っても、気持ちに余裕があるの。ああ、いま、できなくてもいいじゃんって思っちゃう。同時に起こるのは変な感じです。

Aさんは、子どもを産む前、これまで多くの子どもを保育してきたという経験から、子どもとのかかわりに、ある程度の自信を持っていたのだと思われる。しかしながら、いざ育児をしてみると、余裕がなくなっている自分に気づく。そして子どもを大切にしたいという思いは同じだが、園の子どもと我が子では、距離の取り方が、「真逆」であると意味づけていた。つまり、冷静で第三者的に子どもを見ていられるか否かによると。

この違いについて、Aさんは、冒頭に「こういう職業というのもあるのかもしれないけど」と表現し、自分の心のなかで起きていることを理解しようとしていた。その語りからは、保育という仕事をしているからこそ、しっかり育てなくてはいけないというプレッシャーが、我が子に対して冷静でいられず、余裕をなくさせてしまっていると考えられた。

保育の専門性――育児との比較から

では、Aさんは、保育の専門性についてどのように考えているのか。まず、自分の子どもを育てるよりも、クラスの子どもを保育するほうが、気が楽であるという。それはクラスの子どもに責任がないわけではなく、先述した「保育と育児はまるで真逆」のなかで出てきた子どもとの距離のとり方が影響しているようだった。

A　（育児でも）そうすればいいのに、ってわかっているのに、実際に言葉だったり、態度であったりが違うんです。自分の子どもに対しては、どうしても正解から入っちゃう。なんで、どうしてとか、わかるでしょとか、なっちゃう。園では私はそうだよねって共感できるけど、自分の子どもに対しては共感ができなくて、でも心のなかでは共感したほうがいいってのはわかっているから、だから反省するというか。

――その後で反省して……。

A　園の先生とかのほうがそういうの陥りやすいんじゃないのかなって。変にわかっちゃう。発達を見とおしてしまっている分、たぶん、なんかあるような気がします。

――わかっている分、先を思ってしまう……、いま、客観的に語れるようになっていると思うのですが、わかっていることと実際は違うんだって。

A　まだ、やっていけてないですよね。毎回、反省ばかりで……この子自身をしっかり理解してあげないと思ってはいても、保育というところではできても、子育ては別なんです。

Aさんは、発達の見とおしがわかることと子どもへの共感といった言葉を繰り返しながら、保育と自分の育児とを比較し、その過程で保育の専門性とは何かについてもAさん自身のなかで明らかになっていくようだった。そこから、子ども自身の発達を理解し、そのときどきの思いに共感するといったことが保育の専門性の中核であり、子どもの発達を大人の思いで引っ張り上げていくことではなく、理解を示し、支えていくというところに保育者の役割があると考えていることが伝わってきた。

Bさんの場合

先輩保育者の姿から学ぶ

Bさんは、多くの先輩保育者が産休・育休をとって職場復帰していたので、自身も「そうやっていくのが当たり前」であると思っていた。また、Bさんの母親も働いており、自分も保育園で育ってきたこともあり、辞めることは考えもしなかったとのことだった。先輩保育者から、保育観と保育技術だけではなく、産休・育休後のふるまいも学んだという。その一例として、職場復帰した直後、園内の職員一人ひとりにお礼をしに挨拶にいくという慣習を挙げ、次のエピソードが語られた。ある日、職場復帰してきた先輩が、一人の保育者に挨拶をしそこなって、ちょっとした騒ぎになったのである。

B「私には挨拶がないって言っている人がいる」っていうのが、その先生（職場復帰した先輩保育者）の耳に入って、で、それは誰だっていうことになって。そのとき、Q先生（別の先輩保育者）が「あなた誰に挨拶したの？」って言って「この人にはした、この人にはした…」「あ、この人にしていない！」っていうのがわかって、すぐに行って……。

Q先生は、このお礼参りの慣習を知っており、挨拶に行かないと大変なことになると懸念したのだろう。職場復帰した保育者に確認していると、数人の保育者が集まってきて、一緒にその確認作業につきあっていた。この姿を見て、Bさんはそんなことまでするのかと感じながらも、自分も育休明け、職場に復帰したときは挨拶に行かなくてはならないと思っていたという。実際に育休明けで職場復帰した直後、保育者一人ひとりに挨拶をしにまわったとのことだった。

肩身の狭い思い——仕事と育児

Bさんは子どもを産み、一年後、職場に復帰したが、待っていたのは、管理運営する側の園長によるシビアな対応だった。

B　（自分の子どもの）送り迎えがありますよね。あのときは五時までの勤務だから、五時で帰るんです。お迎えがあるから。そうすると、そのときの園長に「まったくこれだから子持ちは仕事できないのよね」って後ろで言われてるんですよ。

——……そうなんだ……。

B　あと、子どもが熱が出たって、電話して、夫とどっちが休みとる？　っていうやりとりをしますよね。私なんかは母親がその頃、まだ元気だったから。でも、母親でもダメなときに、「すみません」って電話すると、もうなんか冷たくてね。最後までこちらの言うことを聞かずにがちゃんて電話切られるの。

——え？

B　電話切ったあとに、泣きましたよ。涙、出てきますよね。でも、そのとき、（子どもを）おんぶして、ぎゃーぎゃー泣いているなかで、必死で電話していたんです。

――やっぱり、あるんですね。

B　あの頃はね。いまはないです。

保育園は子育てを支援する役割を持つにもかかわらず、そこで働く者に対しては支援的ではない。職場に大切にしてもらっていないという感覚は働く気力を失わせてしまう、そう感じたBさんや同年代の同じような経験をした保育者たちは、自然と後輩たちに同じ思いをさせないように配慮していった。そのようになれたのは、職場内で育児をする保育者が孤立しているわけではなく、共同戦線を張る同僚に出会い、厳しい状況を切り抜けてきたという思いが大きいのかもしれない。

B　（先輩だった）X先生もうちの子より四つくらい上の子と保育園に通っている子どもがいまして、それで「帰るわよ！　五時になったら帰るわよ！」って、私を誘ってくれるんです。だから、ばーと着替えて、同じ路線だったから、自転車をビュンビュン飛ばして、最寄り駅まで。「一三分に乗るから！」って。五時一三分ですよ（笑）。そうすると六時前にお迎えに行けるんです。

Bさんは先輩のX先生に半ば引っ張られるように定時に園を出ることで、後ろめたさが半減していった。日誌を記入するなど、子どもと直接かかわらない業務も時間内に収めるよう必死に努力したという。子育てをしながら仕事を両立する厳しさを同僚と支え合ってすごせたことが、仕事を続けていくことにつながり、職場の雰囲気をも変えていけたのかもしれない。

保育者だからという思い込み

Bさんは、我が子を保育園に預けて、育児をしていたときのことを振り返り、「本当にあの頃、娘にはかわいそうなことをしたと思う」と付け加えながら、次のように語った。

B 「Cちゃん、おしゃべりは上手だけど、おしっこはまだ……遅いんだよね」って園の先生に大きい声で言われて（苦笑）。そんなに大きな声で言わなくてもいいじゃないって。だから、必死になっちゃいました。

冷静に考えれば、おむつがとれるまでには個人差があることを知っていたはずなのに、そのときBさんは、自分の子どもが通う園の保育者の言葉に引っかかった。そのことがきっかけで、家庭でトイレット・トレーニングを厳しくするようになってしまったのである。

B 保育士の子どもっていう変なプライドがありますよね？ 保育士の子どものくせにって、そういうふうに見られているのかな？ って勝手に思い込んでしまって。

Bさんの子どもが通っていた園は、当時、おむつは一歳児クラスの間にとれるように指導するという方針をとっていた。Bさんはその方針が自身の保育観と異なっていることもわかっていた。それにもかかわらず、自分の子どものことで指摘されてしまったことや、お迎えにくる親にも聞こえそうな大きな声で言われ、保育者としてのプライドが傷ついたのであろう。以来、自分の子どものできないところに気づけば、なんとかしようと必死になった。そのような気持ちで二年間がすぎた頃、ある保育者との出会いをきっかけに、周囲のまなざしや自分の思い込みに気づかされていく。

B　三歳で会った先生と個人面談やっていて、なんの相談をしていたのかは覚えていないんだけど、そのとき、「お母さん、家でまで保育士しなくていいんだよ。お母さんはCちゃんの保育士じゃないでしょ」って言われて、肩の荷が下りたというか。ああ、いいんだ。これができなくたって。そっから、楽になりました。

このエピソードは、Bさんが保育者と母親という立場の違いを明確に分けて考えるようになったきっかけになっていた。同時に「子どもとかかわる専門家である私は、自分の子育てもうまくできて当たり前という幻想（呪縛）」から解放された瞬間だったと思われる。

保育の専門性——子どもたちの関係を育てる

それではBさんは保育の専門性をどのようにとらえているのか。彼女は、自分自身が実践してきたなかで最も影響が大きく、その後の保育観の原点にもなったエピソードを語っていた。

B　育休明けにもったクラスが、障害やそのほかの支援が必要な子どもが三人いて……三歳児クラスだったかな。あのときはどうしようかと思って。毎日、てんやわんやで、一人があっちに行ったと思ったら、もう一人は別のところに走って行くし……。年度が終わるころ先輩に「よくやったよ。三人の支援が必要な子どもがいても、クラス一人ひとりを大事にしてた」と言ってくれて、それが嬉しかったのをいまでも覚えてます。

Bさんは、このあと、保育を展開していくにあたって、クラスにいる数十人の子ども一人ひとりの思いを大事にしながら、ときに自分も本気で遊び込み、子どもたちと向き合ってきた。そして、前述のAさんと同様に、自分の子どもを育てることよりも、クラスの子どもを保育することのほうが楽だと話す。

B　なんで、自分の子どもよりもクラスで保育するほうが、気が楽なのかなって考えてみたんですけど、やはり保育園だと、お昼ご飯は調理の職員が用意してくれるし、子どもの体調面は看護師がみてくれる、掃除や用具の整備なんかは用務職員やアルバイトがやってくれる、そうやって保育者が子どもと向き合っていけるような場がちゃんと揃えられているから。子育て（育児）は家庭のことも含めて夫と分担はしてもやらないといけないことが二重にも三重にもある分、余裕がなくなります……。

保育園での保育は、他職種とのチームプレイでなりたっており、保育者が子どもと十分に向き合える時間と場が用意されている。そこが家庭との違いであることに触れながら、保育の専門性を次のように語った。

B　だからね、子ども一人ひとりの思いを大事にしようといつも思っているし、そこからクラスの子ども同士がどうかかわって認め合っていくために（保育者が）どうするかですよね。前にも——さん（筆者）と一緒に実践研究したときにも話しましたよね。「クラスをまとめようとしなかった。子ども同士をつなぐ」んだって。やっぱりそこだと思うんです。

このBさんの「やっぱりそこ」という言葉は、彼女が大事にしたい保育の専門性のことを示している。つまり、子ども同士がかかわり合いながら、互いの思いを認め合っていくような仲間関係を作っていくために何が必要なのかを考える、それが保育の専門性と感じているのであろう。Bさんが、日々の先輩保育者とのやりとりをとおして学び、多くの研究会で実践を報告して振り返り、実際の子どもへの保育で試行錯誤するなかで、獲得してきた実践知でもある。

3　母性的ケアとキャリア形成との葛藤から再考する保育の専門性

Aさん、Bさんのライフストーリーから、①保育者として中堅期を迎え、結婚・妊娠・出産に際し、どのようにキャリアを選択し継続していくのか、②出産後の保育という仕事と育児における母性的ケアをめぐる葛藤、③その葛藤から立ち上がってくる保育の専門性の三点が、保育者としてのアイデンティティとキャリアを形作っていくことと関係しているように思われる。

キャリアの選択と継続──園の雰囲気やロールモデルの先輩保育者から学ぶこと

Aさん、Bさんの語りから、結婚・妊娠・子育てに関して、自身がその立場になる前から先輩保育者の姿を見て、選びとる道や職場復帰後のふるまいを学んでいることがわかる。

Aさんは結婚や子育てをするなら退職するしかなかったが、当時、そのことに疑問は抱いていない。「先輩保育者たちがそうだったからそれが当たり前」と思っていたからだ。その園が周囲とは違っていたと知るのはその後、パートに出てからである。

それに対して、Bさんは職場復帰の際に、周りへの気づかいの一つとして、お礼参りという慣習があることを、先輩保育者の姿から知る。それだけではなく、そこで何かあっても、保育者同士で支え合い、切り抜ける経験をしている。この職場内でのつながりによって、後輩保育者たちが少しでも職場で安心して働けるようにしたいという思いを強くしていったと思われる。

ここで注目したいのは、AさんとBさんとでは、職場内の人間関係のあり方が全然異なっている点である。

コラム8
コロナ禍での保育

2020年4月，新型コロナウイルスの影響で，日本政府は緊急事態宣言を発令し，そこから1カ月強，感染拡大を防止するため，外出自粛を国民に要請。エッセンシャルワーカーと呼ばれる人たち以外は，リモートでの労働を求められました。

保育士はそのエッセンシャルワーカーである。保護者の子どもを保育し，リモートで仕事をする家庭へも個別に対応するなど，業務負担が倍増し，普段以上に労働状況が過酷なものになりました。

実際に通ってくる子どもの数は減少したけれども，通常体制の保育を大幅に変更せざるをえなくなり，年間の保育目標と行事予定，それにともなう保育内容を急遽変え，それに加えて感染予防対策です。ある保育者は「保育をしに行っているのか，消毒しに行っているのかわからなくなるほどだ」と話しており，通常でも保育現場では，ウイルスの感染対策をしていますが，それ以上の対応を求められました。

一方で，園への登園を控え，家庭で生活していた親子には，個別に電話連絡したり，園のHPにPDF化した手作りの絵本や家庭でできる簡単な遊びの紹介を掲載し，Zoomなどで交流をとったりと，子どもと保護者の生活を守るべく支援をしていました。各園でできることを保育者一人ひとりが意見を出し合い，考えていったと聞いています。

5月半ばをすぎ，緊急事態宣言が解除され，登園する子どもが徐々に増え，通常の人数へと戻ったあとも，新型コロナウイルスの脅威が過ぎ去ったわけではなく，いかに3密を避け，子どもたちが安心して園で生活できるようにするかという工夫が必要とされています。送迎時の場所，おもちゃの選定と消毒，普段する遊びの見直し，食事をするための環境設定……挙げたらきりがありません。

　保育の仕事も新型コロナウイルスと正面から向き合い，子どもと保護者の生活を支えていることを多くの方々の記憶にとどめておいてほしいと願っています。


　Aさんが働いていた私立幼稚園は、先輩保育者は後輩保育者に保育技術の指導はしても支え合うという雰囲気ではなかった。後輩保育者が先輩保育者のメンツを保つために、とにかく気をつかったと話していた。系列園内での異動もそれほどなく、メンバーは固定的である。また、研修や研究会で外部の園と交流する風土がなく、閉鎖的であった。

　Bさんの園は公立園ということもあり、職員の異動があり、人間関係も固定化せず、流動的である。園長や主任が変わるとガラっと雰囲気が変わる。また、外部の研修会や研究会に参加する時間が保障されており、異なる地域や私立保育園と交流する機会があった。そこで園外の社会的状況や保育のあり方を学び、自園へ持ち帰って、職員同士で話し合うという関係ができていた。

　Aさんが勤務したような私立園では、このような人間関係を支える勤務のあり方はさまざまである。一方、公立園のあり方はBさんの園と共通することが多いと思われる。しかしながら、現在は、公立園も、長時間保育を取り入れていくなか、人手不足の状況で、勤務時間帯も多様化し、職員同士で話し合う機会も減っていると聞く。保育者としてのアイデンティティの揺らぎを感じ、専門性を確立していく時期、職員同士のつながりは支えとなる（足立・柴崎、二〇一〇）。Aさんのようにパートで非正規の職員の場合にも、仕事と家庭を両立しながら、その専門性を確立するには、職員同士のつながりは欠かせないだろう。

保育者という立場と母親という立場の間で

Aさんも B さんも保育者として働く一方、我が子を育てる母親である。一般的には、Aさんの語りにも「周りの保護者からは『先生は慣れているからいいよね』と言われる」とあるように、保育者であればその知識と技術を生かし、我が子とのかかわりもお手のもののようにとらえられているかもしれない。だが、実際は異なっている。

彼女たちは、「自分は保育者」なのに「我が子とうまくかかわることができない」という、自分自身のキャリアと育児の難しさの間で葛藤を覚えていた。自分自身がこれまで保育者として仕事をしてきたという自負もあっただろう。それ以上に、周囲の人々の目に映る「子どもとかかわる専門家である私」を意識し、自分の育児に余裕がなくなり、焦燥感に駆られていた。

一方で、保育者として仕事をしているときには、B さんが当時の園長に「これだから子持ちは仕事できない」と言われたように、今度は子育てをしている母親の立場に引き戻され、管理職から評価されてしまう。つまり二人は、家庭における育児では「保育者である自分」を、仕事における保育では「母親である自分」を意識させられ、自分がどの立場をとればいいのか、見失った状態に陥っていった。いいかえれば、仕事と育児における母性的ケアをめぐり、その違いに自分が引き裂かれそうになる体験をしていたと考えられる。

このように二人は、保育者としての立場と母親としての立場に葛藤しながらも行き来し、同時に保育する子どもたちと向き合うかたわら、我が子とのかかわりにとまどいを覚えつつ、「保育と育児は違う」ということに気づいていく。そしてその先に、二人は保育者としてのアイデンティティを構築し、自分たちなりの保育の専門性を形作ってきた。

Aさんは「保育と育児は真逆」と位置づけ、「園で見る子どもを第三者的に見ることができる」と言っていた。自分の感情に流されずに、一歩引いたところで、子どもの気持ちに寄り添うことができるのは、保育者だからである。Bさんの場合は、周囲に自分が保育者であると見られている、つまり、世間一般のイメージと実際の育児をする自分とのギャップに悩んだ末に、我が子が通う保育園の保育者からの言葉がきっかけで、保育と育児が異なることに気づいた。

二人の語りを見ると「保育者＝育児の専門家」という図式はなりたたない。保育の専門性は育児とは別のところにあると筆者は考える。

保育の専門性とは何か？

近年、保育の専門性に関する研究が急増している。それは、保育者の仕事が専門職であることを、社会に広く認めてもらおうという思いによるところが大きい。周知のとおり、保育現場は過酷な勤務実態があるにもかかわらず、その賃金が低く、人手不足が問題となっている。その背景には保育の専門性への評価の低さが根底にある。現在、行政は保育者の処遇改善とキャリア・アップの方向に舵とりし始めたが、どれだけの効果があるのかはまだ定かではない。

本章は、保育の専門性を、育児・家庭の延長としてとらえられがちな世間一般のイメージと向き合い、二人の女性保育者の語りから「保育者＝育児の専門家」という図式に疑義を申し立てた。加えて、保育と育児は違うという気づきが、二人の語りにあるように保育の専門性をあらためて考える契機となり、保育者としてのアイデンティティを構築していくことにつながっている。

たとえば、Aさんは、保育の専門性について、一人ひとりの子どもの発達を理解し、次の見とおしを持ちながら、子どもの育ちを支えていく役割を見つけ出した。また、Bさんは、一人ひとりの子どもの思いをとらえ、クラスにいる子どもたち同士の関係をつなぐ役割を保育の専門性として重視している。誤解がないように付け加えると、彼女たちは子どもたちの着替えや食事、排泄といった家庭におけるケアと保育場面でのそれを軽視しているわけではない。ただ、保育の専門性を問われたとき、子ども集団を前提にした発達の保障に重きをおいていると考えられる。

コラム９
保育教諭という新たな名称——幼保連携型認定こども園の職員名称

2015年「子ども・子育て新制度」がスタートし，同時に「認定こども園法」が改正され「幼保連携型認定こども園」が創設されました。幼保連携型認定こども園とは，学校教育法にもとづく幼稚園と児童福祉法に基づく保育所の機能を統一させた施設です。そこで働く職員のことを「保育教諭」と呼び，幼稚園教諭免許と保育士資格の両方を持つことが条件になっています。

幼保連携型認定こども園は，内閣府から発行されているパンフレットを読むと，幼稚園と保育所の機能を併せ持つものであるとされています。ですが，保育所が幼稚園で行う環境や遊びをとおした教育をしていないかというと，そうではありません。逆に幼稚園も預かり保育や未就園児クラスを設け，保護者のニーズに柔軟に対応しようとしているところも少なくありません。したがって，幼稚園は教育的，保育所は託児的と単純に切り分けて考えることに筆者は賛同しかねます。

もともと「保育」という言葉は，明治時代，幼稚園が誕生する前後に作られました。以来，幼稚園や保育所では，子どもに対する働きかけ全般を「保育」と呼び，子どもの養護と教育的な営みを含み持つものとされてきました。狭義には「保育」と「幼児教育」を分けて使うこともありますが，学校教育法（第22条）と児童福祉法（第39条１項）では，幼稚園，保育所ともに「保育」することを目的としています（汐見ほか，2017)。つまり「保育」という言葉が，養護と教育という両方の側面を持ちあわせ，切り分けて考えることが非常に難しいことを示しています。

今回，幼保連携型認定こども園で働く職員を「保育教諭」と呼んだのは，保育士資格と幼稚園教諭免許をあわせた職名というだけです。しかし，この名称によって，保育士が行う「保育」と幼稚園教諭が行う「幼児教育」が逆に別物であるという印象を与え，元来「保育」が持っている養護の機能を弱体化させるなど「保育」機能の変質をもたらすことになるのではないでしょうか。

少子化が進むなか，園児を獲得しようと，小学校での教科学習を先取りするような文字の読み書きや計算，外国語，体育といった知育重視のプログラムを提供しようとする動きが目立ってきたように感じます。このようなプログラムが乳幼児の教育であるという誤解を招かないためにも，保育の場で大切にされてきたこと（たとえば，「幼稚園教育要領」や「保育所保育指針」にある「生涯にわたる人格的形成の基礎を培う」）を，保育系の職を希望する高校生やその保護者，進路指導を担当する高校の教諭，保育者養成校に入学してきた学生たちをはじめ，多くの人たちに知ってほしいと思います。

第7章にあるとおり「保育所保育指針」「幼保連携型認定こども園教育・保育要領」「幼稚園教育要領」において、保育者には保護者の支援者として、保護者の育児を指導する役割が課された。この三つの指針・要領の解説書によれば、この「指導する」という言葉の意味合いは、一方的に保育・育児技術をアドバイスするものではなく、保護者のおかれている状況を理解し支援することとされている。そうだとしたら、どうして「指導する」という言葉を使うのか。それは、指針や要領を作成した行政側が、保育と育児の違いをあまり意識せず、保育者であれば、有効な育児のスキルを教示することができると安易に考えているからではないだろうか。本章で取り上げた二人の女性保育者は、保育と育児は違うといいきった。そのような認識があるからこそ保育者は、目の前にいる保護者に対して、一方的に育児の方法を「指導する」のではなく、家庭における子どもの姿や保護者の育児について話を聴いたうえで、園での子どもの様子や保育について伝えていくことができるのだろう。このことが、保育者と保護者との間に、双方向的でかつ対等な関係を作り出し、第7章で言及されているようなパートナーシップへつながっていくと考えられる。

最後に保育現場における圧倒的多数の女性保育者側から「保育と育児は違う」という気づきを得られたことは、保育の専門性に関するこれまでの「女性に向いている」というジェンダー・ステレオタイプから脱却するきっかけを与える。青野（二〇〇九）は、男性保育者の保育観を取り入れることにより、伝統的な「保育者」のイメージを変え「保育者」定義を再編することにつながると述べた。そこでは、男性保育者が、女性保育者とともに働くなかで、男性的役割と女性的役割の違いに葛藤しつつ、融合させ、個性を生かした保育を作り上げていくことが示唆されている。保育職が、ジェンダー・ステレオタイプから真に脱却し、性別を超えた専門職となるには、今度は女性保育者側から男性保育者とのかかわりをとおして、保育とは何かを考え、再定義する必要があるであろう。これは今後の研究課題としたい。

用語解説

保姆　幼稚園教諭になる前の名称で、正式には「幼稚園保姆」という資格名であった。一九二六（大正一五）年幼稚園令で、女子に限定された資格として、法的に認められる。その後、一九四七（昭和二二）年に公布された学校教育法で、保姆の名称はなくなり、幼稚園教諭となった。当時の記録を見ると、誰でも免許を取得できるとされ、このときより、男性の幼稚園教諭も認められたと思われる。

保母　保育士になる前の名称。一九四七（昭和二二）年一二月、児童福祉法の制定において保育所（託児所）が児童福祉施設の一つとして位置づけられる。翌四八（昭和二三）年の児童福祉法施行令第一三条で「児童福祉施設において、児童の保育に従事する女子を保母」として、資格化する。一九七七年改正で男子にも準用された。

ライフストーリー研究　質的研究法の一つで、インタビュー形式の調査を行う。インタビュイーとインタビュアーが対話をとおして、インタビュイーが語った日々の生活で経験してきた複数の出来事について、意味づけ、解釈し、インタビュイーのライフ（人生・生・生活・命・生き方など）をストーリー（物語）として、生成していく。類似した研究方法にライフヒストリー研究（第13章参照）があるが、この手法が社会的な史実とその人のライフを照合し、時系列で記述されるのに対し、ライフストーリー研究は、時系列的な記述に力点がおかれていない。あくまでも語られた出来事をインタビュイーがどのように意味づけているのかで、ストーリーを筋立てていくかに目を向けていく。

ブックガイド

宍戸健夫『日本における保育園の誕生――子どもたちの貧困に挑んだ人びと』（新読書社、二〇一四年）

日本における幼児教育史は、一八七六年（明治九年）、東京女子師範学校付属幼稚園に始まるといわれている。その幼稚園が設立された経緯から、公立保育園設立までの歴史を、当時の資料や写真も含めて紹介している。保育所が貧困家庭へのケアと幼児教育の役割を担うようになった原点と歴史的展開、生きた人々の息づかいが、いまを生きる私たちにも伝わるような著書である。

垣内国光・善基祐正・川村雅則・小尾晴美・奥山優佳『日本の保育労働者――せめぎあう処遇改善と専門性』（ひとなる書房、二〇一五年）

制度や社会的状況と保育労働に関する歴史的な経緯を踏まえつつ、現在の保育者たちの労働実態に関して、調査データをもとに描き出し、保育者の専門性について考察している。保育の市場化が進むなか、保育者たちの労働環境を守らなければ、保育の質は上がりようがない。保育に関する理論や実践技術とはまた別の角度から保育者の専門性を学ぶことができる。

Ⅳ

社会のなかで生きぬく女性たち

第10章　女性が女性を支援すること

支援される者との対等な関係は成立可能か

沼田あや子・五十嵐元子

女性が女性を支援する機会は多い。そこには同性だと共感しやすいという心理はあるのだろうか。あるいは、女性同士だと対等な関係になれるのだろうか。もしも、支援者が自分自身のジェンダー観や偏見に対して無防備でいるとしたら、女性としての個人的経験は連帯を生む一方で分断にも作用しうる。しかし、支援者が個人的経験を語り合う機会はほとんどない。

本章では、支援する者と支援される者との対等な関係をめぐって、これまで専門家として語ることがためらわれた女性支援者の心理を、支援者へのグループ・インタビューのなかで意識化し、言葉にしていく。

1 「対等な関係」への疑問

対人援助において、支援する者と支援される者が対等な関係を築くことが重要である。このことは支援する者であれば、当たり前のこととして認識されている。だが、実際の相談場面を振り返ってみると簡単なことではない。

相談中に専門家が感じ、考えていること

子育て支援施設の相談業務では、年に何回か出会う母親の典型的な悩みに次のようなものがある。

ちゃんと躾けないとならないのに義母が甘やかして……子どもの言うこと全部聞いちゃうんです。これまでやってきたことが夫の実家に帰るともう台無し!! ああ、どうしたらいいのかわからない。何かよい策はないでしょうか?

このような相談に対して、心理相談員は何をどのように感じているのだろうか。たとえば、心理師の資格をもち、相談歴も五年を超えるAさんとBさんは、悩みを口にする母親を目の前にしながら、こんなことを心のなかで感じているかもしれない。

A　ああ、この前も同じような相談があった。でも、よく耳にする嫁姑問題は私には経験がない。ゆえに実感をもって共感できない。それでも、自分の思いを吐露した母親の立場に自分を投げ入れ、必死に感じとろうとする。その一方で、「夫と相談して実家に行かなきゃいいじゃん」なんて言いたくもなってくる。ダメダメ、私は心理相談員なんだから、まずは傾聴して、この相談主訴の背景には何があるのかを読みとらないと……あれ、共感はどこにいった？

B　専門家でもあり二児の母でもある私は、「わかる！　たまの休みに夫の実家に行くのも大変なのに、そのうえ日頃の苦労を台無しにされるなんて頭にくる」と心底腹を立て、思わず「そういうとき夫はかばってくれないの？」と言いたくなるが、いけないいけない、私は心理相談員なんだから、家族を分断するようなことを言ってはいけない……でもこれ以上妻だけが努力するなんておかしい……だめだ、やっぱり腹が立つ。

この二人の例にあるように、同じ心理相談員という立場であっても、母親の話を聞いたときに感じうることは、子育ての経験の有無から立ち上がる価値観によって異なっている。Aさんは母親への共感的な理解にたどりつけず、自分の思いと葛藤しながら、相手の話に耳を傾ける専門家であろうとする。Bさんは母親への共感の度合いが高いがゆえに自身の感情を揺さぶられつつも、専門家としての自分が発する言葉によって導かれる結果を懸念している。

二人に共通するのは、母親との関係のなかで、専門家として有効な解決策を助言することに先走り、専門家のほうが上といった上下関係になってしまわぬよう細心の注意を払い、母親に共感することで対等な関係であろうと努めているところである。この対等な関係への配慮はどこから生まれるのだろうか。

対人援助職の共通認識として植えつけられているもの

対人援助の専門職は、保育士、看護師、保健師、社会福祉士、介護士、心理師と、その専門性は多岐にわたる。かつ対応する事柄（保育、子育て支援、虐待予防と対応、介護など）も多様であるが、援助する者すなわち支援する者は、支援される者との関係性に注意を払っているという点で共通する。

対人援助に携わる専門家（支援する者）は、支援される者との関係において、専門性をかさに権威を振るわず、支援される者の意見を尊重し、一方的な支援を講じてはいけないと徹底的に教育される。つまり、支援する者と支援される者との関係は、どちらかが優位な立場に立つというものではなく、対等なものであるというイメージを強く抱かされ、ここに疑問をもつことは少ない。

心理学的支援に注目すると、女性が女性を支援するとき、男性が女性を支援するとき……など、ジェンダーによる差異については、専門教育のなかで、あまり言及されないのが現状である。では、これまで臨床心理学の歴史において、支援する者と支援される者との関係についてどのような理論が展開されてきたのだろうか。

支援する者と支援される者との関係――臨床心理学分野での取り扱い

精神分析

精神分析学の創始者ジークムント・フロイトは、神経症の治療の方法として、患者に自由に連想したことを語らせるという方法を開発した（藤山、二〇〇八／二〇一〇）。それは、患者を催眠状態にする治療方法が行われていた時代において、患者の内面で抑圧された考えを言語化させるという画期的な方法であった。しかし、患者は神経に異常をきたした人、治療者はその精神を治療できる人という二者の立場は明確であった。患者は寝椅子に横たわり、治療者は患者の視界に入らない位置で話を聞くという方法は、両者の関係の非日常性を表している。

治療者は患者の無意識を投影する対象であったが、有名な**アンナ・Oの症例**のように、治療者が患者に揺さぶられることが少なからずあった。しかし、精神分析においてそれは「逆転移」と名づけられ、やはり分析の対象として扱われた。治療者のみに二者の関係を扱う権威が与えられていたといえる。

その後、治療関係のあり方は時代とともに変化していき「新フロイト派」は患者と治療者の相互交流を分析対象に含んだ。現代の精神分析は、患者の内的な世界の語りを共感的に聴くことを基本としている。

クライアント中心療法　とくに臨床心理学の分野では、カール・ロジャーズのクライアント中心療法に代表されるように、支援される者をクライアント（来談者）と呼び、それまで心理療法（おもに精神医学にもとづく）において、支援される者をペイシェント（患者：医師の指導のもと治療を受けるという受動的な存在）と位置づけてきたことと一線を画す。あくまで相談における主人公はクライアントであると説き、問題を解決していくのはクライアント自身で、セラピストはその伴走者とする。

このとき伴走するセラピストの態度として「無条件の受容」と「共感的理解」をあげ、それを具現化する方法として「傾聴術」を編み出した（國分、一九八〇／諸富、二〇一一など）。これらのことは、支援する者と支援される者の間に潜む権威的な関係からの脱却を意味し、いまや臨床心理学の実践を志す者にとって、基本中の基本となっている。

フェミニストカウンセリング　一九六〇年代の第二波フェミニズムの盛り上がりとともに、フェミニスト心理臨床家による「フェミニストセラピー」がアメリカで生まれた。フェミニズムの言説において、心理を父親との関係で解釈しようとする男性中心の伝統的な精神分析は強い批判の対象となった。女性にとって不当な状況である**家父長制**に女性を適応させるものとみなされたのである。

従来の精神治療に代わって女性をエンパワーすることを目的として生まれたフェミニストセラピーは、日本では河野貴代美らによって実践され「フェミニストカウンセリング」という名で呼ばれている。フェミニストカウンセリングは、ロジャーズのクライアント中心療法を基礎にしているという見方もあれば、ロジャーズの理論だけではフェミニストカウンセリングとして不十分という見方もある。フェミニストカウンセリングは、クライアントの問題を「治る」「治らない」という観点からはとらえない（井上、二〇一〇）という点では、クライアント中心療法の態度と近似しているといえる。

他方で、フェミニストカウンセリングが精神分析ともクライアント中心療法とも違う点がある。フェミニストカウンセリングは、クライアントとカウンセラーの平等主義的関係、対等な関係の構築をより明確に理念として示していること、また、カウンセラーの注意深い自己開示（自分の経験や信念を慎重に表明すること）が許されている点である。フェミニストカウンセラーはジェンダー中立的な立場をとらないことによって、支援する者と支援される者が対等な関係を築くことをめざすのである。

オープンダイアローグ

オープンダイアローグは、フィンランド西ラップランド地方にある病院で、心理士として勤務するヤーコ・セイクラとその同僚たちが家族療法を基盤に作り上げた精神医療的ケアである（斎藤、二〇一五）。「患者のいないところでは何も決めない」という理念のもとに、患者とかかわるすべての人（例：家族や近隣の知人など）が話し合い（従来でいう心理面接）に参加する。そこで重視されているのが「参加者同士の対話」である。

治療者が一方的に患者の症状を診断することはなく、治療方法を提示することもない。患者のいないところで、治療者同士が秘密裏にカンファレンスをすることもない。その代わり、**リフレクティング・プロセス**をとおして、治療者同士の話し合いも、患者と患者とかかわる人の前で展開する。つまり、治療者側が患者側に観察されるという状況を創り出すことで、治療者側が患者を観察し分析する（評価する＝リフレクトする）という関係を逆転させ、治療者と患者の関係をフラットなものにしようとする（斎藤、二〇一九）。

臨床心理学分野での支援する者と支援される者との関係を概観すると、支援する者が優位に立つものでもなければ、一方的に支援を与えるものでもない、支援される者とのより対等な関係をめざしていくことを重視していることがわかる。

とはいえ、フェミニストカウンセリングを除くと、ジェンダーと支援の専門性との関連については多く語られていない。近年、性的虐待やＤＶ被害の現実が、被害当事者たちが声を上げることで明るみになるに従い、男女間の非対称性があるにもかかわらず、臨床場面で活用する理論にジェンダーに敏感な視点が抜け落ちていることがやっと指摘されるようになった（信田、二〇二〇）。支援する者と支援される者との対等な関係をめざそうとするとき、両者のジェンダー観が支援実践にどのような影響を及ぼすのか、その検討が、期待されているところである。

2　実践者たちの語りから考える

対人援助の研究や著書の多くでは、どのような支援をしたら問題が解消していったのか、支援される者が変化したのかが注目される。もちろんある問題に対する支援方法が明らかになることの社会的意義は高い。しかしながら、脚光を浴びるのは支援方法であり、支援する者ではない。支援する者と支援される者との対等な関係が重要であると説きながらも、ジェンダーを考慮することはなかった。しかし、たとえば同性同士の関係において、支援する者は支援される者とどのようにして対等な関係をめざそうとするのだろうか。

女性支援者のグループ・インタビュー

女性支援者のグループ・インタビューは、心理相談員（D）がインタビュアーの役割を担い、別の心理相談員（C）、保健師（E）、保育士（F）の合計四人で、Zｏｏｍ（ウェブを介したビデオ電話）上で、二〇二〇年一〇月に約二時間、行われた。心理相談員（C、D）二人は、本章の執筆者でもある。

グループ・インタビューでのテーマは、それぞれの立場や経験から、自身が実践してきたことを振り返り、支援される者とどのように関係を作っていこうとしたのかを語るというものであった。実施前にグループ・インタビューによる研究調査とそのテーマについて、保健師（E）、保育士（F）に文書と口頭で説明し、インタビュー内容を本書で取り上げることについて同意を得た。

インタビューでのそれぞれの語りはZｏｏｍ上の録音機能を使用して記録し、それを逐語録化したものを分析の対象とした。その逐語録を執筆者であるCとDで読み合わせ、支援される者との関係性に関する語りから概念を抽出した。その結果、次にあげる五つの概念が見出された。

抽出された五つの概念

概念①
共感への努力と思いの隠蔽

支援の対象となる人が目の前に現れ、何か問題を抱えているとする。すると、支援者はまず支援される者への共感を試みる。ここでいう共感は、ロジャーズが提唱した「共感的理解」を指し「あたかも相手の立場に立って、相手の感じていることを支援者も感じる」ということを意味する。これは、とくに私たち心理相談員（C、D）にその傾向がうかがえた。「当事者ぶって最初は対等でありたいって思って始めた（C）」「その人の立場に立って共感しようというところから始めて（D）」という語りにあるように、共感的な態度は、支援される者の側にいることを示し、同じラインに立つ者としてその場に存在しようとするための手段として選ばれる。

ただ共感的な態度は、比較的早くに、きしみ始める。なぜなら支援される者と同じ経験をしているわけではなく、共感しようにもうまくそこにたどりつけないからだ（「子育ての経験もないのだけど……、いまいちすっと自分に落ちてこない（D）」）。それでも、その思いを隠蔽しながら、共感的な態度をとろうと努力する（「できないなりにも一生懸命そうしようとする（C）」）。

ここまでの話に保健師のEさんや保育士のFさんもそれぞれの実践を重ね合わせ、支援される者との関係を自分たちがどのようにとろうとしていたのかを語り始める。中立的な立場を保ち、支援される側が自身で選べるように複数の案を用意しておくことや自らの専門性のなかで語ること……。それは、支援される者と対等な関係でありたいと願い、アドバイスする側とされる側という不均衡で権威をはらむ関係に安易に陥らないための支援者の必死の抵抗ともとらえられた（「ウカウカしているとそっちに食われちゃうみたいな（C）」）。

共感的な態度と専門的な提案の二つをバランスよく両立させることは、難しい。目の前にいる人への自分の思いが二つのバランスを崩すこともある。私たちは自分のなかで起こっている葛藤を隠蔽しながら、支援をした経験をもっていた。

概念②
専門性の限界を感じ共感から降りる

Dは、相談を重ねていくたびに、共感できない自分を隠し切れなくなり（「自分自身には無理（D）」）、自身の専門性に限界を感じていた。一方のCは、自身の共感という専門性に対して、ある相談場面をきっかけに懐疑的な視点をもつようになる。それは、イライラが止まらない母親のカウンセリングを行っているときのことであった。Cは、ある母親の訴えに共感し受けとめようと努め続けていると、そのカウンセリングで協働していた男性の専門家（ケアマネージャー）がその母親に一方的な指示を出した。だがその指示によって母親の心理に変化が起こり、精神状態が落ち着いたのである。この出来事はCにとって、母親に共感し受けとめるという心理の専門家としての自分の立ち位置を揺るがすものとなった。

二人の経緯はそれぞれだが、結果は自身の専門性として位置づけていた共感から降り、距離をとっていこうとする点で共通していた。

この話に耳を傾けていたほかの専門職である二人も「ああ」と深く頷き、似たような経験があるようだった。Fさんも Dと同様、子育ての経験をしていないためにその類の相談にどのように答えたらいいのかに悩み、先輩に話をもちかけていた。Eさんは、ある患者との出会いによって、自分の職業観が揺らされ、その立ち位置にいられなくなったと語っていた。

共感は対人援助職の専門性の一つであり、概念①でも記したとおり、ロジャーズの言う「共感的理解」を意味する。これは、支援される者との対等な関係を築こうとする手段でもあるが、「共感することに限界を感じ、専門家としての自分が揺らぐ」そうした経験をしていたことが、四人の会話をとおして明らかになっていった。それでも専門家であり続けようと、私たちは共感することから降り、支援される者と自分との距離をおき、考え始めようとしていた。

概念③ 上から目線の嫌悪

共感することを完全にやめて客観的評価にもとづく介入に徹することを選ぶかというと、私たちは四人ともそういうわけではなかった。距離をおくとしても、合理性だけを重視するようなかかわり方には振り切れない、そんな現在の自分たちの態度はかなり曖昧である。先輩や同僚の支援実践を見て簡単に心がざわつくくらいに自信がない。私たちのような曖昧な立ち位置にいる支援者は何を拠り所にしているのか。語り合いのなかでそれぞれが考えていた。

四人の語りは、それぞれが支援経験を経て、いまは曖昧な立ち位置を保っていられるのは、ある種の〝図々しさ〟があるからではないか、という話題になった。「(自分が行き詰まっても、支援チームのなかで)声をあげたら誰か助けてくれるだろうという図々しさがある(D)」という語りから、「そんなに立派な人じゃなくてもいい(E)」「規則どおりというよりも〝あそび〟をもたせる(F)」という、それぞれ自分が感じる自分の図々しさについて語った。いっけん開き直りともとれるこれらの態度は、じつは不完全ながらも自分の支援スタイルを模索する第一歩といえる。

そして「図々しさも一線を超えちゃいけないと思いつつ」「上から細かく言われるとついうるさいよって思っちゃう(C)」という話で、皆で笑い合い、これを〝うるさいよ精神〟と名づけた。自分たちの不完全な部分と思っていたものを言葉にし、名前をつけてみると、案外悪くないものに思えてきて、むしろ何か価値のあるものに見えてきた。

自由な語りのなかで生まれた自己分析が次の気づきにつながっていく。ここで語られた〝図々しさ〟や〝うるさいよ精神〟は、いわゆる〝上から目線〟が嫌いな自分たちを表している。自分たちが嫌だなと思う支援者の話になると「なんでも知っているように見える人」「口だけで動かない先輩」「笑顔でお母さんを弱者扱いする人」など、饒舌に語られた。立場の上下を利用した〝上から目線〟がとことん嫌いであるらしい。共感という目標を脇においた私たちは支援を模索中であるが、このように、なりたくない支援者についてははっきりしていた。これは、共感と客観的評価の間の曖昧な立ち位置において、一つの拠り所であるといえる。

同時に、これらの語りから、私たちは自分たちが〝うるさいよ精神〟をもっているのと同じように、支援される人だって「うるさいよ」と心のなかでつぶやいている可能性をつねに意識していることに気づいた。私たちは、共感は難しくても、〝上から目線〟とは絶対に思われないように頑張ってきたのだった。

概念④
相手からの
静かな抵抗の感受

自分が支援対象である女性にどう思われているか、それをかなり気にしがちであることはさらに続く語りのなかからも見えてきた。たとえば、保育園における母親とのかかわりの場合、女性保育士から見ると男性保育士は自分たちよりも構えていない感じを受けるという。Fさんは「母親も男性保育士と話すときに、そんなに探り探りじゃなくてもいいみたいな楽さがあるのかな、なんて思います」と語った。この語りに刺激されて、心理師である私たちも、心理師が男性か女性かで女性相談者の態度が変わることをずっと感じていたが、そのことをようやく語ることができた。男性が〝上から目線〟で接していても許されているように見えてしまい、女性である自分たちがそれをやったら致命的だと思ってしまうことがある。これはなぜなのだろうか。

Dは自分が経験した相談場面をとりあげ、ある母親に子どもの発達の問題について見立てを伝えるとき、なかなかうまく伝えられなかったエピソードを語った。

そのときにはっきり言えなかったし、お母さん自身もそれとなく遠回りな感じで、言われている意図をお母さんはすごくわかっていて、だけどそこで抵抗を示すということを三回くらいやったのかなあ。その三回のなかでどんどん武装していくというか、お母さんが。化粧も濃くし、身なりもどんどんしっかりしてきて。

女性が女性を支援するということについて、このエピソードが物語っていることが二つある。一つは、母親が支援者に対して不満があるときには、相手と気まずくならないくらいのレベルで、それを表している可能性があること、もう一つは母親の静かな変化を〝抵抗〟と読みとる支援者の感受性があることである。このエピソードの母親が本当はどう思っていたのかを、現在知ることはできない。しかし、この語りを聴いたときに、その場にいた私たちはそれがDの勘違いとは思えなかった。女性を支援するときには、言葉だけではなく、支援される女性の身なりなどから醸し出される雰囲気をとおして、その女性が自身のおかれている状況を語りかけてくるように感じることがある。このような静かな心理的接触が起こることに、私たちは身におぼえがあるのだ。

概念⑤「逆共感」という扉

賛否はあると思うが、ここでは、女性が女性を支援するときに心理的接触が起こりやすいと仮定してみる。それはいったいどんな感覚なのかと考えると、私たちはいくつかの穴をもっていて、相手から送られてくるメッセージによってそのうちの一つが開いてメッセージが浸透してくる、というイメージが浮かぶ。

たとえば、これはFさんのエピソードである。Fさんが勤務する保育園では、母親たちと同年代の女性が園長になったとたんに、保護者からの異議申し立てがものすごく増えたという。その園長と保護者との関係は「この人なら信頼できるから言うというよりは『あなたもわかるでしょ』という言い方だった」とFさんは自身の感覚を振り返り、「保護者が園長に共感するからこそなのかな」と語った。

支援される者が支援者に共感するということに一瞬違和感をもったが、この現象をDが「逆共感」と名づけると、まさしく目からうろこが落ちる思いがした。なぜなら、私たちは自分たちが共感することばかり考えていたが、共感されることを思いつきもしなかったのである。自分たちがしているように、相手がこちらの意図を感じとろうとしていないはずがないのに！

フロイトの精神分析では、転移と逆転移という概念がある。転移とは患者が過去の重要な人物にもっていた感情を治療者に向けることで、逆転移は治療者が患者に抱く個人的な感情である。精神分析では、転移や逆転移で向けられる感情を分析することに治療的な意味があるとしているが、私たちが語りのなかで気づいた「逆共感」がもたらす意味はもう少しシンプルである。共感しようとする姿勢は支援者のみがもつものではなく、支援される女性ももっているという意味である。ここでの「逆共感」は、比較神経科学などで使われる、他者の快を不快と感じるという意味の言葉とは異なる。

関係性に敏感な人であれば、支援者が何かを隠している態度をすぐに感じとるだろう。相手がこちらの意図を感じようとしているときに、支援者側が自分という人間のあり方を隠していたら「逆共感」はなりたたない。片方が期待を込めて非言語のメッセージを送ってくるのだから、もう片方はそれを受けとる準備をしておくべきなのだろう。お互いが感受性の扉を開いているからこそ、女性である私たちは、女性を支援するときに心理的接触を感じていたと考えられる。

3 女性支援者の立ち止まるところ・向かうところ

女性支援者が女性を支援するときの心理的接触の感覚は、最初は個人的なものとして経験される。グループ・インタビューでそれを言語化して共有することで、共感概念を深めることにつながった。さらに、グループ・インタビューで得られた語りのデータを繰り返し読むことで、支援される者との距離のとり方にはいくつかの質の違いがあるという気づきがあった。

プロフェッショナルとしての距離感

私たちのグループ・インタビューでの想定外の発見は、相手が女性でも男性でも同様に相談にのることができなければいけないという、対人援助のプロフェッショナルな意識にもとづいて、四人とも、かなり慎重に相手との距離をとっていたことである。他方でそれは、女性同士ならではの関係性を自覚したうえで平等に接しようと努めたわけではなく、女性同士ということについてあまり考えていなかったというほうが近い。

母子保健や保育の現場では女性が女性を支援してきた歴史は長い。しかし男女の権利が平等になったように見える現代では、ジェンダーは中立化され、女性同士の支え合いという理念の存在感は薄れていった。そのような時代の女性支援者は、女性同士だから共感がしやすいという実感はなく、むしろ支援者のほうが感情を揺さぶられすぎないために、努めて距離をとっていたのだった。

距離をとるとは実際にはどのような行為なのか。参加した四人の語りから生成された概念をもとに、距離のとり方を次の三つに区別して考える。

ジェンダー関係なしの評価　相手の社会的状況、健康状態、心理状態を見極め、ニーズに合った支援を提供するという一連の流れは、多くの対人援助職が行っている正統派の距離のとり方である。

専門家として、自分の性別と相手の性別は、どの組み合わせでも客観的評価を行うことができるのが対人援助の基本である。家族関係を含む社会的状況を見立てるときにジェンダーは考慮されるが、たとえば、心理職が実施する心理面の評価においては、誰が検査者になっても安定した結果が出る検査法が、対象が男性でも女性でも、同じように使われている。被検者の性別が解釈の条件に入っているものもあるが、ジェンダー差による関係性の影響を解釈するものはほとんどない。

既存の知見にもとづく支援対象や支援状況の評価は、安定した支援のためには大事である。支援者は科学的データにもとづいて評価していれば安全だが、これが対等な関係かと問われればそうとはいいきれない。支援者は専門家としての知識と経験に守られ安全圏にいるのに、支援される人は不確かさのなかにいるからである。

この距離のとり方は、私たちが一番忌避していた〝上から目線〟という印象を最も与えやすい。私たちが上から目線の言動に対して「うるさいよ」と言うように、相手の女性が抵抗してくれればよいのだが、関係性を重視する人であれば我慢するだろう。

ジェンダー経験を隠蔽した中立

相手が同性であることによる心の揺れは感じているが、なんとか中立を装って距離を確保するのは、グループ・インタビューで私たちに共通していた経験である。女性支援者は、女性の相談者に「先生は結婚していらっしゃるんですか」「お子さんはいますか」と聞かれることがある。そのたびに少し緊張する。相手に共感しようと集中しているのに、差異について問われると気持ちが揺れる。それだけではなく、相手の主張に思わず異論を唱えたくなることもあるが、それを押し隠して共感の努力をする。

それから、自分が女性として相手と同じジェンダー経験をして、同じ思いを抱いているときも緊張する。自分の経験が思い起こされ、気持ちがざわつく。つまり、心から共感できるのだが、なぜかそれを認めるのはプロフェッショナルではない気がして、これまた自分の思いを隠蔽する。

相手女性からの「わかってくれますか?」「それじゃわかりませんよね」という思いを感じながら、わかるともわからないとも言えず、専門家のお面の紐を締め直し、客観的・中立的なことを言い、安全圏に立ち戻る。こうやってできる距離は揺れ動く思いに蓋をして中立を装うことで成立する。のちのち「あの答え方でよかったんだろうか」と不全感をもつことにもなる。

共感の可能性と限界の包摂

四人の語り合いから見えてきた距離のとり方は「女性だからこそ共感できることがあるのは当然で、でも、違う人間なんだから共感できないことがあるのも当然」という、他者への共感の可能性と限界を認めて、それらをふんわり抱えたまま距離をとる、方法というより態度と呼んだほうがよいだろう。

このように自己と向き合う態度は、すでにいくつかの支援理論で重要とされている。自分の経験と自己像が重なっているロジャーズの自己理論でいうところの「自己一致」の状態であるといえるし、フェミニストカウンセリングが許した「自己開示」でもある。つまり、ごまかしのない状態ということになる。

自分の限界を認めるのは専門家にとって怖いものである。熱心な専門家ほど、限界を認めてしまうと、自分はなんの役にも立たないのではないかと思ってしまいがちだからである。しかし、この恐れと向き合う経験があってはじめて、オープンダイアローグの「不確かさに耐える」という思想が我がこととして身に染みる。

コラム 10
オープンダイアローグと未来語りのダイアローグ

オープンダイアローグはいまや多くの人に知られるようになりました。24 時間対応で，患者からの訴えがあればすぐに駆けつけ，患者と関係する人々とでミーティングを行い，問題が落ち着くまで，頻回にスタッフは患者のもとへ出向いていきます。このような地域精神医療システムを作り上げただけでなく，オープンダイアローグには治療実践に確たる思想があります。ミハイル・バフチンの多声性と対話の概念を核に，何かをアセスメントして解決策を見出すのではなく，人々の多様な視座からの声を出し合い，響き渡らせるうちに，新たな見方が生まれ，問題が解消していくことを大事にするのです。

私（著者）ははじめ，少し疑っていました。アセスメントを行うことは，ケアの指針を得るためにも欠かせないとずっと思い込んでいたからです。もちろんアセスメントに正解はありません。しかしながら，クライアントにとって，少しでも有益なアセスメントをしたい，その気持ちが私にはとても強かったのです。それが，すでにクライアントを勝手に弱者として位置づけ，なんとかしてあげなくては……と，上から目線で見る姿勢を作り上げてしまっていることも知らずに……。私にとって，オープンダイアローグは，そのことに気づくきっかけを与えてくれました。

ところで，オープンダイアローグとタイアップさせた未来語りのダイアローグ（アンティシペイションダイアローグ）はあまり知られていません。これも非常に魅力的な実践です。多職種連携の研究者トム・アーンキルが開発したものです。

専門家としての安全圏を出て、女性としての自己を認めながら、一方では、女性だからこそ接近しすぎるところを踏みとどまり、距離をとることは、職人技の域かもしれない。しかし、そこを耐えることで、支援する人もされる人も、一緒に不確かさのなかにいることができる。

未来語りのダイアローグは「望ましい状況が達成された未来の視点に立って，そこから過去（＝現在）を振り返り，誰のどんな協力が現在（＝未来）の望ましい状況を達成せてくれたかを“思い出していく”というもの（Seikkula and Arnkil, 2014, 訳 2019）」です。未来は不確実で，あえてこの不確実な世界にダイブして，その場に参加する者のネットワークを創り出す，ユーモラスな方法です。

女性同士ということの再評価

対等な関係にもとづく支援について、これまではジェンダー抜きで語られてきたことが多かった。たとえば、現在の日本において、年輩の男性の専門職と年下の女性の相談者との対等な関係の構築について検討されているかは疑問である。

その点、フェミニストカウンセリングの存在意義は大きい。家父長制社会で生きる女性が対等な関係性を経験するためには、フェミニズムという理念とそれにもとづく**シスターフッド**が必要だった。しかし、残念ながら、現在フェミニストを標榜している支援者が多いとはいいがたい。現場では「あの人には女性カウンセラーが担当したほうがいいよね」などの言葉が頻繁に聞かれるにもかかわらず、である。

ジェンダーが中立化された対人援助言説においては、支援・被支援という関係であるかぎり、非対称性からは免れることはできないという見方もある。私たちもそう考えて諦めかけていた。どれだけ共感的にふるまっても支援者側が強い立場になってしまうのなら、せめて有効な支援をしなければならないと自分にプレッシャーをかけていた。

しかし、なぜか、自分が役に立つ人間であろうとすればするほど相手との距離が広がっていく。これはある人から聴いたエピソードだが、ある女性に心理相談を紹介するときに「絶対に同年齢の女性心理師は嫌。優秀な女性の前だとみじめになる。対等でいられるほど私は強くない」と言ったという。女性同士ならではの心理的接触をともなう、敏感な関係性において、「役に立つ／立たない」のゲームに支援者自らが参加しては、お互いが孤独になり、生きづらい思いを抱く人が増えるだけかもしれない。

「役に立つ／立たない」のゲームが女性同士の対等な関係と相性が悪いのであれば、いったいどこをめざせばよいのだろうか。その問いに対し、女性支援の経験についての本章のグループ・インタビューから、支援される者から支援者への共感＝「逆共感」という概念が生まれたのは大切な発見であった。共感という言葉に対する硬直した解釈に、相互性という重要な意味が加わった。相互的で共感可能な態度が、対等な関係への手がかりとなりそうだ。

そしてもう一つ、支援者は自分自身のジェンダー観を意識することが大切だろう。女性同士ということだけで対等な関係が築けるほど、一人ひとりのジェンダーをめぐる経験は単一的ではない。とはいえ、やはり女性同士は共感・逆共感が起こりやすいかもしれない。心理的接触を生むような感受性に加えて、同性への期待がある。思い返せば、相談の場でむっとして二度と来ない女性、怒りをあらわにする母親、そういう人たちは女性なのに安全圏にとどまろうとする私たちを察知していたのではないか。

私たち支援者が相手を見つめるように、相手もこちらを見つめている。同性であるからこそ、期待しつつ、共感できるところを探し合っているのである。それならば、支援者が自身のジェンダー経験を見つめ直しておくことが必要である。それが共感の限界を明らかにし、理解の可能性を示してくれる。

支援者が自分の扉を少し開けておくというオープンなあり方が、対等に近づくだけでなく、自分自身をも勇気づけてくれる。それを教えてくれたのは、支援が必要な女性であったことが何よりも嬉しく思える。

用語解説

アンナ・Oの症例　フロイトとブロイアーがヒステリー研究において「アンナ・O」と名づけた一人の女性の症例。アンナ・Oの神経症の咳や解離症状の治療により、精神分析における治療機序の着想を得ることになった。アンナ・Oは本名ベルタ・パッペンハイムといい、のちに児童・女性の福祉のための社会活動を行うなかでジェンダー問題に取り組んだ。

家父長制　男性の家長が絶対的な家長権をもって家族員を支配・統率する家族形態。日本の家族制度では「家」と結びつく。フェミニズムにおいては年配の男性優位社会を維持するために不可欠な権力形態を指し、女性の性・生殖領域の管理や女性が無償で家事労働をおこなう問題と結合していると見る。女性圧力の鍵を握る概念として考えられてきた。

オープンダイアローグ　おもに急性期の統合失調症の患者、その家族や関係する人々を対象とし、二四時間、患者やその家族の訴えを受け付け、ただちに複数名の心理士や医師、看護師などがその患者や家族のもとへ訪問して対話での実践を行う。従来、統合失調症患者の治療には薬物療法を導入することが当然視されていたが、オープンダイアローグの実践によって、薬物投与の回数や量が激減したという実証データが示され、世界各地で注目されている。

リフレクティング・プロセス　家族療法家のトム・アンデルセンが開発した面接技法。家族療法のなかには、患者やその家族とセラピストが面談している様子をマジックミラー越しにスーパーバイズする専門家たちが観察し検討を行っている。このマジックミラーの向こうで行っている専門家同士のやりとりをあえて患者や家族に見せ、セラピストや専門家も、患者やその家族から見られる状況を作ることで、関係性を対等なものへと変えていったのが始まりである。現在、このリフレクティング・プロセスは、オープンダイアローグのほか、多職種連携の場面や専門家同士の研修などさまざまな場面で応用されるようになっている。

シスターフッド　ウーマン・リブの運動のなかで使われていた言葉で、女性同士の連帯のこと。ブラザーフッドが競争や権力争いを基盤とするものであるのに対し、シスターフッドは自分自身を探し求める女性たちのつながる場を基盤とする。メアリ・デイリーなどのラディカル・フェミニストが使用する際には女性中心主義の考え方が強く、批判の対象ともなった。

ブックガイド

西見奈子編著・北村婦美・鈴木菜実子・松本卓也『精神分析にとって女とは何か』（福村出版、二〇二〇年）

　精神分析とフェミニズムは相性が悪いが切っても切り離せない関係である。本書は、女性臨床家が感じていた精神分析への違和感を、タイトルそのままの問いとして検討したものである。精神分析家のなかでこのような問い直しがされていることに敬意をもつと同時に、心理臨床におけるほかの流派は同様の検討がされているかどうか気になる。

宮坂道夫『対話と承認のケア――ナラティヴが生み出す世界』（医学書院、二〇二〇年）

　本書は、これまでのヘルスケアのあり方を整理し「対話と承認によるケアの可能性」を検討したものである。エビデンスを重視するケアでは、ケアされる者に治療選択肢を与え、主体性を重んじるかのようで、じつはそうでもなかった。対しナラティブアプローチは、ケアされる者の人生に敬意を払い、ケアする者とされる者との協働を生み出す。このとき、必要とされる対話と承認とはいったいどのようなものかを考えさせられる内容である。

第11章　女性と非正規労働

派遣労働に着目して

田口久美子

働く女性の増加や女性の社会進出が指摘されて久しい。たしかに経年的には女性の労働力率は極端なM字型から台形に近い形へ移行している。このことは、結婚や出産を経ながら、または独身のままで、なんらかのかたちで仕事をする女性が増えていることを示唆している。だが労働の形態や内実はどうだろうか。労働統計が示すように、女性では正規雇用より非正規雇用のほうが多いことがまず挙げられる。また、全雇用者に占める女性の割合は正規労働では三割に対して非正規雇用では七割にも達する。さらに非正規雇用に絞ってみると、パート労働者全体に占める女性の割合は九割近く、派遣労働者全体に占める女性の割合も六割近い数値を示している。浅倉（二〇〇四）が指摘するように、非正規労働の問題は、ジェンダー問題でもある。本章では、非正規労働のうち、パート労働に次いで女性比率が高い派遣労働に着目し、法律の制定や変遷、さらに授業をとおした女子大学生のコメントなどから、派遣労働に埋め込まれているジェンダー（生きづらさ）についてとらえていく。そのうえで、生きづらさを乗り越えていくために何をなすべきかについて考察する。

1　女性労働者の実態

働き方改革、女性の活躍、ワーク・ライフ・バランスといった言説が出回るなかで、多様な働き方が準備され、人々はそれを自由に選べる状況になったといえるだろうか。かつてパート労働が女性向けの仕事として注目されたが、労働者派遣法が制定されて以来、派遣労働に従事する女性が増えている。ここでは、女性の労働の実態を概観し、本章で派遣労働に注目する理由を述べる。

パート労働の実態

二〇二〇年一一月の女性の形態別雇用者数を見ると、正規の職員・従業員が一二一一万人に対し非正規の職員・従業員が一四四六万人と非正規労働者が正規の労働者を上回っている（総務省、二〇二〇）。男性では正規が二三三六万人に対し非正規六七八万人であるから、正規職員のジェンダー格差は大きく異なる。女性の正規労働者は全体の三割で男性の人数の半分にすぎず、非正規労働者は女性が全体のおよそ七割を占め、男性の二倍の数にのぼる。さらに、同調査では、非正規労働者のうち派遣労働者は女性が八三万人、男性は五八万人で派遣労働者に占める女性比率は六割近く（五八・九％）であり、非正規労働者の雇用形態別女性比率では、パートの八八・二％（九三五万人／一〇六〇万人）に次いで高い。

このように、非正規労働のうち女性の人数、女性比率とも群を抜いて多いのはパート労働である。二〇一六年に行われたパートタイム労働者に関する実態調査（厚生労働省、二〇一七）によれば、正社員とパートの両方を雇用している事業所がパートを雇用する理由（複数回答）として最も多いのは、「一日の忙しい時間帯に対処するため」「人件費が割安なため（労務コストの効率化）」がほぼ同率で約四割であり、「仕事内容が簡単なため」が三番目に高い。一方でパート労働者がパートを選んだ理由（複数回答）は、高い順に「自分の都合のいい時間（日）に働きたいから」「勤務時間・日数が短いから」「就業調整（年収の調整や労働時間の調整）ができるから」となっている。いずれも女性の比率が男性の比率を上回っており、その差が最も大きいのが、四番目に多い「家庭の事情（育児・介護等）で正社員として働けないから」という理由で、女性が二一・七％に対し男性は一・九％である。他方、パート労働者の主たる収入源は女性が配偶者の収入（七〇・六％）であるのに対し、男性は自分の収入（六三・九％）であった。

事業者は、パートを通常業務において、忙しい時間帯、簡単な仕事内容を安価で助けてくれる都合のいい働き手であるととらえ、パート労働者は、育児や介護でたくさん働けないことから、時間的制約の少ないパートを選んでいることが推測される。パート労働者のおよそ九割が女性であることをふまえると、パートという雇用形態は通常業務における困ったときの安あがりな助っ人というジェンダー構造をはらんでいることが浮かび上がってくる。

派遣労働の実態

それでは派遣労働についてはどうだろうか。厚生労働省が事業所と派遣労働者に対して二〇一七年に行った調査（厚生労働省、二〇一八a）を参照しながら見ていこう。当該調査に占める女性比率は五〇・五％と、この調査では男女はほぼ同率である。事業所調査の結果において、派遣労働者を就業させる理由（複数回答）

として高いのは「欠員補充等必要な人員を迅速に確保できるため」が約七割と最も多く、次いで「一時的・季節的な業務量の変動に対処するため」「軽作業・補助的業務などを行うため」「専門性を活かした人材を活用するため」となっている。

派遣労働者の回答（複数回答）では、主たる収入は男女ともに「自分自身の収入」と答えた割合が高く、女性は約五割、男性が約九割であった。派遣元との労働契約期間では、女性では「二カ月を超え三カ月以下」が最も多く三〇・五％（男性一七・五％、二番目に多い）、次いで「三カ月を超え六カ月以下」が一六・八％（男性一三・九％、三番目に多い）、「六カ月を超え一年以下」および「期間の定めのない」がともに一三・三％と続く。男性では「期間の定めがない」が二八・六％と最も高い。

派遣労働者を就業させる事業所は、必要なときに一時的にかつ迅速に労働力を確保するために、いわば労働力の調整弁として、派遣労働者を都合よく雇用していることがわかる。また、おもな収入を配偶者に負うパート労働の女性に比べ、派遣労働に従事する女性の半分はおもに自らの収入で生計を立てている。女性は登録型が多く、一般事務・事務用機器操作に多く従事しているのに対し、男性は常用型で、製造や搬送・ソフトウェア開発に多く従事していることから、派遣のタイプや業務内容がジェンダーで色分けされていることに加え、契約期間においてもジェンダー差が顕著である。

2　派遣労働が意味するもの

ここまで見たように、派遣労働とパート労働はともに非正規雇用だが、事業所が就労させる理由や労働者が就業する理由はかなり異なっている。また、数のうえではパートに従事する女性が圧倒的に多い。にもかかわらず、メディアでは、派遣労働に関する表象が多く目につく。

メディアで表象される女性の派遣労働者

「ハケンの品格」に描かれる「女性」派遣労働者　「ハケンの品格」というテレビ番組（日本テレビ制作）が、二〇二〇年に一三年ぶりに放映され話題になった。非正規労働者にはパートやアルバイト、契約社員などがあるが、なぜこのように派遣労働者がメディアで取り上げられ、話題になるのだろうか。一つには、直接雇用ではないという点から想像される派遣労働をめぐる複雑な関係性が背景にある。この点については後述する。

二つめは、派遣労働者の働き方の実相に関連することである。七六四社が加盟（二〇二〇年一月一日現在）する日本人材派遣協会が、二〇〇七年から毎年行っているウェブ調査を見てみよう（日本人材派遣協会、二〇二〇）。この調査において現在派遣で働いていると答えた四三四二人（うち女性が三八八六人、八九・五％）の一日の契約勤務時間は「七・五時間から八時間」が六四・四％、一週間の契約勤務日数は「五日」の人が八四・五％を占めている。この調査から、女性の派遣労働者の多くが正社員並みに働いていることが察せられる。

こうして見ると、正社員並みに働いている派遣労働者は、正社員・契約社員などの直接雇用での長時間労働者と比較・差異化されやすい存在であることが考えられる。長時間働くけれども、正社員とは違って、二〇一五年の労働者派遣法改正以降、通常三年以上同一の部署で働くことはない（一五年の同法改正についても別途後述する）。契約社員と同じように長時間働くけれども直接雇用ではない。こうして、正社員や契約社員から見れば「派遣労働者」はたしかに特異な雇用形態の労働者かもしれない。「正社員や契約社員と同じくらい働いているけれども、直接雇用ではなく間接雇用、契約期間も短くてちゃんと評価してもらえない」、そうした埋もれた声が「ハケンの品格」というテーマに表れているのだろうか。

ドラマに登場する主人公の派遣労働者大前春子は、卓越した能力や資格を活かして、周囲の正社員を鼓舞しながら、契約時間内にきっちりと仕事をこなす有能な女性として描かれている（VAP、二〇二〇）。一方で、自宅のごみを会社で捨てようとしていた派遣先の新入社員に対し注意をしようとして「うちの新入社員の教育はわれわれ社員の役目」と派遣先の部長からたしなめられる（第四話）。さらに最終回（第八話）では、商品開発に奔走していた春子がはじめての派遣切りにあってしまう。上層部の対応に周囲の正社員たちが春子の派遣切りを撤回するよう訴えるも、上層部は派遣は「いくらでも取り換えがきく」と取り付く島もない。春子という役柄は、派遣社員として能力を活かしバリバリ働く女性という側面だけでなく、雇用形態による派遣社員の制約や不全感、むなしさをも表すものだった。

CMに描かれる「女性」派遣労働者

現実をみると、春頃になると「仕事もプライベートも大事にする」「自分らしい生き方」を標榜するメッセージを掲げた大手派遣元事業社のCMがTVで流れる。こうしたCMに登場するのは多くが女性である（男性が登場するCMもある）が、なかには、派遣労働者を表象していると思われる「女性」が、人間ではなく人工的な「キャラクター」として描かれているCMもある。個々のメディアで「派遣労働と女性」がさまざまな描かれ方をしてきているが、派遣労働者は「かっこよく自分らしい生き方」をする女性としてメディアで描かれてきた側面があることに注意をしておきたい。

はたして女性の派遣労働者の実態はどうなのだろうか。非正規労働のなかでも特異な雇用形態である派遣労働の特徴について、直接雇用・間接雇用と労働者・派遣元会社・派遣先会社との関係性、労働者派遣法制定や法改正などからさらにアプローチしていこう。

派遣労働者・派遣元・派遣先における三つの関係

派遣労働とは実際どのような労働なのだろう。パートやアルバイトとどう違うのか。雇用形態の違いを見ていくために、厚生労働省（二〇一〇）の出しているパンフレットに沿って、派遣労働の概要をおさえておこう。派遣労働は、直接雇用（以下直雇用）で働く働き方（正社員・契約社員・パート・アルバイト）とはかなり異なっている。直雇用の場合には、雇用主と直接雇用契約を結ぶが、派遣労働者として働く場合、労働者は派遣元の事業主（以下、派遣元）と雇用契約を結ぶ。一方で、派遣元は、労働者の派遣先である会社（以下、派遣先）と派遣契約を結ぶ。派遣労働者は派遣先と指揮命令関係を保ちながら働くことになる（図11・1参照）。直雇用が労働者と雇用主との関係という一つの関係で完結しているのに対し、派遣労働においてはこのように、三つの関係が介在する。

木村（二〇一二）は、非正規労働者の労働組合組織率は、正規労働者の減少にともない上昇しているとしながらも、組合内での女性幹部の数の少なさなどから、女性非正規労働者の声を労働組合に反映させることは容易ではないと指摘している。また、直近のデータ（厚生労働省、二〇二〇）では、パートタイム労働者の推定組織率は八・七％にとどまる。

パートタイム労働者の組合組織率は低いながらも、訴えが受け入れられれば労働環境の改善や賃金の高ま

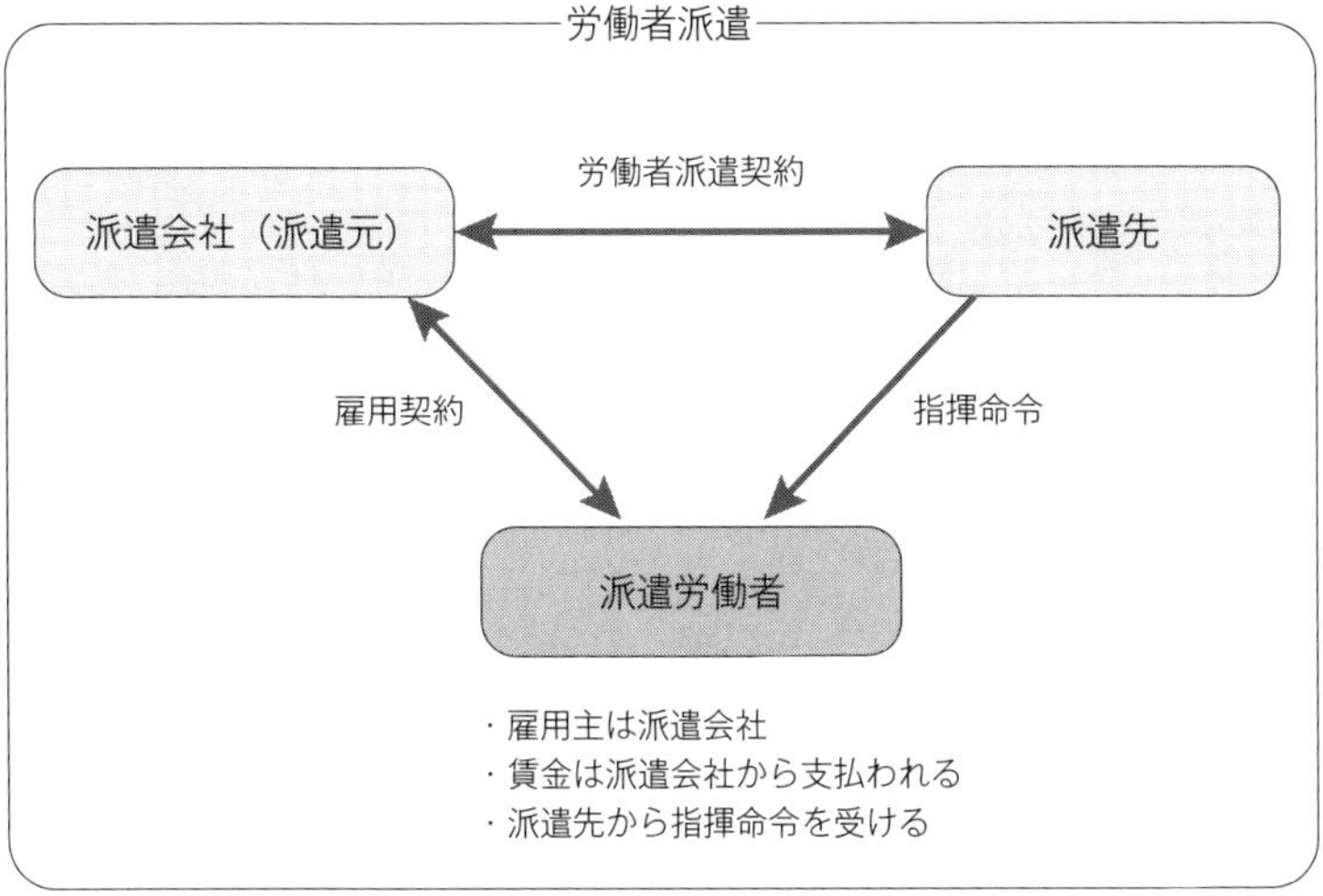

（出所）　厚生労働省（2010）。

図 11.1　派遣労働における 3 つの関係

りが期待され、雇用安定が図られるという可能性はある。しかし、派遣労働の場合はどうだろうか。たとえば賃金に対し不服がある場合には雇用主である派遣元に訴えることになるだろうが、派遣契約は派遣元と派遣先で交わされているため、派遣労働者の訴えがすぐに解決されるわけではないだろう。派遣労働上のトラブルについては、派遣元・派遣先両方に相談できることになっているが、セクハラやマタハラなどのハラスメント発生時や契約更新時など、派遣労働者が不利な扱いを受けるケースが多発している。たとえば、三カ月の更新で一七年間派遣労働を続けてきた女性が、突然に雇い止めを言いわたされた事例（ハフィントンポスト、二〇一八）など、こうしたケースは枚挙にいとまがない。

　雇用における複雑な関係を背景に、黒川（二〇一七）は、派遣労働者が派遣先に所属していない（筆者注：派遣先の直雇用ではない）状況で、ある組織の内部者としての貢献を求められる状態に対し、精神の安定や仕事へのモチベーションを維持するのは難しいと示唆している。

労働者派遣法の成立と変遷

労働者派遣法の制定

労働者派遣法（以下、派遣法）が戦後制定された経緯と変遷についても、簡潔に見ておこう。戦後、派遣労働は、労働者供給事業を原則禁止する職業安定法第四四条との整合性から、法的に認められてこなかった（水野、二〇一二）。一九八五年に成立した派遣法は、職業安定法第四四条が禁止する労働者供給事業の一部を労働者派遣事業として立法化したもの（脇田、二〇一〇／伍賀、二〇一四）であるという。

派遣法はなぜ制定されたのだろうか。派遣法は、第一条（目的）に労働力の需給の適正な調整ならびに派遣労働者の雇用の安定と福祉の増進を掲げている。派遣法の制定にかかわった高梨（二〇〇七）は、同法の制定の社会経済的背景として、職業の専門分化、外注・下請化の進行、労働者の意識の変化の三点を挙げている。一方で木元（一九八七）は、日本経営者団体連盟による「期間の定めのない雇用契約」や、経済同友会による「人材の仲介・派遣」など、相次いで財界から寄せられた政策提言が、派遣法成立の呼び水となったと指摘している。

派遣法の改正（変遷）

派遣法の成立により、どのような業種が派遣労働の対象として認められたのであろうか。また、派遣法はどのように改正されてきたのだろうか。そして、派遣法の影響を受け、女性の働き方はどのように変化してきたのであろうか。いくつかの文献を参考に、派遣法の主たる変遷をまとめた（表11・1）。一九八五年の派遣法制定以来二〇〇三年まで、対象業種の拡大や期間延長と

表 11.1 労働者派遣法の推移

改正年	対象業務	派遣先の受け入れ期間	法律・政令・施行令の内容等	首相
1985（昭和60）制定	13	9カ月	・1986年10月1日に16業務に拡大	中曽根康弘
1996（平成8）	26	1年	・1996年12月16日 に26業務に拡大	橋本龍太郎
1999（平成11）	政令などで禁止もしくは適当ではないとされたものを除き全業務	無制限（26業務） 1年（26業務以外の「一般業務」）	・適用業務についてのポジティブリスト方式からネガティブリスト方式へ ・26業務について，同一の派遣労働者の同一の就業場所・業務は3年まで（行政指導）	小渕恵三
2003（平成15）	製造業を解禁	無制限（26業務） 3年（「一般業務」1）	・製造業解禁時は期間を1年に制限（2007年2月28日まで)。その後3年に変更1 ・26業務について期間制限の行政指導撤廃	小泉純一郎
2012（平成24）	業務は従前どおり	受け入れ期間は従前どおり	・日雇い派遣の禁止 ・グループ企業派遣の8割以下に制限 ・マージン情報提供の義務化 ・労働契約申し込みなし制度の創設	野田佳彦
2015（平成27）	業務は従前どおり	3年2	・労働者派遣事業は許可制に一本化 ・受け入れ期間の変更 ・雇用安定措置	安倍晋三
2018（平成30）	業務は従前どおり	受け入れ期間は従前どおり	・派遣社員について不合理な待遇差が禁止 ・派遣会社には「派遣先均等・均衡方式」または「労使協定方式」のいずれかの方法により派遣社員の待遇を確保することが義務化	安倍晋三

（注） 1 過半数労働組合などに対する意見聴取を経ることにより最大3年まで可能とした。
2 過半数労働組合などに対する意見聴取を経ることにより3年まで延長でき，かつ人を替えれば繰り返しができるとした。

（出所） 高梨（2007），水野（2012），中野（2018），石嵜・小宮（2020），日本人材派遣協会（2021）を参考に筆者作成。

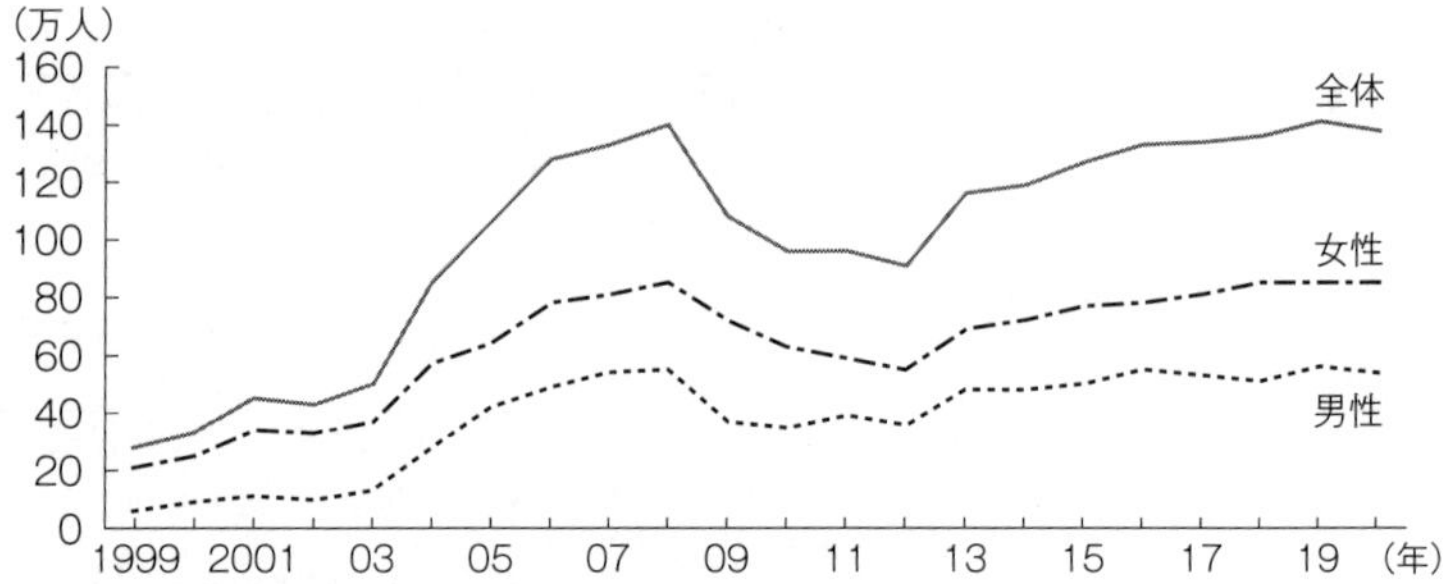

（出所）総務省統計局（2021a）より筆者作成。1999 年は 8 月，2000 年以降は 2 月の集計値。

図 11.2　派遣労働者数の推移

いうかたちで規制緩和が図られてきたことがわかる。

二〇一二年の改正では、民主党政権への交替により、日雇い派遣の禁止など労働者保護の理念が明確に打ち出され、規制緩和から規制強化へと舵が切られたが、「登録型派遣の禁止」などを法改正に生かすことはできなかった。一五年改正では、一人の派遣労働者が同一の企業に派遣される期間が三年に制限されたが、企業にとっては、同一の業務であっても、人を替えれば労働組合による聴取を経て、繰り返し延長できるというものであった。

二〇一八年改正では、派遣先の正社員と派遣労働者の間での不合理な待遇差が禁止されたものの、派遣労働者のテレワークがパンデミック下で認められなかったケース（NHK、二〇二一）なども報道され、派遣労働者の雇用や生活の安定は喫緊の課題である。

派遣法の改正と女性の働き方

派遣法の成立とその後の相次ぐ法改正による派遣労働の規制緩和は、女性の働き方にどのような影響をもたらしたのであろうか。まず、派遣労働者の増加があげられる。白井（二〇二一）によれば、一九九〇年代後半以降、労働規制緩和の推進にともない、派遣・請負労働者が積極的に活用され始めたという。労働力調査で派遣労働者数の集計が始まった九九年以降の派遣労働者

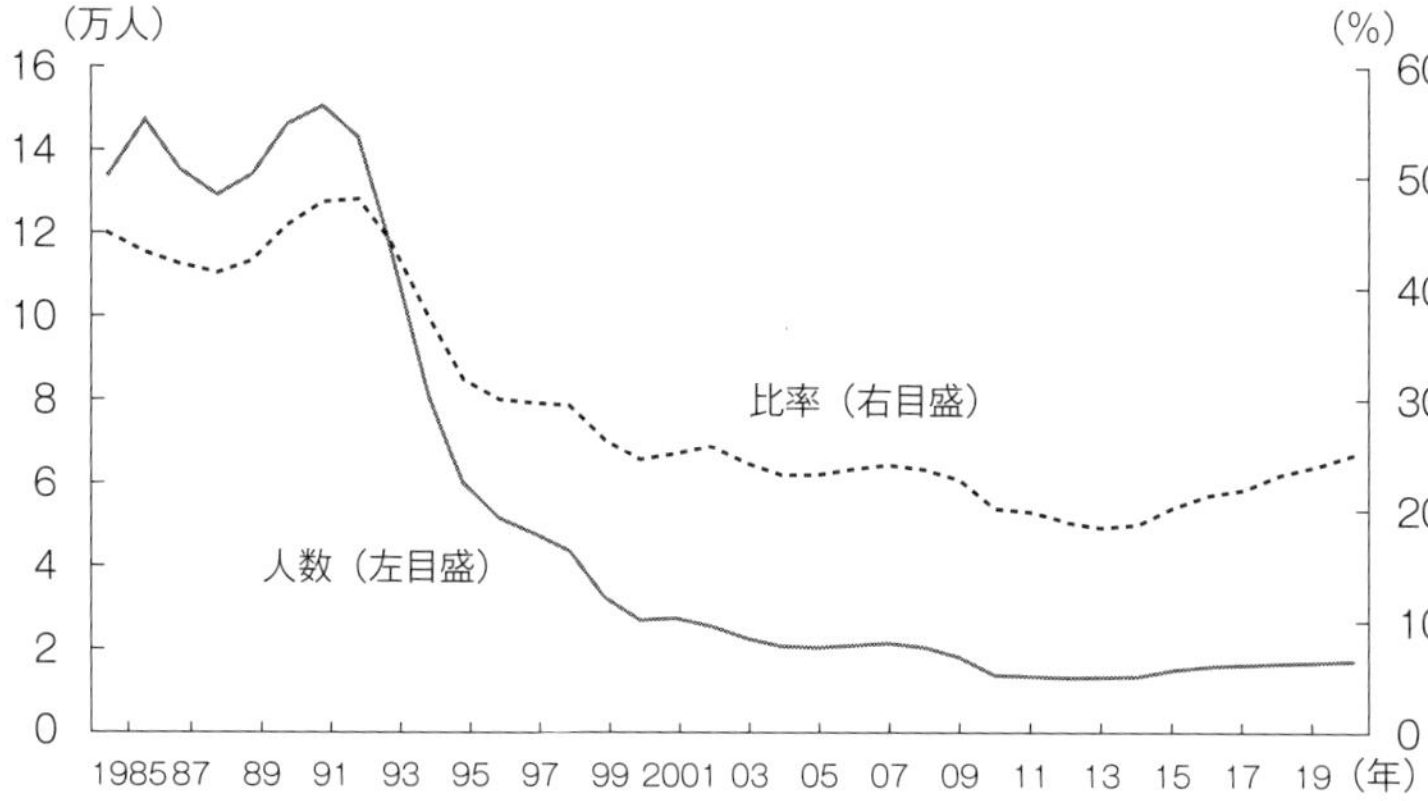

（出所） 総務省統計局（2021b）より筆者作成。

図 11.3 高校卒業後事務職従事者（女子）推移

数の推移（図11・2）に見るように、二〇世紀の終わりから派遣労働者の数は増え始め、二〇〇三年改正の二六業務の期間制限完全撤廃、製造業の解禁などの規制緩和を機に急勾配で増加し、その傾向は〇八年のリーマン・ショックまで続いている。男性も女性と一定の差を保ちながら増大しているが、つねに女性のほうが派遣労働に多く取り込まれていることがわかる。〇八年以降の落ち込みは、派遣労働者が雇用調整の受け皿であることを如実に表している。

伍賀（二〇一四）は、派遣法の成立は、一九八〇年代の女性の非正規労働者の増加を後押ししたと見る。さらに九〇年代に入り、高校を卒業した人たちの正規雇用の職場が大幅に減ったこと、とりわけ女子での事務職の減少と非正規雇用の増大に言及している。学校基本調査によれば、高校を卒業した女子生徒の事務職への就職が、一九八五年の一三万四二八二人から二〇〇〇年にかけて二万七一二三人と激減し、就職先に占める割合も四四・九％から二四・六％へと大幅な減少が見られる（図11・3）。

脇田（二〇一〇）はさらに、一九八五年に制定された派遣法は、同年制定された男女雇用機会均等法と同時に施行されることで、女性の非正規雇用化を促進したと見る。たとえば女子の事務職が多い金融系や商社では子会社の派遣会社を設立し、「正規職員」ではなく、派遣労働者として、同じ職場で働かせる事態が拡大したという。

派遣労働が法律として制度化された背景には、法の理念として、違法な間接雇用の取り締まりや労働者の権利の観点があったはずである。だが、その後の法改正による派遣労働の業種の拡大や期間の変更をふまえ、派遣法が女性にもたらした影響について、雇用や生活の安定に加え、主体的な労働という側面から慎重な吟味が必要である。

3 女性の働き方について――女子大学生のコメントから

これまで見たように、派遣法成立後、法改正が重ねられ、対象業務が増えたことなどを背景に、女性の派遣労働者はこの二〇年間で四倍に膨らんだ。一方、派遣労働に従事している女性の多くが三カ月契約など短期間の契約を繰り返していることから、働き方や生活に不安を抱えていることが察せられる。派遣労働は、雇用の調整弁として、派遣先の意向に沿って契約解除が簡単にできることなどから、労働者の権利という点では大きな問題を抱えている。また、派遣労働に従事するのは女性のほうが多いことから、派遣労働もパート労働と同じくジェンダー化された課題をはらんでいる。

コメントの抽出

大学での授業のコメントから

ジェンダーに色づけされた雇用形態を、現代の女子大学生たちはどのように考え、自分の人生をどのように作りたいと考えているのだろうか。筆者はある女子大学で生涯学習に関する科目を担当している。その授業では、学習・労働・子育て・介護などを含めた生涯発達的な**キャリア**形成について、内外の統計データなどを示し、日本における生涯発達やキャリア作りの課題・対策について学生たちが考え、自らのキャリア構築に生かすことを目的としている。

二〇二〇年度の授業では、新型コロナウイルス感染防止にかんがみ、オンラインによる資料配布を行い、学生に対し授業終了後コメントの提出を求めた。学生からのコメントの一部は、次の授業の資料として前回の授業の振り返りや当該回の授業内容を補強するために使われた。また、それらは、次回の授業のみならず、内容によっては次々回以降の授業にも反映された。学生たちは授業の資料として掲載されたコメントを共有し、さらに掲載されたコメントについての共感や意見がその次の授業で共有されていった。

これから見ていくのは、授業後に学生たちが提出したコメントから抜粋したものである。[1] 学生たちのコメントに注目したのは、就職や結婚・子育てなどのキャリア形成を間近に控える彼女たちにとって、働き方をめぐる問題が、卒業後の進路を考えるうえで差し迫った課題であるからである。また、働き方と結婚・子育ては、女性にとっては切り離して考えることができない問題であり、学生たちのコメントは、女性の生き方

1　学生たちには、授業で得られたコメントについて、大学名や名前を匿名にしたうえで論文や著書に掲載することの可否について尋ね、許諾を得られた学生のコメントのみ取り上げた。また、大学名と名前を匿名にすることにかんがみ、授業内容や学生のコメントには若干の加工を施した。

を具体的に考えるうえでヒントになると考えたからである。

授業の内容とコメントを抽出した授業

本節で扱うのは、第六回目の授業後に提出された一九三人のコメントのうち、派遣労働に関するものである。履修登録者数は二〇五人で、毎回一九〇～一九五くらいのコメントが提出された。

第六回目の授業のテーマは「女性と労働――労働をめぐる葛藤」であった。五回までの授業で学んできた日本の女性の**労働力率**（緩やかな**M字型**への変遷）、国会議員・地方議会議員や管理職に象徴される男女共同参画の状況、良妻賢母と三歳児神話（第6章参照）、産後うつなどを振り返ったあと、労働をめぐる女性の葛藤を、パート・派遣労働者、正規／非正規職員の統計や、派遣労働者の「三年縛り」の情報、実話にもとづく当事者の女性たちのエピソードを見ながら考察してもらった。

派遣労働者のエピソードとして「もう少し家事に力を入れ、扶養の範囲で働いてくれ」という夫との間で葛藤する加藤さん（仮名）、妊娠を機に嫌がらせをうけた中田さん（仮名）の二つを見てもらった。加藤さんがパートではなく派遣労働を選んでいたのは、高校受験を控えた子どもを含み三人の子どもがいたこと、正社員の夫がいたけれどもより多くの収入が必要であったことを付け加えた。

派遣労働に関する学生のコメント

子育て後の派遣労働へのとまどい：Aさん

女性の非正規雇用者の割合が年齢とともに高くなっているグラフを見て、女性が家庭を持ち子どもを持つという現実が表れていると思いました。男性とは対照的でしたが、女性が子どもを出産する以上は仕方のないことだと思います。

私はもし出産したら会社を辞め、子育てに専念したいと考えています。そして子どもが大きくなったら派遣社員として働くというビジョンを描いていました。まさに授業で扱われていることですが、グラフから実際に多くの女性がそうしているのではないかということがわかり、少し安心しました。

ですが、加藤さんのエピソードにはとても考えさせられます。自分のキャリアですが、結婚して子どもを産んだらもう自分だけの人生ではないので夫の意見を聞くと、私も同じように悩んでしまうと思います。状況は変わっていくものなので余計に難しい問題です。

Aさんは、出産したら子育てに専念し、子育てが一段落したら派遣社員として働くというキャリアプランを描いていた。授業で示した正規職員／非正規職員、性別、年齢別割合のグラフ（厚生労働省、二〇一八b）を見て、自分のキャリアデザインに安堵したものの、加藤さんのエピソードはAさんに揺さぶりをかけた。結婚して子どもをもうけたら、自分の人生でありながら、もう自分の人生だけではないと思いをめぐらせ、夫を含めた家族から突きつけられる自分のキャリアへの制約に対し、自分がどう働いていくのかについて、考察を深めようとしている。

女性だけが苦しみ葛藤する社会への憤り：Bさん

産後うつなどの問題にもいえることですが、あらためてなぜ女性だけこんなに多くの苦しみや葛藤を抱えなければならないのかと、強い憤りを感じました。女性が家庭を持ったときに、加藤さんのように妻／母として家事育児を優先させるべきか、家計を支えるために働くべきかという迷いや葛藤が生まれてしまうこと自体が、この社会の風潮やシステムに大きな問題があることを表していると思います。女性と男性が同じ割合で家事育児を分担することが当たり前の社会になれば、女性の子育て後の非正規雇用などの割合が減ると思います。このことのおもな理由として次のことが考えられます。まず、正社員だった女性が出産を機にやむをえず退職するのは、空きがないため子どもを保育園に預けることができず、母親以外に子どもの面倒をみる人がいないということです。そして、企業側は育児のために一度仕事を離れ、長いブランクがある女性には、会社が必要とするような知識やスキルがないと見なす傾向があります。このように女性は企業の即戦力となる正社員として雇ってもらうのが難しいことから、多くの人がパートや派遣社員として家計を支えていくしかないと考えるのだと思います。

現在、コロナウイルスの影響で多くの非正規社員が解雇されているそうです。会社の経営が悪化したときに、非正規社員が一番最初に解雇される対象であることがわかります。「子育ては女性の役割で男性は働くだけでいい」「子育て後の女性には能力や将来性が乏しい」この二つの固定観念をなくす社会作りを男性含めみんなでしていかないと、女性の苦しみはなくならないと思います。

Bさんのコメントは、日本で仕事をしている女性の苦しみや葛藤の代弁にとどまらない。その原因としての日本における保育政策の不備、育児によるブランクで生じた女性のキャリアアップの困難をもって会社側が正社員としての女性の再雇用を閉ざし、正当化していること、さらにはコロナ禍において現実問題として生じている派遣切りに言及している。そして、日本社会に根強く残るジェンダー・ステレオタイプ（第3章も参照）と呼応する保育・労働のインフラ制度の欠陥からの脱却を訴える。

女性は非正規雇用を望んでいるのか：Cさん　今回の講義を受けて、女性が望んでパートや非正規雇用になっているわけではないことをもっと世の中に知ってもらう必要があると思いました。出産や家事をしなくてよいのなら、女性だって正規雇用のほうが効率よくお金を稼ぐことができます。しかし、女性にしかできない出産をするためや家事は女性がやるものという固定概念のために、女性が自由に社会に出ていけなかったり、ハラスメントを受けてしまったり、理解がないために起こってしまうことなのかなと思いました。一気に男女平等な世の中になるのは難しいと思いますが、女性ならではのジレンマや生きづらさを知ってもらうことでハラスメントなどは減るのではないかと思いました。また、世の中には、結婚しない人、子どもを作らない人、さまざまな女性がいます。一概に女性と分けるのではなく、どの生き方をする人にとっても平等な社会を築けるとよいと思いました。

Cさんは、女性が非正規雇用の働き方を望んでしているわけではないとして、出産や家事を請け負う女性ならではの生きづらさやジレンマを、社会（男性）にもっと知らせるべきであると訴える。社会や家庭に根強く残るジェンダー・ステレオタイプが、女性の自由な生き方・働き方への制約となるという若い世代からの訴えは、母親をくぐらせたエピソードをとおして、より現実味を帯びたメッセージを発する。

父親から「扶養の範囲で働いてくれ」と言われた母：Dさん

私の母はまさしく若い頃正社員で働いていたが、出産を機に会社を辞め、子育てが一段落した頃にパートや派遣社員などで再び働き始めたというパターンであり、いまは扶養を超えていますが父からは「扶養を超えないように働いてくれ」と言われていました。いま母がこの自分のキャリアをどう思っているのかわかりませんが夫婦喧嘩をしたときに父が「誰のおかげで飯が食えると思ってるんだ」と言っているのを見ると理不尽さを感じます。

派遣の働き方の制約：Eさん

私の母も、私が小学校の高学年になってから派遣で働き始めましたが、収入が増えすぎないように気をつかったり、会社の経営が傾いてしまったときに真っ先に切られてしまったりと、理想の働き方とは少し違う印象を受けています。女性の社会進出を促しているのに、人それぞれが持っている理想の働き方を叶えるのが難しい現状があるなど、まだまだ問題が多くあるな、とあらためて思いました。

Dさんは、自分の身近な存在である母親の生き方・働き方を、父親のあり方と対照させ、理不尽な社会や制度にも触れていた。Eさんは、派遣社員の母親が、会社の都合で派遣切りにあう働き方に触れ、メディアで標榜される「理想的な働き方」と現実との乖離を吐露した。

最後に紹介するFさんは、日本社会に根強く残る性別役割分業観を変えること、性にとらわれない生き方、雇用形態にかかわらずディーセントな働き方が尊重されること、差別をなくすこと、などを力強く訴えた。

これからの社会のあり方——さまざまな制約から自由になること：Fさん

……いままでの時代は「男性は外で働き、女性は家庭に入る」という固定概念が染みついていました。でもいまは、その固定概念をそのままにしていてはいけないと思います。時代とともにまずは私達の考え方も変えていかなければならないのです。こういった固定概念にとらわれているから、現状は男性の正規雇用のほうが女性の正規雇用の割合よりも高くなっているのだと思います。

共働きはもちろん、男性が育児をして、女性が正社員として働いてもよいのです。「珍しい」という感覚さえ払拭するくらい、当たり前になってほしいです。

派遣労働者へのハラスメントが起こることを、私は許せません。雇用形態はどうであれ、同じ会社で働いているという事実は変わりません。そういった差別があるかぎり、このような問題、大げさかもしれませんが大きな問題でいうと少子高齢化は緩和されないのではないでしょうか。

とにかく、固定概念を払拭することが一番重要だと私は考えます。男女という概念は関係なく、そして正社員、派遣社員、パート、アルバイトという雇用形態も関係なく働くには、具体的にどのような方法が挙げられるのか、もう少し自分で調べてみたいと思います。

男女どちらが育休をとっても「珍しい」という感覚が生まれない世の中になってほしいです。男だから、女だから、という概念ができるだけゼロに近づいてほしいと強く感じました。

4　これからに向けて――政策決定における女性の参画の推進

派遣法が施行（一九八六年）されてから二〇二一年で三五年になる。戦前に横行していた中間搾取や過酷な労働から労働者を守るために、戦後は原則禁止されていた労働者供給業であったが、同法の制定により労働者の派遣に道筋がつけられただけでなく、女性の非正規労働化に大きく影響を及ぼし（脇田、二〇一〇）、雇用の安定や生活に大きな打撃をもたらしてきた。

基本的人権の尊重をうたう憲法をもつ日本において、女性を含めたマイノリティの声を、法律の制定や政策に生かしていくことは、多様な人たちの人権尊重の視点から最優先の事項である。

立法を負託される国会議員のジェンダー比率を見てみると、直近となる衆議院（二〇一七年一〇月）の女性

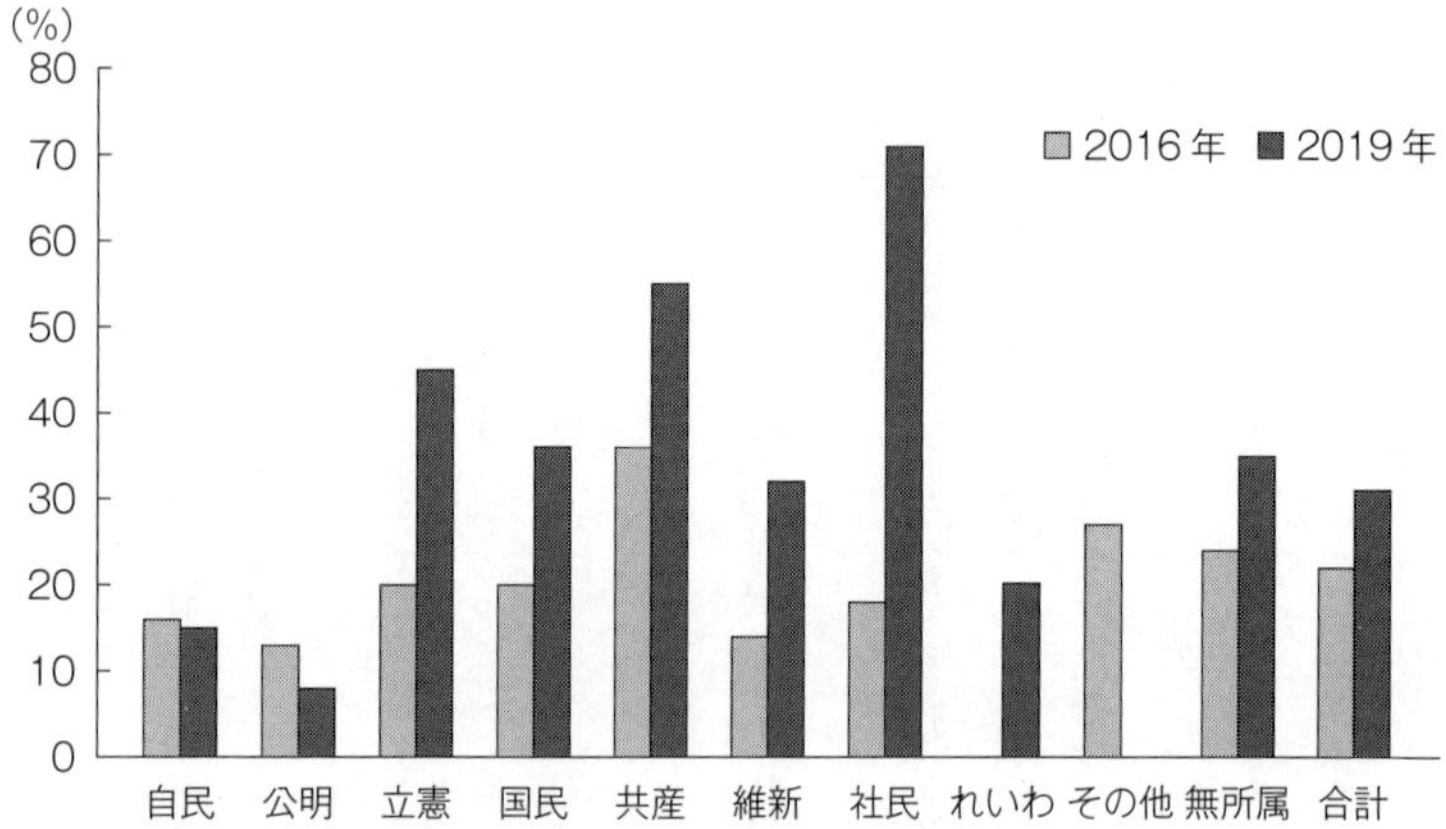

（注） 政党の正式名称は左から自由民主党，公明党，立憲民主党，国民民主党，日本共産党，日本維新の会，社会民主党，れいわ新選組である。なお，日本維新の会の2016年分はおおさか維新の会。図中には略称を示した。

（出所） 朝日新聞（2019）より筆者作成。

図 11.4　参議院選挙における立候補者に占める女性比率

比率は一〇・一%、参議院（二〇一九年七月）でも二二・六%にとどまる。二一年二月現在（概算値）、日本人の総人口は、女性が六四五〇万人、男性が六一一二万人（総務省、二〇二一）と女性が男性を上回っているにもかかわらず、国会議員におけるジェンダー比率は極端な逆転状態にある。

国と地方の議会での候補者を男女で均等にすることをめざす候補者男女均等法が二〇一八年五月に成立後、一九年七月にはじめての国政選挙として参議院選挙が行われた。朝日新聞（二〇一九）の調べでは、一九年七月四日の公示で立候補した女性は一〇四人であり、全体の二八・一%で過去最高であった。ただし図11・4に示すように、与野党によるばらつきがあり、前回（二〇一六年）の候補者の女性比率に比べ与党が減少しているのに対し、野党の増加が目立つ（なお、立憲民主党、国民民主党の二〇一六年の女性比率は、同年での民進党一一人を根拠に同率とした）。

女性活躍を目玉として「女性活躍推進法」をはじめとした政策を展開してきた最大与党の党総裁であり、当時首相の安倍晋三氏は、二〇一九年七月三日の党首討論で努力不足を認めた。真摯に女性活躍を実現する内閣の登場が待たれる。

労働をはじめとした法律の制定は、人々の生活に直結する重要な問題である。にもかかわらず法律や政策の決定の立場から女性が排除されている事実は深刻だ。法律や制度に翻弄され、主体的な労働者として生きることを困難とされた女性たちの生きづらさは、自ら好んで選んだ生きづらさではなく、ジェンダー化された生きづらさである。

その生きづらさを打ち破るのは、意外にも私たちの身の回り、たとえば選挙から始まるのではないだろうか。一人ひとりの声が連なり、手をつなぐことが行動することにつながる。行動は力となって世論を動かし、社会を動かすきっかけになる。メディア（本書を含め）はそのための有効なツールとして機能するだろう。問題を知り、共有することからしか、解決は生まれないからだ。

用語解説

キャリア　仕事上の経歴や昇進（キャリアアップ）という意味で用いることもあるが、本来キャリアとは、生まれてから亡くなるまでの長い人生や生涯のことをいう。学校教育では現在キャリア教育の推進がうたわれているが、自分の適性や目の前の進路選択（第3章参照）にとどまらず、これまで自分がどのように生きてきたのか、またこれからの人生をどう生きていくのか、という大きな視点からとらえていくことが重要であり、仕事や家庭を考えるにあたりジェンダーの視点は必須である。

労働力率　一五歳以上の人口のうち「就業者」と「完全失業者」を合わせたものを労働力人口といい、労働力人口比率（労働力率）とは、一五歳以上の人口に占める「労働力人口」の割合を示す。就業者とは、調査期間中に賃金、給料、諸手当、内職収入などの収入（現物収入を含む）をともなう仕事を一時間以上した者（総務省統計局、二〇一八）。

M字型　女性の労働力率を年齢階級別に見ると、最終学卒後に女性の労働力率が上がり、結婚・子育てを機に急下降し、子育てが一段落したところで再び上昇するグラフとなることから、大文字のMになぞらえてこのように表現する。日本は時間をかけて極端なM字型から緩やかなM字型（台形型）へと変化している。最新のデータでは、北欧では年齢の違いがほとんど見られないなど、国によってカーブが異なるのは興味深い（内閣府男女共同参画局、二〇二〇）。

ブックガイド

石嵜信憲編著・小宮純季『労働者派遣法の基本と実務　第二版』（中央経済社、二〇二〇年）

実務者向けの専門書であるが、労働者派遣法を初学者にもわかりやすく説明している。第一部では、一九八五年の労働者派遣法の成立以降の派遣法改正の要点や問題点を簡潔に説明し、派遣法の複雑な構造や歴史を図表で視覚的に説明している。第二部では派遣法の逐条解説が展開されている。派遣で働く人たちにもお勧めである。

伍賀一道『「非正規大国」日本の雇用と労働』（新日本出版社、二〇一四年）

非正規労働の問題は、雇用や収入をはじめ、生活の安定に直結する問題である。グローバル経済を背景に、人件費を抑える切り札として、小泉政権や安倍政権が進めてきた労働政策での規制緩和策として取られてきたのが、派遣労働や請負などの間接雇用であった。この本では、一九八五年以降の労働者派遣法成立以降の非正規労働の増加と人々の貧困や労働者の孤立化を、インタビューや豊富なデータから明らかにする。そのうえで、ディーセントな労働の確立に向けての提言を、労働運動の側面から行っている。

浅倉むつ子『労働法とジェンダー』（勁草書房、二〇〇四年）

男性によって構築されてきた労働法の体系に、ジェンダー分析の視点を照射し、フェミニズム、ジェンダー学、法律学、労働法の四つの関係についての論考をおさめている。多くの女性が低賃金で社会的評価が低く、不利益な就労形態におかれてきたが、そうした「女性ならではの経験」が個人的で私的なことにとどまらず、社会や政治に埋め込まれた構造であることを示す。労働法学の中心に女性を位置づけ、労働法という学問の脱構築を図っている。

第12章　「となりにいる」フェミニストたち

the personal is political のいま

青野篤子

フェミニストということばには、男女平等を声高に主張し男性を敵対視する人というイメージがあるようだ。しかし、本当は、「女性も（どんな人でも）男性と同じように発言したり、同じように教育を受けたり、同じように仕事に就く権利がある」と、当たり前のことを主張し、それを実現しようとがんばっている人がフェミニストなのである。そうすると、自分自身もフェミニストといえるかもしれないし、自分の身近なところにいるかもしれない。たとえば、本章にとりあげた三人である。この人たちに共通しているのは、自分自身の生きづらさをそのままにしないで、仲間と一緒に社会を変えていくエネルギーにしていったところである。つまり、「個人的なことは政治的（the personal is political）」の実践者なのである。

本章では、社会を変えていこうと思う女性たちは、どのような経験を経てそのように考えるようになるのか、TEMという手法により、社会の出来事や人との出会いと自身の人生の分岐点・到達点を描き出すことを試みる。

1　フェミニズムの変遷

フェミニズム（feminism）は日本語では女性解放運動であり、その歴史は長い。これはジェンダー平等が実現しないことの証左であると同時に、世代から世代へとその思想を少しずつ変化させつつ、受け継がれていることを示すものでもあろう（青野、二〇一六）。祖母世代から母親世代へ、そして娘世代へと受け継がれるなかで、フェミニズムがどのような変遷をたどったのか、簡単に振り返ってみよう。

ウーマン・リブからフェミニズムへ

第一波・第二波フェミニズム　フェミニズムは一九世紀末から現在にいたるまで大きく三度にわたる運動の高まりがあった。第一波はまず、女性の相続権、財産権、そして参政権を求める運動として始まった。

フェミニズム第二波は、一九六三年に出版されたベティ・フリーダンの *The feminine mystique*（邦題は『新しい女性の創造』）が契機となっている。著者は女子大学で心理学を学んでいたが、結婚のため博士課程への進学は断念したという苦い経験をもっていた。卒業生たちの多くが専業主婦となっており、家庭に埋没し自己実現できない身のうえを嘆いていることを知り、女らしさの神話から脱却しなければいけないことを訴えた。第二波フェミニズムがウィメンズ・リブ（women's liberation）とも呼ばれる理由はここにある。日本では「ウーマン・リブ」と呼ばれた。

この運動を象徴する「個人的なことは政治的である（the personal is political）」ということばがある。このことばを提唱した一人はキャロル・ハニッシュだといわれているが、この人は、一九六九年にエッセイのなかで、性、容姿、妊娠中絶、保育、家事の分担といったことがらは私的な問題にすぎないという考え方に疑問を呈し、女性は自責的な考えを捨て、それぞれがおかれた状況と問題を共有し、男性優位社会に連帯して立ち向かうべきだと訴えた（Hanisch, 1996）。そして「個人的な問題は政治的な問題である。そこでは個人的な解決というものは存在しない。集団的な解決に向けた集団的な行動があるのみだ」と述べている。個人の私的な経験は女性の多くに共通しており、政治とつながっているという考え方のもと、女性たちが草の根で各地に立ち上げた**意識高揚**（CR）**グループ**がさかんに開催された。

第三波フェミニズム　一九八〇年代終わりから九〇年代にかけて起こった第三波は、第二波の問題意識を引き継ぎつつ、人種やセクシュアリティ、ポストコロニアリズムなどの視点が強調されることになる。つまり、これまでのフェミニズムは性差別の解消を目標にしていたが、性差別は多くの差別問題と重なっていること、女性・男性のなかにも格差があることから、社会構造そのものに踏み込み多角的にジェンダーをとらえる必要があるという認識に立っていた。そこで学問としてのジェンダー論がさかんになった半面、女性の権利拡張のための運動は下火になっていったと思われる。また、世界的に広がりをみせた**新自由主義**の影響により、個人の自己決定が尊重される風潮のなかで、女性の連帯は薄れた感はあるが、若い世代の考え方や行動にはジェンダーにとらわれない自由な気風も生まれたのもこの時期の特徴であろう。

バックラッシュ　第三波の陰で、フェミニズムに対する批判や反動的な動き、つまりバックラッシュ（揺り戻し）も世界的な広がりをみせた。女性が子どもを産むか産まないかは女性に決定権があるというリプロダクティブ・ヘルス・ライツ（性と生殖に関する健康と権利）に対しては中絶反対運動、女性を家族から解放しようという根本理念に対しては家族を守ろうという運動などである。また、日本では二〇〇〇年頃に**ジェンダー・フリー保育**（教育）や性教育に対する攻撃やジェンダー関連書籍の撤去事件などが起こった。

こういった激しい攻撃が起こった背景には、多くの人々のフェミニズムに対する冷ややかな態度というものがあり、この頃からの時期は**ポスト・フェミニズム**と呼ばれる。ちなみに、ポスト・フェミニズムには、フェミニズムがその政治的目標をすでにほぼ達成した社会とみなす立場と、新しい視点から社会のなかのジェンダー構成をとらえる立場とがある（高橋、二〇一九）。

フェミニズムのいま

第四波フェミニズム

二〇一〇年代以降のフェミニズムは第四波と呼ぶことができる。この最大の特徴は、インターネットの普及により、フェミニズムに関する思想や情報とそれに対する批判が幅広い層に拡散されるようになったことと、私的な体験や主張を広く発信するツールとしてSNSが活用されるようになったことである。二〇一七年にツイッター上で起こった#MeToo運動は、映画界でのセクシュアル・ハラスメントを告発した数人の女優たちに続いて、同様の被害を受けたことがある女性たちが告発運動に参加したものである。女性たちは勇気をもって声をあげることで社会が変わることを経験したのだが、自らの経験から出発する点で第二波フェミニズムの the personal is political につながるものがある。

フェミニズム・リブート（feminism reboot：フェミニズム再起動）ということばが韓国ではよく使われるそうだ（趙、二〇二一）。Kポップのアイドルであり女優としても活躍したソルリの自死を契機に、女性が性的対象としてみられる社会への批判が起こり、『八二年生まれ、キム・ジヨン』がベストセラーになったことはその一例である。タレントの自死は日本でも問題視され、「キム・ジヨン」の映画は日本でも公開されている。ここに若い女性たちの共通した生きづらさを見出すことができる。それは、モノ（消費財）としての性の商品化という問題である。

フェミニストとは？　フェミニズムは世代から世代へと受け継がれている。第二波フェミニズム（リブ）を経験した人たちは現在七〇歳前後である。この娘たちはおよそ四〇代であり、第三波フェミニズムの時代を生きている。このような世代差は**コホート効果**とよばれる。Zucker and Stewart（2007）の調査では、同じ大学の卒業生で三つの世代（一九五一／五二年卒業生、七二年卒業生、九二年卒業生）を比較したところ、九二年卒業生でフェミニスト的態度をもつ人が最も多かった。一方で、フェミニスト的態度に影響するのは、世代の要因よりも、自身をフェミニストとみなしているかどうかの要因だという指摘もある（Duncan, 2010）。

時代が新しくなるほど、人々はフェミニスト的な考え方に触れる機会が多く、潜在的なフェミニストは増えていると考えられる。しかし、フェミニズムやフェミニストに対する批判も根強く、フェミニストを自称する人はむしろ少なくなっている印象を受ける。高橋（二〇一九）は、自分をフェミニストだと考える人が一九八〇年代から二〇〇〇年代にかけて減少している米国のデータを引用し、これはフェミニストということばが多義的であることと、フェミニストにアンビバレントな態度をもつ人が多いことに起因するのではないかと指摘している。ならば、あらためてフェミニストとはどのような人をいうのか、再定義が必要ではないだろうか。フェミニストとは最も広義にはフェミニズムを推進する人、フェミニズムに賛成する人であろうが、より今日的には、the personal is political の実践者という定義が有用だと考えられる。すなわち、学問や思想としてフェミニズムを論じるのではなく、生活のなかで感じる女性や社会的弱者への抑圧を解消すべく、他者とともに行動し、社会に働きかける人たちである。そのような人を、私は「となりにいる」フェミニストと呼びたい。

2　研究の目的と方法

前節で述べた「となりにいる」フェミニストとはどのような人たちなのか、実際に社会で活動しているフェミニストたちに話を聞いて、その人生径路を調べることにより、特徴を明らかにしたい。そのために、三人の女性にインタビューを行い、**複線径路・等至性モデル**（ＴＥＭ）による分析・考察（安田・サトウ、二〇一二）を行った。ＴＥＭは時間を捨象することなく、個人の経験の多様性を記述するのに適した手法で、非可逆的時間における「複線径路」と「等至性」という概念を特徴とした質的研究法である。

目　的

本章では、世代の異なる三人のフェミニスト活動家（それぞれ、第二波フェミニズムの時代、第三波フェミニズムの時代、第四波フェミニズムの今日を生き、そこから影響を受けたと考えられる人たち）から、これまでの経験を聴きとり、どのような経験をとおしてフェミニストとしての問題意識をもつようになり、どのような経験をとおして実践を行うようになり、そして何を目指しているのか、人生径路の分岐点と現在の到達点に注目して分析を試みる。

方　法

協力者

本人が自称せずとも、筆者からみて、女性や子どもなど社会的弱者の不利な状況を改善すべく、社会的活動を行っている人をフェミニスト活動家と考え、中国・四国地方でそのような活動を行っている三人の女性の協力を得た。三人には、研究の目的や方法、データや個人情報の扱い、成果の公表などについて説明し、協力をお願いした。そして同意書にサインをもらった。また、作成したTEM図や原稿には目をとおしてもらった。Aさんには二〇二〇年一一月に約二時間、Bさんには同年六月、八月に合計約三時間、Cさんには同年一〇月に約二時間のインタビューを行った。

インタビューの方法・内容

大まかな質問をして参加者に自由に話してもらう半構造化面接を行った。「どうして社会に疑問をもつようになったか、おかしいと思ったこと、怒りたい気持ちになったこと、自分の指針にしていること、何をエネルギーにして活動しているのか、これからどんなふうに進もうとしているのか、どこからでも話しやすいところから話してください。ほかの道もあったかもしれないと思うことも教えてください」と問いかけて面接を始めた。了解を得たうえで、ボイスレコーダーに録音し、逐語録を作成した。

TEM図の作成

インタビュー内容の分析には、TEMを用いた。三人はフェミニスト活動家として価値観や信条など共通点も多いと思われるが、世代や活動分野が異なることから、経験はかなり多様であるため、一人ずつのTEM図を作成することにした。表記には図12・1に示す図形・記号を用い

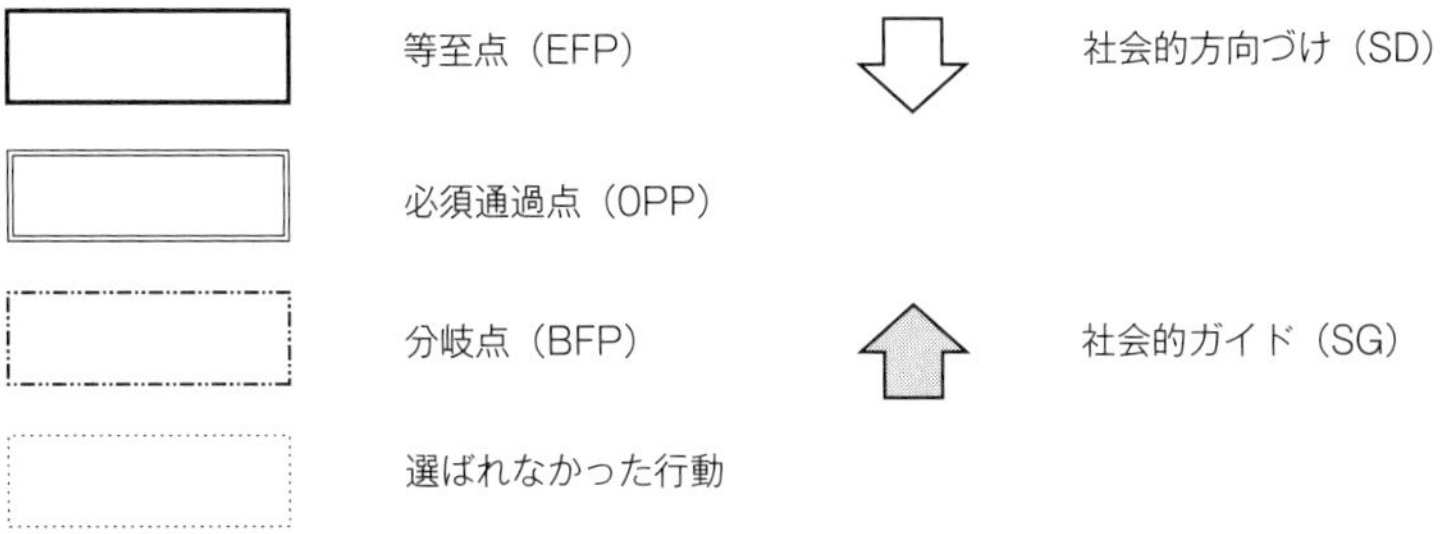

図 12.1　本節に掲載したTEM図のなかの図形・記号の説明

る。TEMが重視する等至性（Equifinality）の概念では、個々人がそれぞれ多様な径路をたどったとしても等しく到達するポイント（等至点：Equifinality Point：EFP）があるという考え方を基本とする。そして、その等至点に到達するまでには、どちらの方向に進むか迷ったり不安や葛藤を感じる地点があり、それを分岐点（Bifurcation Point：BFP）として表す。必須通過点（Obligatory Passage Point：OPP）は、そのような時代や状況であれば必然的に経験するであろうポイントのことである。TEM図には周りからの影響を書き加えることができる。ある方向を志向した個人の経験に促進的に作用する事象や働きかけ（等至点に近づけるように働く力）を社会的ガイド（Social Guidance：SG）として上向きの矢印で表し、逆に抑制的なもの（等至点から遠ざかるように働く力）を社会的方向づけ（Social Direction：SD）として下向きの矢印で表す。分岐点は、どちらの方向にいくか逡巡のある状態であり、そこにはこういった諸力が働いている可能性がある。

トランスビュー

二〇二〇年一二月に、作成されたTEM図と分析結果を協力者のもとに持参し、話し合いの時間をもった。その結果をもとに、TEM図と分析結果に必要な修正を加えた。この手続きは、トランスビューと呼ばれる。荒川・安田・サトウ（二〇一二）は、「インタビュー（Inter-view）は語り手と聴き手の間（inter）で、ものの見方や視点（view）が拡張される営みであるが、ＴＥＭ図を介して語り手と聴き手の視点の『融合』がなされる有り様はトランスビュー（Trans-view）であるということができよう」と述べている。

3　三人のフェミニストがめざすもの

三人のＴＥＭ図をもとに、それぞれの人がどのような経験と紆余曲折を経てそこにいたったのかを分析・考察する。まず、人生のいくつかの局面で経験が収束しその段階での到達点となっていると考えられる等至点に注目する。そして、そこにいたるまでに何度か遭遇した分岐点に注目して時期を区切り、そこでどのような迷いや葛藤があったのか、そこにどのような影響が加わってどのような選択をしたのかを考える。そして、三人の人生径路を総合して、the personal is political の観点から総合考察を行う。

Aさん――フェミニストとして生きる

プロフィール

一九四七年生まれ。大学進学と同時に学生運動に没頭。その後リブの運動にも出会う。学生運動で知り合ったパートナーと結婚して、その人の故郷へ転居。そこで同じような境遇にある女性たちと、リブの活動を展開し、ミニコミ誌を発行する。三〇代で離婚し故郷に戻る。しばらくしてＤＶ被害者を支援する活動に従事する。

等至点と必須通過点

Aさんの人生径路は図12・2に示している。Aさんは全共闘世代として、当時の若者の多くがそうであったように学生運動にのめり込み、歴史は自分たちで変えていくこ

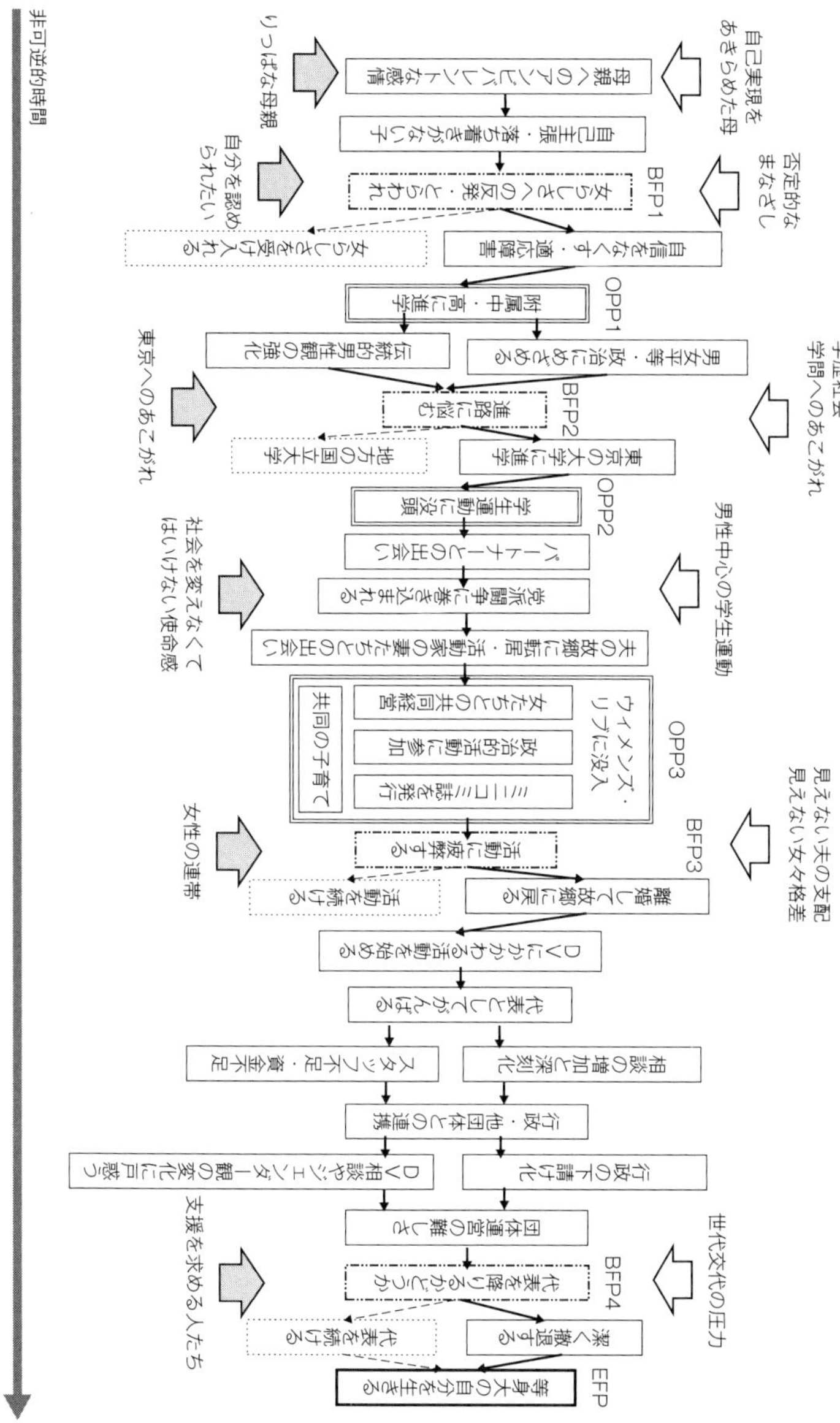

図 12.2 Aさん TEM 図

とができるという思いを抱いた。しかし、体制の力は大きすぎ、また学生運動のなかにも性別役割分業が存在すると感じていた。その後リブの活動に共感と展望を見出し、グループを通じてさまざまな表現活動に取り組む。故郷に戻り、傷ついた女性たちの力になりたいとNPOを立ち上げ、痛みを力に変えていく当事者性を背景に活動にかかわっていく。いま現在、団体運営の難しさ、女性と男性をとりまく状況の変化、自身の加齢や経済的問題に直面すると同時に、人生の晩年にさしかかり「等身大の自分を生きる」にはどうしたらいいかと考えている。それが等至点（EFP）となる。当時政治にめざめた若者にとって「学生運動に没頭」することや「ウィメンズ・リブに没入」することはごく自然な流れであったため、それらは図中で必須通過点（OPP1～3）とした。

故郷での学校生活

家父長制が色濃く残る地方都市での生活は、Aさんにとってとても生きにくい場所だった。自分を認められたいと思う（SG）が周りからは否定的なまなざしを受け（SD）、「女らしさへの反発・とらわれ」を感じるのが分岐点1（BFP1）である。女らしさの期待に応えらえず適応障害のような状態になる。多様性には寛大であろうと、母親の勧めで附属中・高に入るが、そこでは伝統的な男性観が強化され、都会の学生運動に触発され東京に出ていくことになる。インタビューでは、ここでの進路選択がベストだったかどうか、地方の国立大学に進学して社会学、心理学を学び資格を取り経済的な力を手にすべきではなかったか、という後悔の気持ちが吐露されたため「進路に悩む」を分岐点2（BFP2）として設定した。

学生運動・リブの活動

あこがれていた東京（SG）での生活は学生運動一色となった。そこでパートナーと出会い、一緒に活動するようになる。しかし、学生運動は安保反対などの一丸となった反体制運動から、学生団体や党派（セクト）が正当性を競い合う闘争に変わっていくように思えた。学生運動のなかで多くの女子学生たちは男子学生のわき役でしかないのではないか？　Aさんは学生運動のなかで社会に立ち向かう使命感だけでなく不条理な性別分業と性差別を体験していた。折しも、各地で女性解放を叫ぶグループがさまざまに誕生し、女性自身が変わることでしか社会は変わらないと主張し、多くの女性の共感を得ていた。一九七〇年一〇月に、田中美津率いる「ぐるーぷ闘うおんな」の黒旗に出会った衝撃はいまでも忘れられないという。

主婦的状況＝働きながら子育てすることのたいへんさを抱え、それをなんとかしたい、自分らしく生きたい、本音で生きたい、語りたい、という思いを共有できた（SG）ところで、女たちのネットワークが生まれ、育てる場と働く場を共同で創ることをめざして、共同保育と共同の仕事を生み出す。合間をぬって優生保護法改悪阻止、児童扶養手当削減反対などの運動にも参加した。その活動を社会に発信するためにミニコミ誌も発行した。生活者だからこそ見えてくる政治の矛盾、女性だからこそ見えてくる社会の矛盾、これがいまも続く女性の運動の原点なのではないかと、当時を振り返ってAさんは総括する。しかし、理想を追求するなかで多くの矛盾が噴出してくる（SD）。女が働くこと・育てること・闘うことに引き裂かれてボロボロになっていった。これが「活動に疲弊する」という分岐点3（BFP3）である。

「みんな、無茶苦茶パワフル、エネルギーもあって、みんなすばらしかった。でも無茶苦茶痛々しかった」と、Aさんは当時を語る。働く女性を守る社会の仕組みがないと、小さな共同経営では妊娠・出産・育児を支えきれない。資本主義社会における生産性とか効率の原理に飲み込まれていくしかなかったのだ。

傷ついた女性を支援する

二〇年近くすごした地をあとにし、一九九三年に自身の故郷に戻ることになった。まったく新しい環境ともいえる場所で新しい仲間との出会いと、新しい自分との出会いがあった。Aさんは、憲法で男女平等がうたわれても現実はそうではない、経済的な格差を含め、女性を従属的な位置におとしめる構造の一つが女性に対する暴力（DV）であると考え、二〇〇一年（この年にDV防止法が施行される）に仲間とNPOを立ち上げ、その代表を務めることになった。Aさんにとって、この活動は自己実現につながるものであった。つまり、学生運動でもリブでもなしえなかった自己の解放を、当事者の支援をとおして追体験することができたのではないだろうか。また、代表を務めることも自己効力感や自己評価を高めることになっていたと思われる。しかし、活動が二〇年の歴史を刻むなかで、DVの社会的認知は高まりニーズが増大していった。行政との連携、NPOの運営、社会的信頼の維持など、団体運営は多くの困難を抱えるようになる。二〇年間代表としてこの団体を運営してきて、困難な状況にある女性たちとつながれる現場にとどまりたいという気持ち（SG）と、複雑な組織運営は自分には無理という気持ち（SD）の間で揺れ動くのが「代表を降りるかどうか」という分岐点4（BFP4）である。

自分の着地点を見つけることの困難を感じているAさんであるが、女性の支援者でありたいという気持ちをもちながらも、等身大の自分で老後を生きたいと考えている。リブの活動が残したものはなんだったかという質問に「女は女たちの力になれる。競争を強いられても、つながることへの希望をなくさないようにしたい。いつだって変わることはできる。傷ついてぼろぼろになっても変わることができると信じたい」とAさんが語ったことがいま現在の彼女の指針となっているようだ。

Bさん――生活者であり市民運動家

プロフィール

一九六七年生まれ。小学生の頃にギターを始め、中学生から社会人になるまでバンド活動をしていた。職業訓練校でデザインを学び、デザインの道に進む。結婚・出産を機に夫の故郷で暮らすようになり、そこで絵本の読み聞かせやＰＴＡ活動、反原発の市民運動、行政の委員などにかかわる。四九歳のときに線維筋痛症になる。回復後は農作業もやりながら活動を継続している。

等至点と必須通過点

Bさんの人生径路は図12・3に示している。Bさんは子どもの頃から活発で、女らしさの押しつけに反発し、男の子に負けたくないと思っていた。勉強はよくでき、スポーツや音楽も得意だった。小学校六年で児童会長も任された。しかし、自覚はあまりなかったが気をつかいすぎたせいかストレス性膵炎になった。先生のえこひいきなど大人の不条理な言動をみるにつけ、「社会・教育への矛盾を感じる」ようになった。これは社会活動家Bさんが児童期にすでに到達していた等至点（ＥＦＰ１）となる。Bさんには学校の勉強以外にたくさんの趣味があり、大人との出会いにより実社会への関心が強くなっていった。早くに職業に就き結婚・出産を経験すると、生活者としての疑問が芽生え、「社会にかかわり何かを変えたい」と思うようになる。これが第二の等至点（ＥＦＰ２）となる。Bさんはさまざまな社会的活動に積極的にかかわるようになるが、自分の思い込みから家族ストレスを抱えて線維筋痛症を発症してしまう。市民運動の将来への期待、農作業をとおした自然の学びから、成果を急ぐことなく「四車線・五車線を行ったり来たり」しながら活動を続けたいという境地にいたる。これが第三の等至点（ＥＦＰ３）である。また、多くの人が通るであろう必須通過点として「元気な子ども時代」（ＯＰＰ１）「多感な中学生」（ＯＰＰ２）「結婚・出産」（ＯＰＰ３）を設定した。

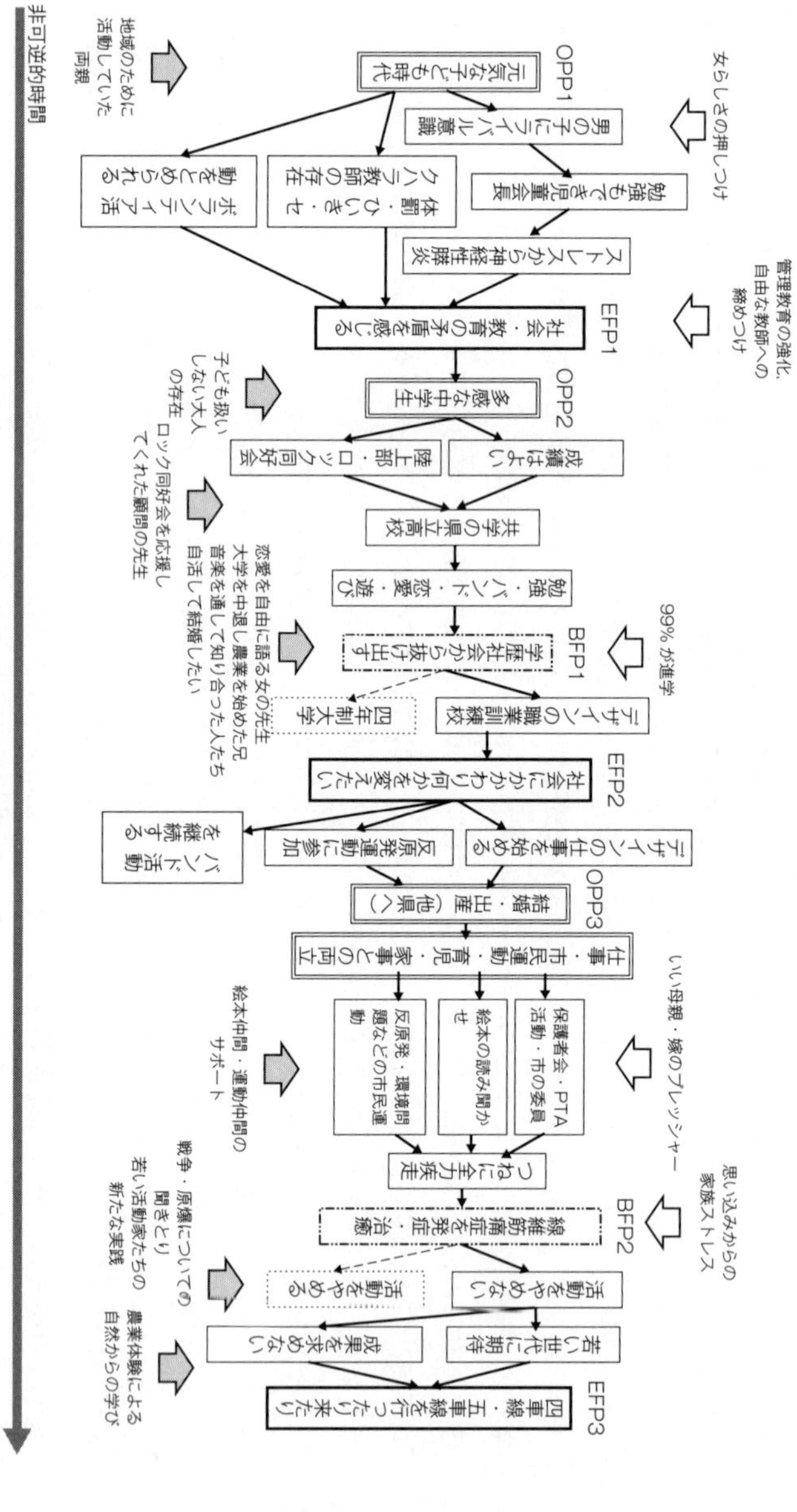

図12.3　Bさん TEM図

学歴社会から抜け出す　小学生の頃から成績もよくスポーツや音楽にも秀でていたBさんは、自分は教師に重宝される生徒だったのではないかと回顧する。そして、成績のよい子をひいきし、障害のある生徒を邪険に扱う先生の差別的態度を見るにつけ、自分は差別する側にはなりたくないと思った。公立の高校進学（ここもかなりの進学校だったようだが）以降はさまざまな活動に打ち込むようになる。成績も一定程度維持したうえ、ロックバンドの比重がかなり大きなものとなっていった。この頃、自身の恋愛について語ってくれた女の先生や、環境・人権問題を教えてくれた兄、音楽をとおして知り合った人たちとの多くの出会いによって、Bさんの視野は大きく広がり（SG）、皆＝マス（大衆）と同じ（SD）ではいけない、自分で決められる人になりたいと強く願うようになる。図中の「学歴社会から抜け出す」が第一の分岐点（BFP1）である。九九％が大学に進学する高校で四年生大学への進学を当然周りは薦めるのであるが、あえてデザインの職業訓練校を選んだ。

社会的活動と家庭との両立　Bさんは職業訓練校時代からバンドを組み、定期的にライブをするなど、音楽活動にもかなり熱心であった。結婚・出産で転出したのを機にバンド活動は自然に消滅するが、音楽活動は子育てのなかでの重要な比重を占めている。それに加わったのが、さまざまな社会的活動である。絵本の読み聞かせは、自身の子どもが絵本をとても喜んだことから、よその子どもにも読んであげたいと思ったのがきっかけだった。また子どもたちがおかれた環境をこの目で見て少しでもよい方向に変えていきたいという思いから、保護者会・PTA・市の委員会の活動には積極的にかかわっていった。それは、子ども時代に経験した教育や社会の矛盾を、今後は親として体験する場でもあった。子どもの頃から、さまざまな活動をしている人との出会いや交流があり、そのような人たちがBさんのロール・モデルになっていたのだと思われる。

五〇歳直前に線維筋痛症を発症・治癒

三〇代、四〇代は若くてエネルギーもあったので、仕事・家事・育児・社会活動に全力で取り組んだ（「目の前にぶら下げられた人参を追いかけた」とBさんは言う）Bさんであったが、五〇歳になる直前に、自分の思い込みによって抱え込んだ家族ストレス（SD）が原因で線維筋痛症を発症し、約三年の自粛・闘病生活で治癒した。この病気の原因はよくわかっていないが、老いを先取りするような体験であったという。これが分岐点2（BFP2）となる。ここで「活動（のいくつか）をやめる」という選択肢もあっただろう。折しも同居していた義母が亡くなり、心の自由度が高まりストレスが軽減された。また、市民運動に若い活動家も加わり、新しいスタイルを実践しているのを見ると、次の世代が育っていることに期待がもてる（SG）ことから、Bさんは「活動をやめない」という選択肢を選んだ。そして外仕事（農作業）に積極的にかかわるようになり、Bさんの心境に大きな変化をもたらしたのである。「自然はうそをつかない」「自然には回復力がある」「自然は成果を求めない」など、Bさんが自然を語る形容詞は多様であるが、自然が自分に力を与えてくれることを実感している。このようなプロセスを経て、いまBさんは、「四車線・五車線」の人生を少しゆったりと進んでいこうと思っている。

Cさん——弱者の視点から政治に物申す

プロフィール

一九七三年生まれ。親元を離れミッション系の中高一貫校に通う。その後、専門学校に入るが中退。花屋などのアルバイトで生計を立てる。アルバイトをしているときに知り合った人と結婚。二子（一男一女）をもうけるが、離婚。母親の事務所で一〇年間ほど働き、福祉の勉強をするために大学に入学。福祉関係の仕事を経験したあと、シングルマザー交流会の活動や子ども食堂を主宰。そのほか、フラワー・デモや女性議員を支援する活動などにもかかわっている。

等至点と必須通過点

Cさんの人生径路は図12・4に示している。Cさんは、何ごとにも一生懸命な母親と仕事熱心な父親のもとで大事に育てられた。しかし、母親の過剰な子どもへの関心と期待は負担にも思えた。中学・高校は親元を離れて自由にすごす。大学受験は失敗し専門学校に入ったものの、そこも中退。アルバイト生活を経て結婚し子どもが二人できたあと、夫の金銭問題などで離婚にいたる。しかし、議員となった母親の仕事を手伝うなかで培われた社会的関心から、さまざまな市民運動に参加するようになっていた。離婚後にシングルマザー交流会の設立に携わり、社会人入学した大学で福祉の勉強をした後、数年間福祉の仕事をする。しかし、当事者であることにこだわり、女性と子どもを支援することが自分の使命と考えたため、子ども食堂の運営に乗り出した。さまざまな市民運動ともつながり、自分たちの活動の意義を感じていることから「女性と子どもの支援を続ける」が等至点（EFP）となる。「英語学科を落ちて専門学校に行く」「アルバイトで生計を立てる」「念願のカナダに三カ月滞在後、結婚」「大学に入りなおす、福祉の勉強」は、多くの人が経験する事柄であり、必須通過点（OPP1～4）とした。

うつ状態になり自分を見つめなおす

小学生の頃、自分が病弱だったこともあり、母親は学校給食をよくする運動や環境問題にかかわる市民運動を活発に行っていた。正義感が強く正論を言う母親（SD）には反論しつつも、自分を責めてしまうこともあった。「中学進学と将来を考える」という分岐点1（BFP1）では、なじんだ家や家族と離れる一抹の寂しさもあったが、どうしても離れたい友だち（SG）がいたので、結果として、親元を離れてミッション系の中高一貫校に進学することになった。Cさんは多少枠をは

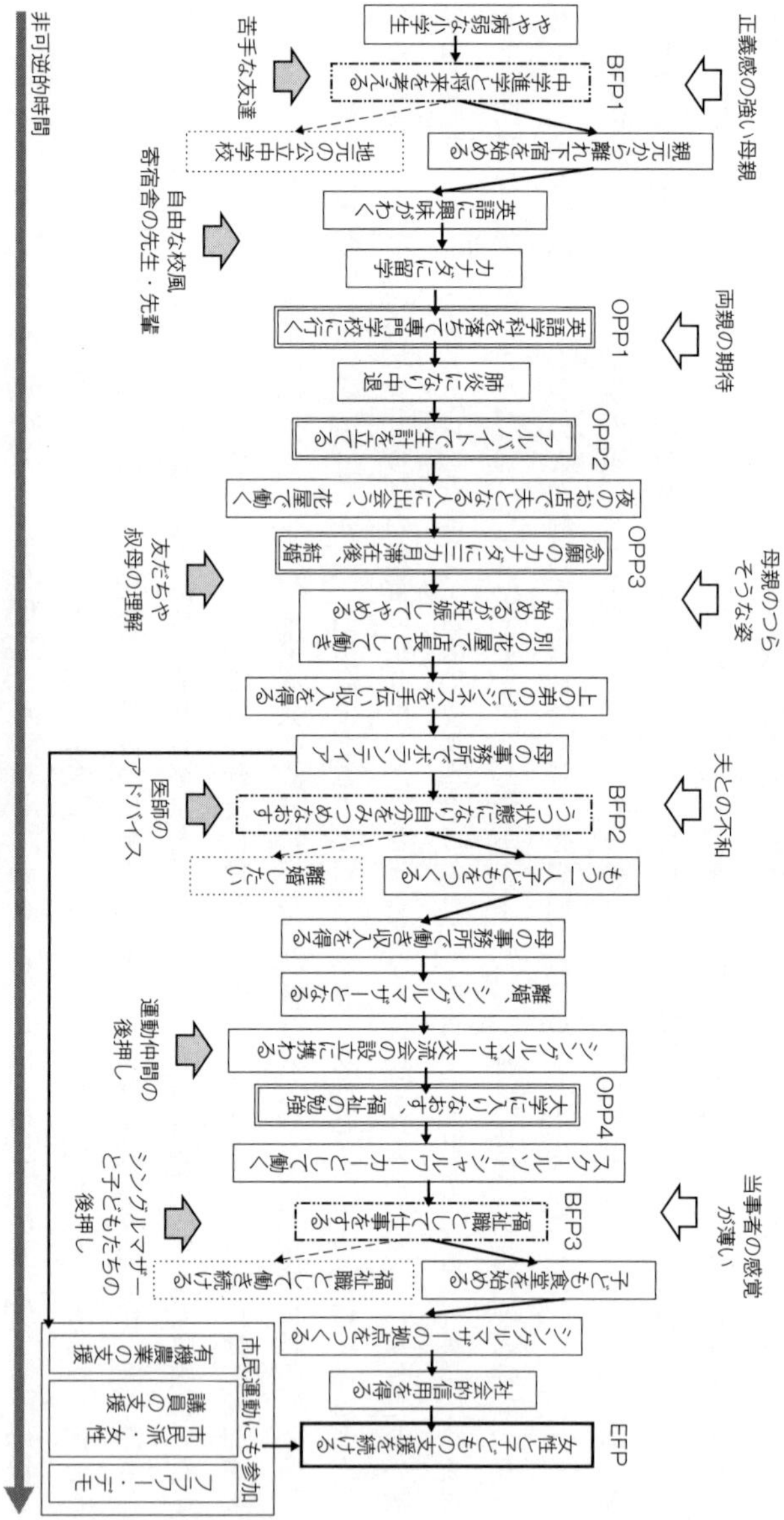

図 12.4　Cさん TEM 図

み出し気味の中高生生活をすごしたようだ。しかし、自由な校風のなかで先輩や先生から多くの刺激を受け、お互いを認め合うような友情を培うことができた。

そして、英語への興味が強くなり、カナダに留学することになった。しかし、受験勉強をしなかったため志望校を落ちて、専門学校に行くことになる。それも肺炎のため中退。その後はアルバイトで生計を立てる。夜のお店で働いていたときに出会った人と親しくなり結婚の約束をするが、反対を押し切って、結婚前に念願だった二度目のカナダ行きを決行。帰国して結婚。まもなく子どもができて専業主婦となる。しかし、夫はギャンブル好きで金癖の悪い人だった。夫との関係は険悪で（SD）「うつ状態になり自分をみつめなおす」ことになる。そのとき、医師の薦めてくれた本で自身がアダルト・チルドレンであることを悟ったのである（SG）。これまでは、こうすべきという思いが強すぎて怒っていたが、自分の気持ちに正直になる必要があると知った。そこから気持ちが楽になったという。これが分岐点2（BFP2）となり、自分が主体的に、もう一人子どもをつくってから離婚しようと決めることができた。

福祉職として仕事をする

Cさんは母の求めで母の事務所で働くようになったが、一定の収入が得られることで離婚が選択肢に入ってきた。夫のお金の使い込みを知ったのを契機に離婚を決意した。社会全体でも離婚が多くなり、シングルマザーと子どもの支援が必要と気づき、女性議員からの勧めもあり、シングルマザー交流会の設立に携わることになった。事務所で働き続けるつもりはなく、福祉に関心があったため、働きながら、福祉を学ぶために大学に入りなおすことにした。卒業後は、スクールソーシャルワーカーとして、難病の子どもの支援を行っているＮＰＯ法人で働くことになった。しかし、教育現場で理解の進まないスクールソーシャルワーカーとしての働き方や当事者意識があまり感じられない仕事に限界を感じる

（SD）ようになる。折しも、子どもの貧困問題がクローズアップされ、子どもと家庭（SG）にかかわれる「子ども食堂」が自分のやりたいことに近いのではないかと考えるようになった。そこで分岐点3（BFP3）の「福祉職として仕事をする」ことが、「福祉職として働き続ける」か「子ども食堂を始める」かの大きな岐路となったといえる。シングルマザーと子どもたちの存在も後押しとなって、結果として、仲間とともに子ども食堂の運営に乗り出すことになった。

女性と子どもの支援にかかわる　その後テナントを借りて子ども食堂の運営をしながら、有機栽培の野菜を使った食べ物を提供するお店を経営することになるが、自然とそのお店が、女性の相談を受ける場所であり、子どもが落ち着いてすごせる場所になっていった。全国に先駆けたCさんの活動はほかの地域のモデルにもなっている。地道なシングルマザー交流会と子ども食堂の活動は行政や教育関係者からも注目され、いまでは子ども福祉の分野では一目おかれる存在となっている。子どもの福祉は政治の動きと切り離せないことから、Cさんは、有機農業の支援、女性議員の支援など幅広く市民運動に参加している。

何が彼女たちをそうさせたか——まとめにかえて

牟田（二〇〇六）は、フェミニズムの展開の歴史は、単線的な進化論図式で運動をとらえることの誤りを教えていると述べている。すなわち、時の経過と運動の進行とともに、かかわる世代や社会的立場の多様性は増していく。それゆえ、フェミニズムは、担い手の多様性とともに多様な複数の運動として螺旋状に円環する道筋をたどりながら継続していくだろうと。その意味で、本章でとりあげた三人の女性たちの実践もその円環の一部を形成していることになるだろう。

三人の女性たちは、生まれ育った環境や経験が特別というわけではない。そして、多くの女性と同じような生きづらさを抱えていた。ただ、その生きづらさをばねにして行動に移していくという点が、普通の多くの女性たちと異なるところかもしれない。その意味でこの三人は「となりにいる」フェミニストと呼ぶにふさわしい人たちである。三人は生きてきた時代やフェミニズムの土壌が異なることから、そのめざすところや現在での到達点は異なっている。しかし、フェミニストになっていった契機や経験に共通点もある。

いわゆる全共闘世代（団塊の世代）のAさんは、学生運動とウーマン・リブを通じて、国家権力や男性の

コラム 11
ちゃぶ台返し女子アクション

2020 年に始まったコロナ禍で，人々は自粛を迫られ，出会いやつながりをもちにくい日常を送っています。働く人はもちろんのこと，生徒・学生も，市民運動や女性運動をする人も活動の停滞を余儀なくされています。そんななか，オンラインでつながりを広げ，さまざまな運動を展開している人たちも少なくありません。その 1 つが「ちゃぶ台返し女子アクション」（通称ちゃぶじょ）です。ちゃぶじょは 2015 年に設立され，17 年には一般社団法人になっています。ウェブサイトには「私たちは日本で暮らす女性が特に感じている『声の出しにくさ』に焦点をあて，女性が日々経験している差別，暴力，抑圧を言語化し，共有・共感することにより共に声を上げ，社会を変えるのに必要な活動，政策提言をしていきたいと考えています。一人一人が自分らしく生き，自由に想いを口に出来る世界を目指し，コミュニティ・オーガナイジングの手法を用いています」と記されています。

メンバーの 1 人は，社会運動で必要なのはカリスマ的リーダーではなく，だれかが疲れたらだれかが代われるような仲間の存在であり，それを組織するノウハウが必要だと言っています。その 1 つがコミュニティ・オーガナイジング（Community Organizing：CO）です。それは，1 人で立ち上がって行動を起こすだけでなく，仲間を集め，その仲間の輪が広がり「スイミー」のように一緒にアクションすることによって大きな力を作り，社会に変化を起こしていくことなのです。コロナ禍の状況にあっても日々活動を繰り広げている若い人たちのセンスとパワーに希望がもてます。

力による支配からいかに女性が解放されるかということを考えてきた。そして最も傷つき力を失っている女性たちの支援にかかわるようになるのだが、自身も運動や活動のなかで苦しんできた経験から、あらためて人がだれかとつながることの大切さを感じている。

第三波フェミニズムの時代に青年期をすごしたBさんは、フェミニストを自認しているわけではないが、環境問題から女性問題まで幅広い関心をもち、それを行動に移している。Bさんの周りにはさまざまな大人がいた。あるいは率先して大人とかかわっていたのかもしれない。そこで幅広い視野と関心が養われ、「四車線、五車線」の人生となっているのである。

Bさんよりさらに一〇年ほど若いCさんは、シングルマザーの当事者として、そこから見えてくるさまざまな問題や課題にチャレンジしている。自由を求めつつも自分で自分を抑圧している自分に気づいたことで、本当のやりたいことが見つかったのではないだろうか。Cさんは、社会的弱者である子どもを支援する活動に打ち込みながら、自分のインナーチャイルドをも癒す経験をしているようだ。

それぞれが人生の初期からなんらかの生きづらさを感じているという点では共通している。三人が共通して感じた生きづらさは、女らしさの押しつけであり、大人社会や学校教育の矛盾である。それをばねに行動を起こすことを可能にしたのは、共感してくれる友人、理解のある大人、同じ志をもつ仲間の存在であった。そしてそれを自ら求めていったということであろう。一方、それぞれが個人的な生きづらさを抱えていた。Aさんの場合は家族のしがらみであり、Bさんの場合は学校のストレスであり、Cさんの場合は内面のアダルト・チルドレンとの戦いであった。それらは、葛藤や迷いを含む人生の分岐点として立ち現れている。ここでの選択は、人とは違うかもしれないし、けっして安易ではないが、自分だけでなくほかの多くの女性や弱い立場の人たちが力をつけていく方向をめざすものだった。このように、「となりにいる」フェミニストたちこそ、the personal is political の実践者であるといえよう。

用語解説

意識高揚（Consciousness-Raising：CR）グループ　一九六〇年代の第二波フェミニズムのなかで生まれたもので、女性がグループのなかで個人的な経験を分かち合い、それぞれの経験が共通の抑圧という一般的な構造につながっていること、つまり the personal is political を理解することである。性の自己決定、子育ての社会化、障害者やマイノリティへの差別撤廃などの運動へとつながった。

新自由主義（neoliberalism）　一九八〇年代から台頭した「小さな政府・市場の自由」をめざす考え方。国による公共事業を進めて雇用や社会保障を維持する「大きな政府」をやめて、さまざまな産業の民営化と規制緩和を行うことで、市場を活性化すべきであると主張する。経済的停滞が起こるに従って、世界的、同時発生的に新自由主義をもととした政策が実行されるようになった。

ジェンダー・フリー保育（教育）　保育・教育の場そのものを平等なものとするとともに、保育・教育の営みをとおしてより積極的に性差別を解消していく取り組みをいう。不必要に男女を分けたり、男の子向け・女の子向けの教材や活動を提供することを見直そうという主張が、男女の区別や差異を無視するものと誤解され、バッシングを受けたという経緯がある。

ポスト・フェミニズム　当初はフェミニズムに反対する立場からフェミニズムはもはや不必要であるという意味合いで使われることが多かったが、一九九〇年代以降は、フェミニズムから距離をとる若い世代の実態を分析する際にフェミニストの立場からも使われるようになってきた。新自由主義の時代におけるジェンダーとセクシュアリティの新しい秩序をとらえる視点である。

コホート効果　コホート（cohort）とは「出生をほぼ同時期にする人間の集団」の意味。たとえば、一九四〇年代後半生まれの「団塊世代」とその子どもたちの「団塊ジュニア」は二つのコホートであるが、年齢の違いだけでなく、家庭科を女性だけが習っていた世代と男女が同じように習った世代という違いがあり、その経験の違いが家事の分担に影響を与えているとすれば、それがコホート効果である。

複線径路・等至性モデル（Trajectory Equifinality Model：TEM）　多様で複線的な人生径路を、歴史的・文化的・社会的な文脈の影響を受けながら、分岐したり収束したりしながら到達するプロセスとしてモデル化したもの。インタビューで経験や出来事を聴き取り、逐語録を作成し、さらに経験を切片化し、時間の流れに沿って配置することでTEM図を作成し、解釈を施す、一種の質的研究法である。

ブックガイド

栗田隆子『ぼそぼそ声のフェミニズム』（作品社、二〇一九年）

著者は幼い頃からフェミニストであったと自称する。ただし、世のなかを理解し、周囲を啓発し、鋭い発言で相手を言い負かす、そんなフェミニストではないと。先頭を走る人からは見えない風景や、そこからとりこぼされたものを拾い集めながら、わからないことを抱え続け、ぼそぼそとつぶやく。この姿勢は、本章でとりあげた「となりにいる」フェミニストに通じるものがある。

シンジア・アルッザ、ティティ・バタチャーリヤ、ナンシー・フレイザー『99％のためのフェミニズム宣言』　惠愛由訳（人文書院、二〇二〇年）

資本主義の矛盾を生きる女性こそが、その立場を超えて連帯し、資本主義・差別主義・環境破壊に悩まされる九九％

の人との連帯を呼びかけるべきだと主張。五〇年前に第二波フェミニズムを経験した女性たちによる新自由主義社会批判の本が、日本の二〇代の女性によって翻訳された。

安田裕子・サトウタツヤ『TEMでわかる人生の径路――質的研究の新展開』（誠信書房、二〇一二年）

ＴＥＭは、人の内面の変化を聴きとり、過去から現在までの経路を分岐点や収束点に注目して図示する方法であり、質的研究に時間の概念を導入し、視覚的にとらえる試みといえる。本書は、ＴＥＭの提唱者の二人が、ＴＥＭの基本的な考え方と具体的な手法を初学者にもわかりやすく解説している。

第13章　戦争と平和と女性

被爆女性のライフヒストリー

青野篤子・田口久美子

被爆体験はその悲惨さゆえに、多くの語り部によって語り継がれている。しかし、そこでも語られなかった女性たちの小さき声がある。

広島で二次被爆した内田千寿子さん（九八歳）は、看護婦（当時）として多くの被爆者の生死を看とった経験と後遺症の苦しみから、生を問い直し、自らの生きざまを記録することで平和を訴えてきた。

Ｊさん（八二歳）は、幼児期に長崎で被爆し、戦争ゆえに生じた幾多の困難を祖母とともに生き抜き、教師として平和への願いを教え子に伝えてきたが、孫の死などを契機として自らが被爆者であることを明らかにし、語り部として平和や反戦を訴え続けている。

本章では、二人の被爆女性の生活記録や語りを分析することにより、女性にとっての戦争と平和の意味を考える。

1　書くことは生きること

私（青野）はある人から『地下水』という生活記録集とサークルの主宰者である内田千寿子さんを紹介していただいた。内田さんは高齢にもかかわらず農作業やパン作りなども続け、原爆の語り部や放射線の被害者を支援する活動などにも携わっていると聞いた。公民館で出会った内田さんはとても小柄な人だった。毛糸の帽子がトレードマークのようだったが、あとで聞くと若い頃に縮毛を隠すために帽子をかぶったのがはじまりとのことである。お話し好きで、同じ話が何度も出てくるが、それは伝えたい気持ちの表れかもしれない。『地下水』に投稿された内田さんの文章には、生活がありのままに綴られていた。前の戦争からいままでどのように生きてこられたのか、次の戦争がないようにとの強い願いが込められているようだった。

プロフィールと生活記録

プロフィール

内田さんは一九二三年広島県に生まれた。兄が一人、九人姉妹の二番目。姉が嫁いでからは病弱の母の代わりに妹たちのめんどうをみる。大阪の病院附設の看護婦養成所を卒業し看護婦（旧名称）として勤務。四三年に農業を手伝うために帰郷。翌年、隣村に米軍爆撃機B29の攻撃を受けたのを目の当たりにして従軍を決意。四五年七月末に日本赤十字社から救護員手帳を受けとる。看護婦になって六日目に広島に原爆が落とされる。翌日から勤務につき、多くの患者を看とる。自身も下痢・脱水症状がひどく九月一六日召集解除。大勢が雑居する生家で高熱と黄疸に耐えた。四六年一〇月に食べ物の十分ある家に働き手として嫁ぐ。ずっと原爆症の症状に苦しむ。一男一女をもうけ、家計を支えるため病院で働く（中断もするが長年看護婦の仕事を続ける）。五九年備後読書サークル「みちづれ」に参加。七五年「みちづれ」を引き継ぎたい四人が「地下水」のグループを作る。以来「地下水」の集いを主宰し、生活記録集（同人誌という言い方もあるだろうが、あえてこう呼ぶ）『地下水』をほぼ毎月ペースで発行し続けている。八五年頃から被爆の証言を始める。チェルノブイリ原発事故を機に八八年に設立された被曝者支援団体である「ジュノーの会」の中心メンバーでもある。

山代巴さんとの出会い　二〇一六年に映画『この世界の片隅に』（原作はこうの史代の同名漫画）が公開され、多くの人に感動を与えたが、一文字違いの『この世界の片隅で』（一九六五年）という本がある。これは、被爆者の体験をもとに被爆から二〇年の歴史を明らかにしようとしたもので、その編者が山代巴さんである。山代さんには『荷車の歌』（一九五六年）という農村女性の生きざまを描いた小説もある。山代さんは内田さんと同郷の広島県の出身であり、一九五〇年代に**生活記録運動**を備後地方で推進した（宇野田、二〇一四）。

内田さんが山代さんとはじめて出会ったのは、一九五五年、長女の小学校での講演会のようだ。内田さんは、山代さんが戦争反対の咎で刑務所に入っていたという陰口を耳にし、戦争に反対した人が実際に身近にいることに驚いたそうだ。内田さんは山代さんから「日本の女性は従順さを美徳とされていたから戦争に巻き込まれたのだ、これからの女性は自分の言葉をもたなければいけない、口に出して言えなかったら、三行からでも書いて多くに人に読んでもらいなさい。人間改革は書くことによってのみできるのだ」と教えられたという（内田、二〇〇七）。

反戦を貫き自己確立をなしたようにみえたものの、山代さんは内田さんに弱みをみせることもあり、その人間性にも心を打たれたと、内田さんの記録には綴られている。山代さんが思想幇助の罪で生まれ故郷の刑務所に入れられたときに身のよじれるほどの恥ずかしさをおぼえたこと、お金がなく玉ねぎを売ればお金になるのにどうしても人に買ってくださいと言えなかったことなどである（内田、二〇〇七）。その影響力は強く、一九六一年に山代さんが東京に移って以降は内田さんたちがあとを引き継ぐことになる（宇野田、二〇一四）。

『地下水』と『おきゃがりこぼし』　内田さんは一九六〇年頃から、地域の読書サークルの機関紙であった『みちづれ』に投稿を始めるが、これは次第に消滅する。それを引き継ぐかたちで、七五年に生活記録集『地下水』を発刊する。二〇二〇年九月には、第四一三号が出ている。ほぼ同時期一九七二年（六九歳のとき）に、遠方の人にも呼びかけて『おきゃがりこぼし』の発行も始めているが、実際には『地下水』に掲載した自身の文章を再録する自分史となっている（直近の第一〇集は『歴史は繰り返す』と題された二〇一八年までの記録である）。

『地下水』と『おきゃがりこぼし』の題名の由来について「一滴の雫が地下に降りて、脈々と流れるのが夢であり、転んでも転んでもおきあがる、姿でありたいのです」と記されている（内田、二〇〇七）。

内田さんの生活記録の一部は、単行本『一九四五年八月からの出発』（山代巴解説）として一九七七年に公刊されている。また、二〇〇九年には、山代巴文学研究所『土と暮の文芸』第六号に「八五歳になった私」という題で内田さんの文章が掲載されている。

ライフヒストリー――生活記録の分析から

ここでは、公刊されていない『おきゃがりこぼし』の文章をもとに内田さんのライフヒストリーを筆者なりに構築してみたい。岸（二〇一六）が、ライフヒストリー（生活史）研究の目的を、「語りを『歴史と構造』に結びつけ、そこに隠された『合理性』を理解し記述すること」と述べているように、ここでも、内田さんが生活をとおして社会の変化をどのようにみつめてこられたのかに注目して、平和を願う人たちの指針としたい。

軍国少女に育って

内田さんは子どもの頃、自分に否定的なイメージをもっていたようだ。強い癖毛で、読み書きが苦手で、周りから変な目でみられていたと『おきゃがりこぼし』にもたびたび記される。風貌は横山大観の名画「無我」のようだと思っていたものの、あとで作者を知って複雑な心境になったそうだ。『赤毛のアン』を読みながら、皆から仲間はずれにされていた自分を思い出したとも書いている。

> 六〇人というクラスで立って本を読んだ時、旧仮名遣いの、「かげろふもえて」晴れわたると読むところを、「かげろ、ふもえて」と読んで、どっと笑われた。……姉妹の多い私は、何代もが着古した、お下がりの服を着ていたので、あんたの服は変だし臭いと言われたり、大勢の者を想像して、気力を持たない人間になっていた（『おきゃがりこぼし』一集）。

学校では戦争を肯定する教育が行われていた。『おきゃがりこぼし』には、小学校で習った戦争賛美の歌が引用されていることから、子どもたちがいかにそういった思想を叩き込まれたかがわかる。

文部省　小学生国語　四年生　大日本「大日本　大日本　神の御末の天皇陛下　御厳《みいつ》の光さすところ……三万近き学校に　別れて学ぶ我々が　四列になって歩く時　三十万軒続くべし　この長き行列の　中の一人は君にして　中の一人は我なるぞ……」（六集）。

家庭でも戦争を肯定する雰囲気があった。当時は当たり前だったが、兄一人と姉妹九人の家族で、家計はたいへん苦しかった。何よりも戦争のため皆が質素倹約を強いられていた時代であった。だから、母は、たくさん作物を作るように農業に勤しんでいたし、女子に学問はいらないと考えていた。

母はいつも、「女が勉強をすれば頭が高くなり人に嫌われるから勉強はしないほうがよい」と言っていた（内田、二〇〇七）。

子どもであった内田さんは、何の疑問ももたず戦争を肯定する少女に成長する。戦争が激しくなるとともに、自ら戦争に協力すべきという気持ちが強くなる。当時、女の子にとって赤十字の看護婦は一種のステータス・シンボルだったことがうかがわれる。

満州事変、日中戦争と戦況が広がる中で、私は赤十字の従軍看護婦になり、国難に当たる事が自分の任務のように思っていた（内田、一九九二）。

先の戦争が忘れられそうな時代になって、内田さんは子ども時代を振り返る。八五歳の八月六日に次のように述懐した記録が残っている。自身の過去は変えることができないが、自分が親にどう育てられたかは変えることがもっと難しく、悔やんでも悔やみきれない気持ちなのだろう。

「三つ子の魂百まで」何歳のときに聞いたか、私の親は、戦争協力に率先した家族であること、疑う余地はないのです。心の反省だけでは済まない状態です（六集）。

看護婦としての二次被爆体験　内田さんは二二歳のときに看護婦として、原爆投下直後の、放射線で汚染された広島赤十字病院で一カ月あまりも看護に従事した。そのとき目にしたのは、大きな塊となった血を吐き続ける人、なくなっている手を痛がる人、燃えるほどの高熱にうなされる人、助けてくれと悲しい目で訴える人たちであった。助けてあげたくてもほとんど見込みのない人たちなのであった。

私は、このヒロシマの、焼けただれた惨状のなかへ、臨時招集され、毎日亡くなる無数の被爆傷病者を、一人も助けることが出来なかった悔しさを、今でも忘れる事は出来ない（九集）。

内田さん自身も**二次被爆**の後遺症を抱えて生きることになる。九月に下痢と脱水症状がひどくなり病院から郷里に戻るが、黄疸、足の冷え、高熱、めまいや耳鳴りなどさまざまな症状が出てくる。被爆後五年くらいの間に膝関節が痛み始め、胸部圧迫痛、腰椎ヘルニア、無月経など、症状は入れ替わり出てくる。内田さんにはどれをとっても原爆につながる病気に思えるが、病院では原爆症ではないと言われ続けた。ようやく一九六三年に原爆症の認定を受けられた。そのときには安心もしたが、命と生活の保障がなくなったようにも感じたそうだ。そして、自身が原爆で亡くなった人たちのあとを追っているのだと実感する。

昭和三十八年にようやく原爆症の認定をされた。赤血球、白血球、血小板不足で、心臓が弱り、全身浮腫、心筋梗塞症状等の治療薬を払わなくてもよくなった。そうした原爆のしんどさを思うとき、「戦争が終わったのに、何故僕らは死ななければ成らないのだ」と言いながら亡くなった人々の事を、私が後を追っているのだと、思わずにはいられなかった（三集）。

家族を支えて

内田さんは一九四六年に食べ物に困らないほどの大きな農家に嫁ぐことになったが、めまいや貧血がひどかったためフルタイムの仕事にはつけず、夜、赤ちゃんの面倒をみるだけという産婦人科に就職した。六三歳まで働き、年金の受給資格も得ることができた。

戦中、戦後、日本全体が食糧不足だったので、鍬を一度も持った事の無い都会の娘さんが、農家へ嫁ぐことも不思議では無かった。私の生家の近所でも指を折って数えられた（三集）。

一九五二年三月に子どもができて親子三人の新しい生活が始まったのもつかの間、一年も経たないうちに夫が大病を患い三カ月も休職した。次の職場でも給料遅払い・未払いが続き、会社は倒産した。『おきゃがりこぼし』には、そのときの夫に対する気持ちや、最近息子に夫のことを話したときの感想が綴られている。当時から、家計の心配は女性に重くのしかかっていたのだといえよう。

労働組合の団結は、私には割り切れないもどかしさで、一日も早く次の職場について欲しいのに、家にばかり居る夫、顔を見るのも、言葉を交わすのも嫌で、煩わしい毎日だった（三集）。

男性と女性とでは見方が違うのか、思ったこともない反応がかえってくる。「亡父は、今やめれば失業保険が、多いからと言って、年末のボーナスの後でやめていたから、娘のときも息子のときも、高校進学の時、父親が無職だった」息子は「それは入学金の為だったと思うよ」本当にそうだったのだろうか（七集）。

農業とともに老いを生きる　内田さんは農作業を「野良仕事」と呼ぶ。「日々の生活の中で、野良仕事をしている時が一番楽しい」「テレビを見るより、心の憩いを求めるのは、母の教えてくれた野良仕事」（二集）というように、かけがえのない活動である。内田さんは六四歳から本格的に農業を始めたようだが、それは家計を助けるという目的よりむしろ、原爆症から抜け出るためだった。

原爆後遺症に悩み、内服薬を飲み続けたけれど、心筋梗塞状の発作と、全身に出血性紫斑が、四〇年ばかり経っても効果が無かったので、一日に一時間だけ太陽に当たるときっと良くなるとのアドバイスを受けて、薬をやめて野良仕事で生きることにした（九集）。

農作業に勤しむ内田さんにとって草はやっかいなものである。ところが、あるとき山代さんから草の根運動の意味を教わり、自分の活動をとらえなおす。内田さんは農薬を使わず、環境汚染と健康被害には人一倍敏感である。ただ若い頃のようには働けない。有機農法に関心が移り、草とのつきあい方も変わってきた。

私が草の根の運動を展開するとしたら、どんな方法があるだろう。隣の草を抜いて、揺り動かすことが出来れば、「私は今することがない」の空虚を、手近な方に埋めて貰えるかもしれない。一人の話し相手を見つけるために、おきゃがりこぼしを、草の根の役割にする。それが、ひょっとして、成功の道かも（三集）。
最近は特に、有機農法の言葉が私の意識の中に入ってきて、体力をあまり使わなくても、野菜はつくれそうに思えて来た。野菜作りの本を見ても、草の中に巻いたキャベツが、写真としてとらえられている（九集）。

内田さんは年をとることをそれほど不安に思わない。加齢にあらがわない。自然体で前向きである。

朝、起床前に畑へ行く計画を立てて、食事を終えた時点になり、洗濯物が気になりだすと、そうだ此の年になって急ぐ事はない、出来る範囲で動けばよい。そう心に語りかけて、一時間ばかり遅くでかけて、片道一時間五分も、仕事の時間に入れる（五集）。

戦争に向かわせない ささやかな抵抗

生活での不自由がどこからきているか。それはたんに年をとった自分の問題ではない、自分をとりまく社会の問題である。そのような主体的な考えや批判精神が内田さんにはある。たとえば「老人車」（電動カート）で自分がどこを通るかは自分で決めたいと考える。

> 自分の安全のために、歩道すれすれの、車道の右側で五〇センチばかりの白線に沿って注意深く通るのである。……時々、老人車の私を見かけて、「車道より歩道を通りなさい。危ないですよ」と注意してくれる人が居るけれど、自分で通って見ない限り、言わないでほしい。健常者本位で考えられた道だから（五集）。

内田さんは国内外のできごとに詳しい。遠い国で起こったことを我がことのように受けとめる理解力と共感する力には驚くほどである。とりわけ、二〇一一年三月一一日の福島原発事故は、放射線被害にあった内田さんには最初から他人事ではなかった。ところが、政治家たち（遠隔操作者）のなかには他人事に感じている人が多いようにみえ嘆かわしく感じたとある。

> 豊作のこの秋、テレビの映像は、草も木も無いアフガニスタンを映し出す。毎日草に挑戦している私は、草が生えない土地に、……私の畑の草を持っていって、撒こうかしら。地雷で足を失った人が映し出される映像に心が痛む。どこへでも軍隊を派遣するアメリカを憎らしく思う（三集）。
>
> 私はすでに体験者、次は濃度の高い放射能《（ママ）》[1]の中で働いた人、この方はすでに自分の命と毎日向き合って、どう生きて行くかを模索され、本音で生きて行かれるだろう。今一人の遠隔操作者。この方は全く安全であるか

を、飛散した放射能《（ママ）》に聞いてみると、弱いところには入りやすいと言う（七集）。

内田さんは戦前・戦中・戦後を生きて、いま、また戦前のような不気味さを感じている。それは政治や国家の右傾化への敏感な反応につながっている。そして、内田さんの原爆証言者としてのアイデンティティをも揺るがす。

> 君が代が国歌と決められたが、さざれ石がいつか岩のように大きくなると、どの国の人が認めるだろうか（二集）。
>
> 教育基本法を変えて、子供達に日本の素晴らしさを教える事が急務であるから、原爆の惨状を教科書から削除する方針が決められた。……あの侵略戦争を抜きに子どもを育てるのは、民主主義に反する……（歴史は繰り返す）。
>
> 小学生に話をするときは政治的な話は避けるように言われた。だから、いのちの誕生の話、家族に見守られながら死ぬのが人間。広島の原爆は一度に十四万人も殺されてしまったと、いのちの大切さを話した（内田、二〇〇七）。

1　「放射能」とは放射線を出す能力のことを指すため、厳密には用法が異なるが、内田さんご自身の言葉を生かすためそのまま引用した。

生活を綴ることと戦争・平和

朝守（二〇一二）は、女性が戦争について書くと、身内を失った悲しみなど自分の苦しみがテーマになりやすいが、内田さんの生活記録は、自分の経験をとおして戦争というものをはっきりと否定し、二度と戦争をさせないという思いを周囲に発信するものだという。人々が戦争へと向かうことを止めるには、自分自身の言葉で綴った文章を周りの人たちに読んでもらうことが必要だと信じるからこそ、約五〇年にわたり地道に文章を書き続けられたのではないかとも述べている。その強い信念は『おきゃがりこぼし』の随所に綴られている。

百歳以上まで生きて、あのヒロシマの原爆の時、「戦争が終わったのに、僕らは死ななければならないのだ。なぜもっと早く戦争を止めなかったのだ」と言いながら亡くなった人達の魂に答えるために、生き延びて一人でも多くの人に私が見たこと、私が思った苦しみを伝えたいのである。それが彼らに対する、「戦争はしない」約束の生き方だと思うから（五集）。

内田さんは長く読書会に参加していても一度も発言できないでいたが、トルストイの『人はなんで生きるか』を読んだときに、人間の計り知れない体内の自然作用でどうしても発言したくなったという。

発言する気持ちになったら、なぜか体がぶるぶる震えてくる……武者震いというか一生に一度の、古い皮を脱ぐ瞬間だった（内田、二〇〇七）。

内田さんは山代さんから、女性が発言すること、書くことの重要性を教わっただけでなく、山代さんの女性としての生き方や戦争に反対する強い決意も理想としていた。他方、裕福な家庭に育ち美大にまで進学できた（しかしその後、家は傾き中退）山代さんのような女性は少数派で、食べることにすら不自由な境遇で軍国少女・従軍看護婦としての道を歩まざるをえなかった内田さんのような女性が多数派であったかもしれない。戦前・戦中・戦後を通じて歴史を語る際に、男性の歴史（history）がまずあって**女性の歴史**（herstory）が語られるのであるが、さらに女性の歴史にさえ埋もれている多くの女性の声があることを、内田さんの文集

コラム 12

内田さんが生きてきた時代の略年表

内田さんが生まれたのは関東大震災が起こった年です。そして間もなく満州事変を経て第二次世界大戦に突入します。内田さんたちの世代はまさに戦前・戦中・戦後の経験者であり，証人です。内田さんが『おきゃがりこぼし』に綴った生活記録には，この歴史に対する批判的な検証が随所に現れています。

年	世の中の出来事	内田さんのおもな出来事
1890（明治23）	教育勅語，修身の授業	
1923（大正12）	関東大震災発生	広島県旧芦品郡に生まれる
1931（昭和6）	満州事変⇒日中戦争	小学校２年生
1939（昭和14）	第二次世界大戦開戦	病院附設の看護婦養成所に入学，1940年卒業し看護婦として勤務（1943年まで）
1945（昭和20）	8月6日　広島市への原子爆弾投下 8月9日　長崎市への原子爆弾投下	日赤の臨時救護看護婦養成所を経て，日赤で救護にあたり二次被爆を受ける
1946（昭和21）	日本国憲法公布，国語国字改革	結婚，府中市に転居，一男一女の子育て
1951（昭和26）	（旧）日米安全保障条約締結	
1954（昭和29）	自衛隊発足，第五福竜丸事件	
1955（昭和30）		山代巴さんとの出会い
1959（昭和34）		備後読書サークル「みちづれ」に参加

1960（昭和35）	安保闘争，（新）日米安全保障条約発効	
1969（昭和44）		府中市内の病院で看護師として勤務（86年まで）
1972（昭和47）	沖縄返還	「みちづれ」の活動は衰退
1975（昭和50）		「地下水」のグループを作る
1977（昭和52）		『1945年8月からの出発』（山代巴解説）刊行
1989（昭和64）	平成に改元	
1992（平成4）	PKO協力法成立	
1994（平成6）		夫が72歳で死去
1995（平成7）	阪神・淡路大震災	
1997（平成9）		『おきゃがりこぼし』第1集発行
1999（平成11）	東海村JCO臨界事故 国旗及び国歌に関する法律施行	
2001（平成13）	9.11アメリカ同時多発テロ，アフガニスタン侵攻	
2006（平成18）	教育基本法改正	
2009（平成21）		山代巴文学研究所『土と暮の文芸』第6号に「85歳になった私」を寄稿
2011（平成23）	3.11東日本大震災，福島第一原子力発電所事故	
2018（平成30）		『おきゃがりこぼし』第10集（歴史は繰り返す）発行

から私は学んだ気がする。

こんな時代（メールのやりとりで済む時代）は、人間が賢くなった結果だと思ったりするのに、文章も書けない人が増えていると言う、アンバランス。八六歳まで生きて、このまま聞き逃しにすることは、原爆をこの目で見た私のすることではない（七集）。

美しい日本、強い日本、と言う九〇年も前の戦前の風潮が再現されている風潮は、そのまま受け入れる事ができない。……私は、今捕えられても、政治家の当主の一人ひとりと膝をつき合わせて、私の話すことをゆっくりと構えて、何か月でも、何年でも其処に居て、私の見てきたこと、思ったことを伝えて、九〇年の、大台に乗った私の歴史の節目にしたい（八集)。

内田さんの生活の記録は、戦争が日常の先にあること、つまり「戦争と平和は隣り合わせ」であることに気づかせてくれる。生活の記録であるがゆえに戦争と平和の意味が、私たちの頭にではなく心に伝わるのではないだろうか。内田さんの生活の記録をまとめた『一九四五年八月からの出発』（内田、一九七七）に解説を寄せた山代さんが「零細自作農に生まれ育った、もっとも軍国的な娘からの、絶えざる意識革命をともなう戦争反省の記録集」と評していることに、私は若干の違和感を抱く。内田さんはけっして過去だけをみてはいない。将来に続くいまの時代を見すえて、自分の生き方を問い続けているのである。

2 語ることの封じ込めから解放へ

私（田口）は小学校二年生から高校までを長崎県の大村市ですごした。八月九日の原爆投下の日は、小学生の頃は登校日であり、投下の時刻に全員で黙とうをしていたように思う。ただし、小中高をとおして原爆に関する教育がさかんだったという記憶は薄い。

高等女学校を卒業後長崎市内で仕事をすることがあった当時一八歳の母は、その日たまたま諫早市で仕事をしていて難を逃れたという。けがをした人、焼けただれた人たちが汽車で運ばれていたという話を聞いたことがあるが、あまり具体的な話を聞かないままであった。

私が長崎の被爆者へのインタビューを思い立った契機は、東日本大震災であった。自然災害の発達への影響を調べるうち、人災の影響を調査する必要性を強く感じるようになり、これまで素どおりしてきた長崎の被爆者に話を聞いておかなければならないという衝動に強く駆られるようになったのである。残されている時間が少なくなってきているということも私を突き動かした。

五人（女性二人、男性三人）のインタビューを二〇一七年三月に行った。すべての方の語りは、それぞれに心を打たれるもので、史実として継承していくべきものであるが、この節では、五人のうちのお一人のＪさんをとりあげる。本節では、聞きとりを文字化したもの（田口、二〇一八ａ）やその後のＪさんとの数回のやりとりをもとに考察を行う。

インタビューから主体的な語りへ――自己の新たな物語を紡ぐライフヒストリー研究

インタビュー（面接法）は、さまざまな学問領域にわたって用いられる研究方法であり、心理学においても、質問紙法を用いた量的分析では得られない一人ひとりの個人的体験や心理を、より深く理解するための方法として使われてきた（前川、二〇一七）。

Ｊさんの幼少時代の学習や遊び（生活）をおもに聞きとるという目的で開始したインタビューであったが、インタビューが進むにつれて、Ｊさんの語りは子ども時代の被爆体験や学習・遊びにとどまらず、自分の生い立ちや複雑な家庭、ひいては語り部を始めた契機に及んだ。田口（二〇一八ａ）を読み返すと、研究者（聞き手）が質問をして協力者がそれに応える、というインタビューの一般的な方針にとどまらず、Ｊさんが語りたいことを聴き、聞き手の質問や相槌によりJさんの語りが豊かに生成され、主体的な語りになったように思う。

一方向的なインタビューから主体的な語りへの変容の背景として、まず筆者が長崎出身であることが考えられよう。聞き手が同じ地方の出身者であることは、共通の言語（方言）や地理・文化に関する情報を共有していることを意味する。Jさんは初対面である筆者との対話において、同郷であることを背景に、安心して話すことが可能であったと考えられる。また、二〇〇八年四月から一二年三月まで、筆者が長崎の大学に勤務していたことも、Jさんとの心理的距離を縮めた。さらに筆者は、祖父が原爆投下後に支援のために長崎入りし六〇代前半で亡くなったこと、母が当日長崎入りしたかもしれなかったことを話した。こうして、筆者がJさんの人生と共振するバックグラウンドを語ることで、Jさんに「身内意識」のようなものが生成され、主体的な語りが実現したと推測する（あくまで推測になるが）。こうした「身内意識」により発せられる言葉は、あとで出てくる「浜口町ってご存じでしょ」というようなくだりに象徴的である。

このとき、語り（ナラティブ）をどうとらえるのかについて、心理学では、とりわけ臨床場面での応用が進められてきた。たとえば、やまだ（二〇二一）は、もの語りとは「経験を組織化し、意味づける行為」であるとし、自分のもの語りに気づき、ものの見方を変えるときのもの語り論の有用性を説く。重い病気や大きな災害など不幸な出来事は変えられないが、もの語りは変えることができるとし、病気になったことは変えられないが、新たなもの語りの生成は心の回復やレジリエンスにつながるのだとしている。

こうした、自らを「不幸だ」と感じている本人が物語を変えれば、一時的に本人は安らぎをおぼえ心の回復に導かれるかもしれない。だが、新たな物語の生成を心の回復やレジリエンスの手段ととらえることは

「気のもちようでいくらでも楽になるのに」と、逆に本人を追い詰めることにならないだろうか。

本節では、語りの当事者が物語を変えるのではなく、聞きとる側が物語を新たに紡ぎ直すことをめざす。それは、語り手と聞き手との間の違和感（高山、二〇一六）の解消をめざしての、二人による共同作業としての物語の構築である。

二〇一七年に行った五人の被爆者へのインタビューで明らかになったのは、すべての方々が、被爆後数十年経って仕事や子育てが一段落した頃を機に、語り部を始めていたことだった。五人のインタビューを終えて、五人の方々がなぜ、定年退職などの人生の一段落を迎えた時期に語り部を始めたのか、という問いが生じた。言い換えれば、なぜ、それまで語り部になることを封じ込めていたのかという問いである。本節では、実の親と離れ離れですごさざるをえなかったＪさんが、心のなかに封じ込めていた被爆経験を語り部として解放させていくプロセスを、Ｊさんの新たな自己形成の物語として描き出そう。[2]

Ｊさんの人生

プロフィール

Ｊさんは一九三九年生まれ。幼稚園の年長児（六歳）のときに自宅で被爆した。当時、両親は中国に滞在していたため、家を切り盛りする祖母やおばたちとともに戦中や被爆後の厳しい日々を生き抜いた。長崎大学学芸学部小学二年課程を出て小学校教師となり、教え子たちには長崎への原爆投下をとおして戦争のむごさ、平和の大切さなどを伝えていた。それでも、自らの被爆経験を教師としてあるいは語り部として、子どもや人々に語ることはなかった。

被爆体験を語るきっかけ　Jさんが自らの被爆を語るきっかけになったのは、二人目の孫が生後半年で亡くなったことだった。定年より三年早く息子夫婦の子育てを手伝うために退職して間もなくのことだった。以下、引用部分は、Jさんからの聞きとり記録（田口、二〇一八a）をもとにしている。なお、筆者による注を（　）として付け加え、表記を整理している。

もうそれで私はね、そこで一応希望を失ったんですよね。だけどそれを、助けてくれたのがね、被爆したとだったんです。被爆者の人たちがね、来て、いろんな話をしてくれたときに、みんなきょうだい全部亡くし

2　本節の考察に用いたデータの取得やJさんとのやりとりのプロセスは以下のとおりである。インタビューは二〇一七年三月、幼少時に被爆した語り部を長崎原爆資料館を通じて紹介してもらい、筆者が長崎に赴いた。インタビューの主たる目的は、被爆前後に長崎で幼少時代をすごした人たちの遊び、学習などについてデータを得ることであった。Jさんとのインタビューは、一時間四二分に及んだ。
　インタビュー実施後にお礼の手紙を出したほか、二〇一七年度、ある大学での前期の教職課程の授業（教育心理学）において、Jさんの語りを紹介するにあたり、文書でやりとりを行った。また、一七年から一八年にかけて、インタビューデータを文字に起こしたものを確認するために文書でやりとりを行い、田口（二〇一八a）にまとめた。さらに、教職をめざし教育心理学を学ぶ人たちに対して執筆した教科書（二〇二〇年に出版）に、Jさんの平和への思いを掲載することを思い立ち、二〇一九年から二〇年にかけて該当部分の掲載可否や内容の承諾について文書や電話でやりとりを行い、出版後に献本を行った。本稿執筆にあたり、二〇二〇年から二一年初頭にかけて、Jさんの語りを筆者が分析して掲載することについて電話で承認をとったうえで、本節の草稿ならびに匿名にするかどうかの確認について、手紙をとおしてやりとりを行った。
　Jさんにはじめてインタビューを行った二〇一七年からこの春（執筆時）で四年になる。新型コロナウイルス感染拡大の影響を受け、執筆のための再インタビューはかなわなかったが、四年間の手紙や電話でのやりとりを経て、相互の信頼関係がさらに育まれ、Jさんの語りの分析や執筆・掲載につながったと考える。

たり、子ども全部亡くしたりいろんな事があってるでしょ。それまでね、私ね、被爆に対してそんな関心持ってなかった、そんな一人ひとりの苦しみ悲しみ。しかし自分の孫を亡くしたときにね、語ってくれたことが、ああそんなことがあったんだってはじめてね、もう長崎にいてね、私の孫一人亡くしたことぐらい、立ち上がらんばっていう気になりました。いま私にはすることのいっぱいあるねと。それから始まったのが、ここ（長崎原爆資料館）に来て皆に被爆のことを語る。

Jさんはそれまで、自らが被爆者であることを進んで明らかにすることはなかった。Jさんはなぜ孫の死を契機に被爆者として経験を語る活動を始めたのだろうか。

戦争体験のよみがえり　Jさんは、思春期のときに生じた**フラッシュバック**を次のように語っている。

J　もう、それがね、私、高校生ぐらい……中学生で二人ぼっちになったでしょ、おばあちゃんと。寂しかったでしょ。その頃がね、よく眠れないことがあったんですね。眠ったらね、このときのことがよく夢に出てくるんです。担架っていうかね……戸板ね、戸板に載った人がね、どんどん来るんですね。私がここにいたらね、近づいてくるんですよ。で、私逃げるでしょ。逃げたほうにまた来るんですよ。逃げられない。そういう夢、同じような夢を何回もみました。

――筆者（以下――と表す）中学高校ぐらいのとき。

J　中学高校ぐらい。高校までぐらいですね。それとかね、星座みたいに飛行機がね、空にいっぱい飛行機が並んでるんですよね。それらがガーッと来る夢。

――中高ぐらいの、中学高校ぐらい。

J　同じような夢なんですよね。それが来たら私は……夢ですよ、深い井戸があって、その井戸の中にポーンと飛び降りる夢ですよ。

――まあ。

J　そこに入ったら助かる。

Jさんが被爆したのは幼稚園の年長児のときである。両親は当時中国に住んでおり、Jさんは両親と離れて祖母やおばたちと生活していた。被爆当時、家にいたJさんは、直接的な外傷は免れたものの、原爆投下直後の周囲の悲惨な状況を目に焼きつけていた。

被爆して三日後の八月一二日に、熊本に出張していたおじが長崎に戻り、一緒に一五日の玉音放送を聞いた。そこでおじが「もうだめだ。もう行かんば」と思い立ち、総勢八人で長崎を離れ避難することになった。鳥栖経由で汽車を乗り継ぎ、三軒目にたずねた遠縁のお嫁さんに親切にしてもらい、そこで一カ月ほどすごさせてもらった。原爆投下後すぐに親戚を頼って疎開したから私たちは助かったと、投下後疎開をせず居続けた近隣の人たちが数年後に続けて亡くなったことをしみじみと語った。

父との出会い　一九四六年の四月にJさんは小学校（当時はまだ**国民学校**）に入学する。まさに小学校の入学式の朝の四月一日、Jさんは父親にはじめて出会うことになる。敗戦を中国で迎えた妹と両親は、母が妊娠していたことで早期の帰国を許された。

わたしは入学式で学校に行こうと思って玄関を開けたら、その開けた所に女の人が立っていたの。黒い服を着て赤ちゃんを一人おんぶしてきたんですよ。そして、「お父さんがね、下に来てるから迎えに行って」と言って、そこに走って行ったら、父になる人がいたんです。父はそのときはじめて見たんです。

女の人とはJさんの母親である。敗戦までの間、母親は中国から数度長崎に帰郷し、祖母に、Jさんを中国に連れていきたいと懇願したが、祖母は頑として首を縦に振らなかった。中国では水もよくないし、身体が弱かった自分を案じて「やらなかった」（母に渡さなかった）のだという。

J　（妹は）南京で生まれたんですって。途中で何回か私を連れにきたそうですけど、小さい妹の記憶はあるんですけど、そのときも祖母がやらなかったって。で、最終的に、一番最後に母が来たのがね、一九四四年の一一月に来たんだって。そして、浜口っていうね、浜口町ご存知でしょ？

――はい。

J　浜口町にその頃ね、外国からいっぱいみんな引き揚げてきたって。戦況が危ないから。で、引き揚げてきたけど住む所がなくて、浜口町に引き揚げ者のためにね、住宅ができかかってたんですって。母もそこを予約して、帰って来てね、妹と母と、で、私を引き取って三人でそこに住むっていうことで部屋まで決めてたんだって。しかしそれでもおばあちゃんがね、やらなかったって。離さなかったですって。母は泣く泣くね、四五年の二月、原爆が四五年でしょ、二月にね、また妹を連れて母と妹がね、中国に戻ってるんですよ。もうそのときにはね、船もよく出なかったから、朝鮮経由で行ったんですって。朝鮮半島とおって列車に乗って行ってね、お金は二〇〇円持って行って、まだ長崎では値打ちがあったけど、行く途中で貨幣価値が変わったんだって。でね、飴も一個こうたらもうおしまい、っていう……。そんなして帰ったんですよ。それから六カ月後でしょ。だから母は完全に私たちがいないと思って翌年引き揚げて来たときには、長崎駅に上がったらもう、焼け野原だったって。もうダメだと思いながら立山に戻ってきてるんですよ。

小学校時代

小学校一年生一学期の記憶はほとんどないとJさんは語る。これから学校に通いはじめるその日にはじめてみた父、久しぶりに「会った」おなかの大きい母と妹との再会にJさんは驚き、ショックを受けたのだろう。一学期のことは何も覚えていないと語る。体調も悪かったことから、原爆の身体への影響も考えられる。二学期以降は体調も戻って友達もでき、勉強も楽しく充実した学校生活を送ったという。

小学校時代は祖母、母の妹二人と一人の妹の家族、一時期は両親と下のきょうだいと大家族でにぎやかな生活を送っていたが、Jさんが中学校に入る頃に、ともに暮らしていたおばたちが家を出ていき、生活が一変する。

J　そのときが一番悲しかったですね。

――だんだん寂しくなられましたね。

J　もうそのときにはね、もう寂しかったですね。それまでは大きなお膳でね、六人で丸く囲んで食べてたのが、小さなお膳で二人になったでしょ。そのときには本当に悲しかったけど、でもそれでもね、その城山にいる両親の所に行こうとは思わなかった。

思春期に生じたフラッシュバックの意味すること

大家族から祖母と二人の生活への激変は、戦争や原爆投下、疎開、その後の生活、と辛く厳しい生活をともにすごし、支え合ってきた家族との別れではあったが、おばたちにとってみれば、家を作って出ていく、結婚という自立に向けての新たなステップであった。

だが、戦中・戦後に支え合って生活したおばたちの喪失は、思春期を迎えていたJさんに発達上の大きなダメージとなったことがうかがわれる。エリクソンは生涯発達理論を提唱し、八つの発達段階に**心理・社会的危機**を設定している。青年期の心理・社会的危機は「アイデンティティ 対 アイデンティティ拡散」であり、アイデンティティとは周囲から期待される自己とこうありたい自己との統合、自己の時間的・空間的な連続性を特徴とする。

Jさんの中高校生のときの、悲惨な原爆の光景や逃げようとしても逃げられず、穴に落ちて助かる夢を、どうとらえればいいだろうか。思春期・青年期における新たな自分づくりのプロセスには、それ以前の自分の回顧が必然となる。現在の自分と過去の自分を対照し、未来の自分づくりへのヒントを得ていく。自分とは何かを問う過程において、自らの創造主である親へのまなざしは必須である。

J　……本当のお母さんとか本当のお父さんとかね、いないんだけど、いても育ての親と……生みの親と……。

――おばあ様がね。

J　いっぱいいるでしょ。だけどね、ほんとに甘えるお母さんっていないんですよ。やっぱり遠慮がある。お母ちゃん（一緒に住むおばの一人をこう呼んでいた）っては呼んでたけど、やっぱり本当の親じゃないことはわかってたからね。

――う〜ん……。

J　この親も産みの親とわかっていても、ずっと一緒にいなかったから甘えられないんですよね。だからおばあちゃんにも甘えられない。

育ての親の祖母にも、「おかあちゃん」と呼んでいたおばにも、生みの母親にも甘えられず、どこか遠慮があったとJさんは語る。中国から母が数回Jさんを迎えにきたとき、妹の顔は覚えているのに母親の顔は思い出せなかったと語るJさん。母に「ついていきたい」という気持ちを押し殺すしかなかった乳幼児期のJさんにとって、母の姿を意識にとどめておくことは、辛いことであっただろう。

原爆が投下されたときのことはあまり思い出せないというJさんであるが、思春期にみた夢で恐ろしい光景をよみがえらせている。一方でつらかったであろう母との別れは夢に出てこない。夢にも出てこないほどに産みの母への愛着を抑圧していたことが察せられる。思春期の夢は、表面上は幼児期の原爆のフラッシュバックというかたちをとりながら、「三人の母」の間を揺れ動き、自立への手がかりを得ようにも得られなかった葛藤の表れとみることができるだろうか。

母の葛藤　生後六カ月の乳飲み子を残して中国に渡らなければならなかった母の無念も相当なものだったであろう。**太母**の祖母が「ぜったいにやらん」とJさんを手元で育てることになった表向きの理由は、Jさんの身体が弱いから、ということであった。しかしながら、Jさんの実父は、幼いJさんを長崎に残し中国に母と渡った父ではなかった。このことは、亡くなる直前に母から告げられたのだという。

祖母がJさんを両親に渡さなかったのは、Jさんの身体を心配しただけではなく、実の父ではないことを案じてのことだったのかもしれない。敗戦後両親と妹が長崎に戻り、Jさんと離れて家を借りて住むようになってからも、祖母は週末に両親の家へ行くことを快く思わず、Jさんもあまり楽しみとしていなかったという。「おいで」と言われれば週末には行くことがあったが、両親のところへ好んで行っていたわけではなかった。両親やきょうだいよりも、小学校時代まで一緒に暮らしていたおばたちや、従妹との間に愛着をもっていたとJさんは語る。

祖母の葛藤　一家の大黒柱的な存在であり、大家族を仕切っていた祖母もまた、表面上は娘や孫を支配する「太母」と映るが、Jさんにとって実父ではない義理の息子とJさんの関係を案じて孫を自分で育てる決心した祖母にも、なんらかの葛藤はあったのだろうか。

Jさんの生まれる一〇年前に当時四歳の息子を病気で亡くした祖母は、生きる目的を自分にみつけたのではないかとJさんは推しはかる。

父の葛藤　祖母と二人きりの生活になった中高校生の頃の、父とのかかわりについてはこう語っている。

J　そうですね。いつでも（おいで）という感じで、父はね、とくにね、やっぱ離れてたせいか、とても私に対して優しくてかわいがってくれて、私が欲しいって言ったものをなんでも買ってくれるような人だったんですね。その頃三菱に勤め始めていたからね、ボーナスの出る日には、三菱の船が着く「大波止に待っていて」

と言うんですよ。家でなくて。家にはきょうだいがいっぱいいるでしょ、大波止にほら、三菱から大波止に帰ってくるんですよね、ここに。おいでって。で、何時に船が着くからおいでって言うから、待ってるわけですよ。そしたら父が私を連れて、このにぎやかな街に買い物に行って。

――ああ、繁華街に買い物に。

J　そうそう、夏になったら夏の帽子買ってくれたり、ワンピースのきれを買ってくれたり。私が「これ」と言ったらこれ買ってくれてた。

大学に進みたいといえば進ませてくれ、大学では教育学部だったので、オルガンが必要といえばオルガンも買ってくれた父親であったが、ほかのきょうだいたちにはしてあげないことを父がしてくれたことに対し、いまの気持ちを次のように語る。

J　実は、私が生まれた後に、母は私を残しながら新聞社で仕事してたでしょ。そしたらその新聞社で父と出会って、そして再婚……じゃないけど、で、行ったらしいんです。それは母が亡くなる二～三日前に私に教えたの。私は、母が亡くなる、……母は九〇歳で亡くなったんですけど、亡くなるまで本当のお父さんと思ってたんですよね。

――そうですよね。

J　しかし今考えたら、ほかの子にはしてあげないことを私にはしてくれたでしょ。それはきっとね、母を奪った、ね、私から。私に対してごめんねっていうそういう気持ちじゃなかったのかなって、今思うんですよ。

もう父も亡くなってしまったけど、あの優しさとか、私にちょっと遠慮したようなところがあったのね。ほかの子にはしてあげないことをしてくれたりね、したのは、やっぱり何かあったんじゃないかなって。死ぬ前に言うんですよ、もう、二〜三日前に。「あのね、あんたの本当のお父さんはね、今のとうちゃんじゃないよ」と！[3]

「母を私から奪った」ことへの父の申しわけなさが、ほかのきょうだいにはないJさんへの特別扱いや遠慮に表れていたとJさんは語る。

生みの母と生後六カ月のときに離れ離れになり、祖母やおばと戦時下を生きたJさん。生みの母を母と呼べず「母を自分から奪った」負い目から自分にだけ優しかった父ではあったが、父に対しても心から甘えることができなかったJさん。Jさんの自己形成の起点、すなわち思春期にみた原爆の恐怖の夢は、「三人の母」と父の存在がありながらも、「親なき自己」に向き合わざるをえない状況から自らを守るための防衛であったかもしれない。

被爆者として平和を訴える——心の封印の解放と新たな自己形成

夫との出会い

Jさんは長崎大学の小学二年課程を卒業して教員となり、最初の勤務先で出会った夫と二二歳で結婚する。若くしての結婚の奥底には「寂しい」という気持ちがあったという。夫も家の都合で中学から寺へ預けられ、坊さんになる修行をしていたと語る。

Ｊ　ただ被爆者だからイヤだっていうことでもなくてね、たいていその頃被爆者とは結婚しないっていうのがあって、差別があったんですけど。……おばあちゃんも一緒に見てくれて一緒に住んでくれたからね。仲良くしてくれたので。

Ｊさんは、被爆者が結婚するときの差別や偏見について、言葉少なに語った。とりわけ被爆した女性にとって「結婚」は、高山（二〇一六）のいう「語りえぬもの」なのかもしれない。[4] 身体と心に大きな傷を負った被爆者が生き抜いていくためには、ケガや病気、心の病などに立ち向かう必要があったことは言うまでもないが、社会の偏見や差別にも対峙しなければならなかった。祖母とともにＪさんを受け入れてくれた夫の懐の深さや優しさは、Ｊさんが家庭と仕事を続けていくうえで大きな支えとなったことは想像にかたくない。Ｊさんの語り部としての活動の開始をそっと後押ししてくれる頼もしい存在であったことも察せられる。

孫の死を契機として

Ｊさんは、孫の死を契機に、語り部として被爆の体験をとおして平和の大切さを社会に発信することを決意する。節の冒頭で述べたように、孫を失い絶望の淵に追いやら

3　この一文は、Ｊさんに草稿を確認していただいたときに付け加えられたものである。このほか、本文やエピソードにＪさんによる修正を反映させた。
4　一方、二〇一七年の被爆者へのインタビューのうち、Ｋさん（四歳のときに被爆、男性）は、小学校で、被爆したときに負傷した身体のことでいじめられたこと、結婚するとき相手の父親から強固に反対されたこと、妻も父親から勘当を言い渡されたことを具体的に明かした（田口、二〇一八ｂ）。

れたJさんに希望を与えたのは、被爆した仲間たちの存在や語りであった。

被爆した人たちがそれまでに語ってくれた肉親を失った悲しみや壮絶な苦しみに対し、それまで「そんな関心持ってなかった」とJさんは語る。だがJさんは、周囲の被爆者たちが語ってくれた悲しみや苦しみを受けとめていなかったのではなく、どこかで遮断していたのではないかとの問いが生じた。

乳児期の母との別れ、幼児期に中国から迎えにきた母との再会、原爆投下直後の恐ろしい光景、敗戦翌年の入学式の日の家族との出会い（再会）、これらの小学校一学期以前の辛く悲しい記憶をJさんは無意識下に抑圧しようとしていたのではないか。

周りの語り部の深い悲しみや苦しみは、家族をめぐるトラウマをよびさます。だからこそJさんは語り手の仲間の体験を表層で受けとめていたのかもしれない。子どもを亡くした息子の妻（Jさんにとっては嫁）の悲しみを、娘を奪われた自分の母の悲しみとして体験することにより、幼少期の悲しみの想起に風穴があき、語り部の人たちの悲しみや苦しみの共感に導かれたのではないだろうか。親不在のまま青年期を迎えたJさんは、孫の死を契機に真に親と向き合い、語り部の経験をとおして新たな自我形成へと向かっている。

語り部の方々の人生

語り部の方々の戦争体験や被爆の実相は一人ひとり異なり、それぞれが壮絶な悲しみを体験している。戦争がなければJさんは母と遠く離れて暮らすこともなかっただろうし、空襲や被爆を免れたはずである。

一人ひとりの語り部のライフヒストリーの分析は、「語り部の人生」としてまとめてしまいがちな物語に個々の人生を埋もれさせることなく、前節で青野も述べているように、「隠された『合理性』」（岸、二〇一六）を照らしだし社会に語り継ぐことを可能にする行為であると感じた。

今回の執筆をとおして、一人ひとりの悲しみや苦しみが、戦争（侵略）を含めた歴史、加害・被害・差別・ジェンダーなどの社会構造と折り合わされて照らしだされた。そして、Jさんのライフヒストリーの分析は、「歴史と構造」（岸、二〇一六）に翻弄されたJさんの新たな自己の創造の物語に結実した。

最初にインタビューをしたのは二〇一七年三月。このときJさんは、インタビューの冒頭、東日本大震災で、身体や生活に甚大な被害を受け続けている福島の子どもたちのことをたいへん心配し、オリンピック招致の際に安倍首相（当時）が発した「アンダーコントロール」の発言に怒りの声をあげていた。そしてこう続けた。

だから、土地の人たちはもちろん怒りますけど、それを知ってるのはやはり被爆者ですよね、広島、長崎のね。被爆者が応援しなかったら、わたしたちがこうだったんだからって応援しなかったら、できる人いないですよ。やっぱり経験者ですからね、生き残っている人たちはね。そういう意味でね、なんでも来てほしいし、お答えしますって言ってる。

インタビューの終わりにJさんは戦争への思いを語った。

再びね、こんな悲しい戦争は嫌だっていうのが一番の思いで……。子どもたちをそういう目に遭わせている福島のね。東電とか、政府に対して抵抗しよう……市民が言わなかったら誰が言うの？ というかたちでね。

語り部としてのJさんがたどりついたのは、「戦争のない社会、そして二度と子どもたちを不幸な目に遭わせてはいけない、そのために戦争や被爆を経験した私たちが伝えなければ」という思いである。その根底にあるものは、「いまの子ども達が、本当のお母さんとの交流みてると、ああ、親ってよかねって思うんですけど……」と、自己の境遇を語るエピソードに表れている。「戦争や被爆により家族を奪われ、切り離されること、この悲しさは私たちで終わりにしなければならない」。そのためにJさんはこれからも、学校や社会で自己の経験を語り続ける。

用語解説

ライフヒストリー　日本語では生活史である。字義どおりでは、ある特定の個人によって語られた生活の歴史、あるいは書かれた資料、すなわちインタビューや自伝、日記などから構築された生活の歴史であるが、それらに対する多角的な検討を行い個人の経験や生涯を再構成することにより、個人と社会とのダイナミックな関係を明らかにするという方法や研究実践を指すことが多い。

生活記録運動　生活記録は、庶民が生活のなかで経験したことや感じたことを、事実に即して散文形式で書き綴ったもので、生活や労働の苦しさ、そのなかでの楽しみ、社会に向けて訴えたいことなどが含まれている。戦後の文化運動や社会の民主化の運動と結びついて発展してきた。女性がおもな担い手であった。

二次被爆　間接被爆ともいう。原子爆弾が投下されたあと、救護などのために爆心地付近に入り放射能を帯びた付近の土壌や放射性降下物（黒い雨や死の灰など）によって間接的に原子爆弾の被害を受けること。

草の根運動　草の根もとが隠れてみえないように、一人ひとりの力や意見や行動は小さくてみえにくいが、それが結びつくことで政治を変えるほどの大きな力となる。そのさまを表すことば。現状を変えようとする左派系に多いとされるが、保守系の草の根運動もある。

女性の歴史(herstory)　歴史の本に出てくるのはほとんどが男性であり、歴史を作っているのは男性であるかのような錯覚に陥るが、実際には女性も歴史を作ってきたのである。女性の視点から見直した歴史という意味を伝えるために、history=his story に加えて herstory=her story という言葉も使われる。

フラッシュバック　戦争や虐待など、壮絶で辛い経験が心的外傷として記憶され、なんらかのかたちで思い出されること。多くの場合パニックをともなう。

国民学校　戦火が激しくなった一九四一年三月、国民学校令(同年四月施行)が公布され、皇国練成を目的に、小学校から国民学校へと名前が変わった。国家の難局において、教育ではなく練成を目的とし、学校教育が戦争に巻き込まれた苦い歴史の一コマである。

心理・社会的危機　エリクソンは人生を八段階に分け、それぞれの段階に特有の心理・社会的危機を設定した。たんに心理的危機ではなく、心理・社会的危機という概念を用いているのは、個々の発達段階における社会的な背景を重視したためである。たとえば、乳児期であれば、主たる養育者との間の信頼関係の形成において「信頼 対 不信」という心理・社会的危機を設定している。養育者との間の信頼の獲得において、不信の感覚も経験しながら、最終的に養育者との信頼関係を形成していくことが求められるとしている。

太母　精神分析理論の流れを汲むユングによる用語。ユングによれば、時代や地域を超えて人々には集合的無意識があるという。人々が文化を超えて同じような無意識にからめとられるのは、人々に普遍的な無意識があるからだとする。その表れ方を元型と呼び、元型の一つに太母がある。太母とは、幼い子どもたちに対し、無意識的に強力な影響を与える存在として描かれている。

ブックガイド

岸政彦・石岡丈昇・丸山里美『質的社会調査の方法――他者の合理性の理解社会学』（有斐閣、二〇一六年）

第3章のタイトルが「ライフヒストリー」ではなく「生活史」であるように、英語でさまざまに呼ばれる研究方法に惑わされることなく、その神髄を会得することができる本である。著者自身の長年の研究を紹介しながら、研究の進め方も非常にわかりやすく説明してある。個人の生活史をじっくりと聴きとり、その社会問題についての新しい見方を獲得することが生活史研究の究極の目的とされる。

山代巴編『この世界の片隅で』（岩波書店、一九六五／二〇一七年〔復刻版〕）

映画『この世界の片隅に』のロングランにより、この本にも注目が集まって復刻された。本書は「広島研究の会」が中心となり、語られなかった被爆体験を発掘して、被爆から二〇年の歴史を問い直したものである。戦争や原爆の事実を後世に伝えることの大切さ、女性や弱者の声をすくいあげることの大切さが伝わってくる。

高山真『〈被爆者〉になる――変容する〈わたし〉のライフストーリー・インタビュー』（せりか書房、二〇一六年）

著者の高山は、長崎で三人の被爆者へのインタビューを継続的に行ううちに、ある被爆者の「被爆者になる」という言葉を契機としてインタビューのプロセスに興味をもつ。被爆者が発した「被爆者になる」という言葉は、語り手と聞き手の違和感の解消をめざして構築された仮説的な〈わたし〉を介在させながら、高山の研究テーマに昇華されていく。

大石芳野『長崎の痕《きずあと》 大石芳野写真集』（藤原書店、二〇一九年）

本章では、綴ること・語ることにより被爆した女性の生き方をとらえてきたが、ライフヒストリーを紡ぐのは文字ばかりではない。凄絶な経験や苦悩が刻み込まれた表情、遺族の日記をおさめた写真、そして写真に添えられた文章が、一人ひとりの過酷な体験を物語り、戦争や核兵器根絶の願いを訴える。

おわりに

女性の生きづらさは社会の片隅に追いやられ、声になりにくく、埋もれています。本書は、そこに光を当て、声にしようとしました。埋もれた声を照らしだそうとするとき、その声の持ち主と真摯に向き合い、対話し続けていくことが求められます。その対話のなかで、各章の執筆者は、女性の生きづらさがどこからきているのかについて考察を加えました。どの章も、この社会の片隅で発せられている声に耳を傾け、その声が私たち一人ひとりにつながる問題であるというメッセージを発しています。

本書の執筆をとおして、一人ひとりの生きづらさはおかれた環境や時代によって異なるけれども、女性としての生きづらさには共通点があることがわかりました。それは、ジェンダー規範・格差を維持する社会の構造やしがらみからきているということです。女性たちは、それに気づくことでますます生きづらさを感じるでしょう。しかし、同じ悩みを持つ人たちとの出会いや共感してくれる人たちとの出会いにより、それに立ち向かっていける自分の力にも気づいていきます。

本書の原点となった心理科学研究会（心科研）ジェンダー部会は二〇〇九年四月に産声をあげましたが、そこにいたるまでの道のりはけっして平坦ではありませんでした。前史はその二年前、二〇〇七年四月に行われた春の研究集会でのフリーテーマセッションに遡《さかのぼ》ります。

「京都で『ジェンダー』をゆるやかに語る夕べ」と題されたセッションには、性、研究領域、仕事や人生経験など、さまざまな立場の会員が集まり、研究や生活で直面した思いや感情を語り合いました。そして、ジェンダーが、研究や生活においてさまざまに折り重なっていること、さらには研究それ自体に内包されるジェンダーについての気づきが共有されました。

続けて同年秋の研究集会で開催されたのが「宮島で『ジェンダー』をじっくりと語る夕べ」です。第二回目のセッションでは、ジェンダー研究においては、ジェンダーをたんに性別に替わるもの——すなわち分析の道具として用いるのではなく、実体的な問題としてとらえることが重要であるという問題提起がなされました。

京都でのセッションを契機に、心科研のジャーナルである『心理科学』第二九巻第一号（二〇〇八年）でジェンダー特集が組まれ、これらの実績をもって、二〇〇九年四月、心科研でのジェンダー部会が誕生しました。ジェンダー部会の誕生は、およそ二年間の胎動を経てようやく生み出された、いわば難産でした。ジェンダー部会の難産は、ジェンダー研究が心科研においても片隅に追いやられていたことを示唆しているのではないかと感じています。

難産の末に生まれたジェンダー部会でしたが、一〇年以上にわたり年二回の研究集会で積み重ねてきた研究成果が、こうして本書の刊行に結実したことに、感慨もひとしおです。何より、京都や宮島でのセッション以降ずっと参加している会員や、その後もジェンダー部会に発表やディスカッションの場を求めてくる会員の協力の賜物と感謝します。

さて、本書が、宮島で誓った、ジェンダーを実体的な問題としてとらえるものになっているかどうか、読者のみなさまにご判断いただければ幸いです。また、本書が、女性の生きづらさにかかわる問題に新たな視座を切り拓き、多くの人がつながりあえる機会になっていくことを心より願っております。

本書の執筆にあたり、多くの方々の協力を得ました。インタビューに応じて個人的な経験を語ってくださった方、大切な記録を気持ちよく貸してくださった方、執筆内容について相談にのってくださった方、その他もろもろのご協力に対して深く感謝いたします。また、個人的な経験を扱う章の執筆者は、インタビューの方法やデータの管理、個人情報の保護について協力者に説明し、同意が得られたものを掲載していることを報告しておきます。

本書は心科研ジェンダー部会の四人の編集委員によって編まれましたが、自己主張の強い我々の注文に、構成から執筆の詳細にわたりていねいにご対応いただいた有斐閣編集部の四竈佑介さんと猪石有希さんのご理解とご協力なしに本書は完成しませんでした。本当にありがとうございました。

二〇二一年九月

心理科学研究会ジェンダー部会　本書編集委員会
田口久美子・沼田あや子・五十嵐元子・青野篤子（逆アルファベット順）

高山真（2016）『〈被爆者〉になる――変容する〈わたし〉のライフストーリー・インタビュー』せりか書房
内田千寿子（1972〜2018）『おきゃがりこぼし』1-10.
内田千寿子（1992）「従軍看護婦になりたかった私」被爆証言「手記集」編集委員会編『いのちの塔――広島赤十字・原爆病院への証言』中国新聞社
内田千寿子／山代巴解説（1977）『一九四五年八月からの出発』而立書房
内田千寿子（2007）「山代巴さんに学んで――自己の確立」2007年12月23日福山文学館講話
宇野田尚哉（2014）「被爆体験・生活記録・山代巴」『原爆文学研究』, 13, 34-37.
やまだようこ（2021）「レジリエンスをはぐくむ『もの語り』の力」『やまだようこ著作集第5巻 ナラティブ研究――語りの共同生成』新曜社
山代巴（1990）『荷車の歌』径書房

人間文化学部紀要』, 16, 79-90.
荒川歩・安田裕子・サトウタツヤ（2012）「複線径路・等至性モデルの TEM 図の描き方の一例」『立命館人間科学研究』, 25, 95-107.
ちゃぶ台返し女子アクションウェブサイト
https://chabujo.com（2021 年 3 月閲覧）
趙慶喜（2021）「韓国の『フェミニズム・リブート』その後――日常のジェンダー暴力を可視化すること」早尾貴紀・呉世宗・趙慶喜『残余の声を聴く――沖縄・韓国・パレスチナ』明石書店
https://webmedia.akashi.co.jp/categories/731（2020 年 11 月閲覧）
Duncan, L. E.（2010）Women's relationship to feminism: Effects of generation and feminist self-labeling. *Psychology of Women Quarterly*, 34（4）, 498-507.
Friedan, B.（1963）*The feminine mystique*. W. W. Norton.（三浦冨美子訳〔2004〕『新しい女性の創造〔改訂版〕』大和書房）
Hanisch, C.（1996, 2006）The personal is political.
http://www.carolhanisch.org/CHwritings/PIP.html
http://www.carolhanisch.org/CHwritings/PersonalIsPol.pdf（2020 年 11 月閲覧）
もえ（2019）「『日本には抵抗の文化がない』？日本の抵抗の歴史と, コミュニティ・オーガナイジングに学ぶ社会の変え方」「note（ノート）」
https://news.line.me/articles/oa-rp24814/8e5befc0f7d7（2021 年 1 月 10 日閲覧）
牟田和恵（2006）「フェミニズムの歴史からみる社会運動の可能性――『男女共同参画』をめぐる状況を通しての一考察」『社会学評論』, 57（2）, 292-310.
高橋幸（2019）「若い女性の『フェミニズム離れ』をどう読み解くか――#WomenAgainstFeminism 2013, 2014 の分析から」「WAN 女性学ジャーナル」
http://woman-action-network.s3-website-ap-northeast-1.amazonaws.com/journal/4e2bed6c5835c669f637fa468f14c52e.pdf（2020 年 12 月閲覧）
安田裕子・サトウタツヤ（2012）『TEM でわかる人生の径路――質的研究の新展開』誠信書房
Zucker, A. N. and Stewart, A. J.（2007）Growing up and growing older: Feminism as a context for women's lives. *Psychology of Women Quarterly*, 31, 137-145.

第 13 章

朝日新聞（2010）「広島・長崎の記憶 被爆者からのメッセージ」
https://www.asahi.com/hibakusha/others/komine/komine-010j.html（2021 年 8 月 閲覧）
朝守双葉（2012）「内田千寿子さんの〈三つの戦い〉」『ヒバクシャ』, 29, 24-34.
岸政彦（2016）「生活史」岸政彦・石岡丈昇・丸山里美『質的社会調査の方法――他者の合理性の理解社会学』有斐閣
前川あさみ（2017）「面接法」高野陽太郎・岡隆編『心理学研究法――心を見つめる科学のまなざし 補訂版』有斐閣
田口久美子（2018a）「長崎で原爆におうた人の聞き取り記録――J さん編」（未発表）
田口久美子（2018b）「長崎で原爆におうた人の聞き取り記録――K さん編」（未発表）

https://www.mhlw.go.jp/toukei/list/dl/20-21-h28_rev2.pdf（2021 年 3 月閲覧）
厚生労働省（2020）「令和 2 年『労働組合基礎調査』の概況 パートタイム労働者の状況」
https://www.mhlw.go.jp/toukei/itiran/roudou/roushi/kiso/20/dl/02.pdf（2021 年 3 月閲覧）
水野有香（2012）「日本における派遣労働」『社会政策』, 4（2）, 105-116.
内閣府男女共同参画局（2020）『男女共同参画白書〔令和 2 年版〕』
https://www.gender.go.jp/about_danjo/whitepaper/r02/zentai/index.html（2021 年 3 月閲覧）
中野麻美（2018）「2015 年労働者派遣法の批判的検討」『大原社会問題研究所雑誌』, 712, 39-56.
NHK（2021）「“テレワークが認められず” 派遣社員から相談相次ぐ 裁判にも」NHK NEWSWEB 2021 年 3 月 16 日
https://www3.nhk.or.jp/news/html/20210316/k10012916831000.html（2021 年 3 月閲覧）
日本人材派遣協会（2020）「2019 年度派遣社員 WEB アンケート調査 プレスリリース」
https://www.jassa.or.jp/employee/enquete/200115web-enquete_press.pdf（2021 年 3 月閲覧）
日本人材派遣協会（2021）「法律」
https://www.jassa.or.jp/keywords/index5.html（2021 年 3 月閲覧）
白井邦彦（2012）「労働規制緩和の『転換』と『不安定就業』としての派遣・請負労働者」『日本労働社会学会年報』, 23, 3-27.
総務省（2020）「労働力調査（基本集計）2020 年（令和 2 年）11 月分」
http://www.stat.go.jp/data/roudou/rireki/tsuki/pdf/202011.pdf（2021 年 1 月閲覧）
総務省（2021）「人口推計 2021 年（令和 3 年）2 月報」
https://www.stat.go.jp/data/jinsui/pdf/202102.pdf（2021 年 3 月閲覧）
総務省統計局（2018）「労働力調査 用語の解説」
https://www.stat.go.jp/data/roudou/definit.html（2021 年 3 月閲覧）
総務省統計局（2021a）「労働力調査 長期時系列データ」
https://www.stat.go.jp/data/roudou/longtime/03roudou.html（2021 年 3 月閲覧）
総務省統計局（2021b）「学校基本調査」
https://www.e-stat.go.jp/stat-search/files?page=1&toukei=00400001&tstat=000001011528（2021 年 3 月閲覧）
高梨昌編著（2007）『詳解労働者派遣法〔第 3 版〕』エイデル研究所
VAP（2020）「ハケンの品格」第 1 話～第 8 話
脇田滋（2010）「労働法の規制緩和と雇用崩壊――労働者派遣法改正をめぐる課題」『総合社会福祉研究』, 36, 26-36.

第 12 章

青野篤子（2016）「男女平等意識の継承性――フェミニストの母から娘へ」『福山大学

第 10 章

藤山直樹（2008・2010）『集中講義・精神分析（上）（下）精神分析とは何か――フロイトの仕事』岩崎学術出版社

井上摩耶子編（2010）『フェミニストカウンセリングの実践』世界思想社

國分康孝（1980）『カウンセリングの理論』誠信書房

宮坂道夫（2020）『対話と承認のケア――ナラティヴが生み出す世界』医学書院

諸富祥彦編（2011）『人生にいかすカウンセリング――自分を見つめる 人とつながる』有斐閣

信田さよ子（2020）「いまふたたび『女性であること』を考える――ジェンダーの視点から」信田さよ子編『女性の生きづらさ――その痛みを語る』日本評論社

斎藤環著／訳（2015）『オープンダイアローグとは何か』医学書院

斎藤環（2019）『オープンダイアローグがひらく精神医療』日本評論社

Seikkula, J. and Arnkil, T. E.（2014）*Open dialogues and anticipations: Respecting otherness in the present moment*. National Institute for Health and Welfare.（斎藤環監訳〔2019〕『開かれた対話と未来――今この瞬間に他者を思いやる』医学書院）

第 11 章

朝日新聞（2019）「候補者男女均等法 主要政党の女性候補者」〔2019 年 7 月 5 日付〕

浅倉むつ子（2004）『労働法とジェンダー』勁草書房

伍賀一道（2014）『「非正規大国」日本の雇用と労働』新日本出版社

ハフィントンポスト（2018）「〔2018 年 1 月 29 日更新〕3 カ月の更新の契約で 17 年，突然の『雇い止め』58 歳派遣労働者の思いは」
https://www.huffingtonpost.jp/2017/12/18/haken_a_23310240/（2021 年 3 月閲覧）

石嵜信憲・小宮純季（2020）『労働者派遣法の基本と実務〔第 2 版〕』中央経済社

木元進一郎（1987）「『労務管理研究と社会政策研究』についての再考――文献史的検討を中心として」『経営論集』, 34（3・4）, 1-17.

木村愛子（2012）「日本の非正規労働者の現状と ILO のディーセント・ワーク政策」『法政論叢』, 48（2）, 296-307.

黒川秀子（2017）「ディーセント・ワークとコーポレートガバナンス――非正規雇用労働者という存在を通して」『経営学論集』, 31, 1-7.

厚生労働省（2010）「派遣労働者の皆様へ〔H22.2 版〕」
https://www.mhlw.go.jp/bunya/koyou/haken-shoukai15/dl/01a.pdf（2021 年 3 月閲覧）

厚生労働省（2017）「平成 28 年パートタイム労働者総合実態調査の概況」
https://www.mhlw.go.jp/toukei/itiran/roudou/koyou/keitai/16/dl/gaikyou.pdf（2021 年 3 月閲覧）

厚生労働省（2018a）「平成 29 年派遣労働者実態調査の概況」
https://www.mhlw.go.jp/toukei/itiran/roudou/koyou/haken/18/index.html（2021 年 2 月閲覧）

厚生労働省（2018b）「グラフで見る世帯の状況　平成 30 年――国民生活基礎調査（平成 28 年）の結果から」

motherhood experience changes you forever. Basic Books.（北村婦美訳〔2012〕『母親になるということ――新しい「私」の誕生』創元社）
高岡忍（2012）「自閉症の子どもを持つ母親研究に関する文献的検討――当事者としての筆者の自閉症子育て体験の視点から」『人間文化研究科年報』, 28, 133-144.
山根純佳（2004）『産む産まないは女の権利か――フェミニズムとリベラリズム』勁草書房
米津知子（1991）「日本の母性はたかだか 100 年」グループ「母性」解読講座編『「母性」を解読する――つくられた神話を超えて』有斐閣

第 9 章

足立里美・柴崎正行（2010）「保育者アイデンティティの形成過程における『揺らぎ』と再構築の構造についての検討――担任保育者に焦点をあてて」『保育学研究』, 48（2）, 213-224.
青野篤子（2009）「男性保育者の保育職に対する意識――ジェンダー・フリー保育の観点から」『福山大学人間文化学部紀要』, 9, 1-29.
福祉医療機構経営サポートセンターリサーチグループ（2019）「平成 30 年度『保育人材』に関するアンケート調査の結果について」
https://www.wam.go.jp/hp/wp-content/uploads/190107_No007_detail.pdf（2021 年 2 月閲覧）
垣内国光編著（2011）『保育に生きる人々――調査に見る保育者の実態と専門性』ひとなる書房
木戸彩恵（2019）「ライフストーリー」サトウタツヤ・春日秀朗・神崎真実編『質的研究法マッピング――特徴をつかみ, 活用するために』新曜社
クラレ（2020）「小学 6 年生の『将来就きたい職業』, 親の『将来就かせたい職業』」
https://www.kuraray.co.jp/enquete/2020_s6（2021 年 2 月閲覧）
森合真一（2014）「保育政策の歴史的展開と保育士養成」『近畿大学豊岡短期大学論集』, 11, 1-9.
内閣府・文部科学省・厚生労働省（2016）「子ども・子育て支援新制度 なるほど Book〔平成 28 年 4 月改訂版〕」
https://www8.cao.go.jp/shoushi/shinseido/event/publicity/naruhodo_book_2804.html（2021 年 2 月閲覧）
中田奈月（2004）「『保育者』言説の変遷――厚生労働白書の分析から」『奈良佐保短期大学紀要』, 11, 17-29.
汐見稔幸・松本園子・髙田文子・矢治夕起・森川敬子（2017）『日本の保育の歴史――子ども観と保育の歴史 150 年』萌文書林
矢原隆行（2007）「男性ピンクカラーの社会学――ケア労働の男性化の諸相」『社会学評論』, 58（3）, 343-356.
全国高等学校 PTA 連合会・リクルートマーケティングパートナーズ（2020）「第 9 回高校生と保護者の進路に関する意識調査 2019 年報告書」
http://souken.shingakunet.com/research/2010/07/post-7a54.html（2021 年 2 月閲覧）

Parsons, T. and Bales, R. F.（1955）*Family, socialization and interaction process*. Glencoe.（橋爪貞雄ほか訳〔1981〕『家族』黎明書房）
清水民子・川北典子（2004）「保育の長時間化と乳幼児の生活構造の変化」平成 13–15 年度科学研究費補助金基盤研究（C）（2）課題番号 13610325 研究成果報告書 平安女学院大学
Slimani, L.（2016）*Chanson douce*. Gallimard.（松本百合子訳〔2018〕『ヌヌ——完璧なベビーシッター』集英社）
Travers, P. L.（1934）*Mary Poppins*. Harcourt, Inc.
全国保育団体連絡会（2021）『ちいさいなかま』, 704, 22-23, 76-79.

第 8 章

綾屋紗月・熊谷晋一郎（2010）『つながりの作法——同じでもなく違うでもなく』NHK 出版
Badinter, E.（1980）*L'Amour en plus: Histoire de l'amour maternel*. Flammarion.（鈴木晶訳〔1998〕『母性という神話』筑摩書房）
Clément, C. and Kristeva, J.（1998）*Le féminin et le sacré*. Stock.（永田共子訳〔2001〕『〈母〉の根源を求めて——女性と聖なるもの』光芒社）
de Vilaine, A.-M., Gavarini, L. and Le Coadic, M.（1986）*Maternité en mouvement: Les femmes, la relproduction et les hommes de science*. Universitaires de Grenoble.（中嶋公子・目崎光子・磯本輝子・横地良子・宮本由美・菊地有子訳〔1995〕『フェミニズムから見た母性』勁草書房）
江原由美子（1991）「リブの主張と母性観」グループ「母性」解読講座編『「母性」を解読する——つくられた神話を超えて』有斐閣
江原由美子（1996）『生殖技術とジェンダー』勁草書房
藤原里佐（2006）『重度障害児家族の生活——ケアする母親とジェンダー』明石書店
橋迫瑞穂（2019）「反出生主義と女性」『現代思想』, 47（14）, 189-197.
久保紘章（1982）「自閉症児と家族」加藤正明・藤縄昭・小此木啓吾編『ライフサイクルと家族の病理』弘文堂
水島希（2019）「羊膜は誰のものか——母／胎児の線引き問題と新マテリアル・フェミニズム」『思想』, 1141, 127-139.
沼田あや子（2016）「発達障害児の母親のなかに見る家族をつなぐ実践——『葛藤の物語』から『しなやかな実践の物語』へ」『質的心理学研究』, 15（1）, 142-158.
沼田あや子（2018）「発達障害児を育てる母親の迷いの語りの探求——他者は母親のなにに寄り添うことができるのか」『心理科学』, 39（2）, 44-57.
荻野美穂（2014）『女のからだ——フェミニズム以後』岩波書店
Rich, A.〔10th anniversary ed.〕（1986）*Of woman born: Motherhood as experience and institution*. W. W. Norton and Company.（高橋茅香子訳〔1990〕『女から生まれる——アドリエンヌ・リッチ女性論』晶文社）
Rousseau, J.-J.（1762）*Emile, ou De l'education*.（今野一雄訳〔1994〕『エミール（上）（中）（下）』岩波書店）
Stern, D. N., B.-Stern, N. and Freeland, A.（1998）*The birth of a mother: How the*

ンスの根源にあるものは何か」『京都女子大学発達教育学部紀要』, 14, 105-114.
山口慎太郎（2019）『「家族の幸せ」の経済学――データ分析でわかった結婚, 出産, 子育ての真実』光文社
全国保育団体連絡会・保育研究所編（2020）『保育白書〔2020年版〕』ちいさいなかま社

第7章

赤星まゆみ（2017）「フランス共和国――公教育を基軸に幼児期の育ちを支える」泉千勢編著『なぜ世界の幼児教育・保育を学ぶのか――子どもの豊かな育ちを保障するために』ミネルヴァ書房
浅井学（2008）「ひと匙のお砂糖で――『メアリー・ポピンズ』に見る子育て」野口祐子編著『メアリー・ポピンズのイギリス――映画で学ぶ言語と文化』世界思想社
Bowlby, J.（1951）Maternal care and mental health. *Bulletin of the World Health Organization*, 3, 355-533.（黒田実郎訳〔1967〕『乳幼児の精神衛生』岩崎学術出版社）
Bruner, J. S.（1980）*Under five in Britain*. Grant McIntyre.（佐藤三郎訳〔1985〕『イギリスの家庭外保育』誠信書房）
藤井修（2018）「福本さんは男性保育者のキーパーソン」『保育びと』, 23, 184-186.
石原ほうり（2020）「子どもの成長を支えるために」『季刊・保育問題研究』, 302, 288-291.
亀﨑美沙子（2017）「保育者の役割の二重性に伴う保育相談支援の葛藤――親・子の相反ニーズにおける子どもの最善の利益をめぐって」『保育学研究』, 55（1）, 68-79.
金田利子（2010）「保育者養成における世代間交流の位置と意義――家庭科における『中・高生と乳幼児とのふれ合い体験学習』から」草野篤子・金田利子・藤原佳典・間野百子・柿沼幸雄『世代間交流学の創造』あけび書房
厚生労働省（2018）「保育所等利用世帯調査, 認可外施設等調査」『保育情報』, 505.
上月智晴（2018）「福本さんとの思い出と忘れられない一言」『保育びと』, 23, 189.
益山未奈子（2018）「日本の保育士不足に対する賃金の影響――政策動向及び米英の調査研究からの検討」『保育学研究』, 56（3）, 333-343.
文部科学省（2018）「高等学校学習指導要領」
Moony, A. and Statham, J.（eds.）（2003）*Family day care: International perspectives on policy, practice and quality*. Jessica Kingsley Publishers.
Moss, P.（2003）Conclusion: Whither family day care? In Mooney, A. and Statham, J.（eds.）*Family day care: International perspectives on policy, practice and quality*. Jessica Kingsley Publishers.
内閣府・文部科学省・厚生労働省（2017）『幼保連携型認定こども園教育・保育要領〔平成29年告示〕』フレーベル館
野口祐子編著（2008）『メアリー・ポピンズのイギリス――映画で学ぶ言語と文化』世界思想社

Organization, 3, 355-533.（黒田実郎訳〔1967〕『乳幼児の精神衛生』岩崎学術出版社）
Chzhen, Y., Gromada, A. and Rees, G.（2019）*Are the world's richest countries family friendly?: Policy in the OECD and EU*. UNICEF Office of Research – Innocenti.
https://www.unicef-irc.org/publications/pdf/Family-Friendly-Policies-Research_UNICEF_%202019.pdf（2021 年 3 月閲覧）
萩原久美子（2008）『「育児休職」協約の成立――高度成長期と家族的責任』勁草書房
Heckman, J. J.（2006）Skill formation and the economics of investing in disadvantaged children. *Science*, 312（5782）, 1900-1902.
猪熊弘子（2016）「『保育園落ちた, 日本死ね!!!』が日本社会に与えたインパクト」全国保育団体連絡会・保育研究所編『保育白書〔2016 年版〕』ちいさいなかま社
柏木惠子（2008）『子どもが育つ条件――家族心理学から考える』岩波書店
柏木惠子・高橋惠子編著（1995）『発達心理学とフェミニズム』ミネルヴァ書房
小林佐知子（2018）「育児休業からの復帰」氏家達夫監修／島義弘・西野泰代編『個と関係性の発達心理学――社会的存在としての人間の発達』北大路書房
国立社会保障・人口問題研究所（2017）「現代日本の結婚と出産――第 15 回出生動向基本調査（独身者調査ならびに夫婦調査）報告書」
http://www.ipss.go.jp/ps-doukou/j/doukou15/NFS15_reportALL.pdf（2021 年 3 月閲覧）
厚生省（1998）『厚生白書〔平成 10 年版〕』
厚生労働省（2019a）「第 8 回 21 世紀出生児縦断調査（平成 22 年出生児）の概況」
https://www.mhlw.go.jp/toukei/saikin/hw/syusseiji/17/dl/gaikyou.pdf（2021 年 3 月閲覧）
厚生労働省（2019b）「『平成 30 年度雇用均等基本調査』の結果の概要」
https://www.mhlw.go.jp/toukei/list/dl/71-30r/07.pdf（2021 年 3 月閲覧）
松木洋人（2013）『子育て支援の社会学――社会化のジレンマと家族の変容』新泉社
中野円佳（2014）『「育休世代」のジレンマ――女性活用はなぜ失敗するのか？』光文社
Nakazato, H.（2020）Japan: Leave policy and attempts to increase father's take-up. In Moss, P., Duvander, A.-Z. and Koslowski, A.（eds.）*Parental leave beyond: Recent international developments, current issues and future directions*. Policy Press.
高辻千恵（2016）「乳幼児の保育所経験と発達」日本児童研究所監修／斉藤こずゑ・高橋知音ほか編『児童心理学の進歩〔2016 年版〕』金子書房
竹中恵美子（2011）『竹中恵美子著作集第Ⅴ巻 社会政策とジェンダー』明石書店
瓜生淑子（2020）「育児休業制度の実情と課題（2）――取得可能期間の延長だけが最善の策か」『京都女子大学発達教育学部紀要』, 16, 107-116.
瓜生淑子（2021）「育児休業制度の充実の課題（3）――独り歩きする男性の取得率目標」『京都女子大学発達教育学部紀要』, 17, 131-141.
瓜生淑子・川端美沙子（2008）「認定こども園成立と幼稚園・保育所制度」『奈良教育大学紀要』, 57（1）, 81-94.
瓜生淑子・清水民子（2018）「育児休業制度の実情と課題――ジェンダー・アンバラ

ンダーと社会理論』有斐閣
寿岳章子（1979）『日本語と女』岩波書店
釜野さおり・石田仁・風間孝・吉仲崇・河口和也（2016）『性的マイノリティについての意識——2015 年全国調査報告書』科学研究費助成事業「日本におけるクィア・スタディーズの構築」研究グループ（研究代表者 広島修道大学 河口和也）編
http://alpha.shudo-u.ac.jp/~kawaguch/chousa2015.pdf（2021 年 3 月閲覧）
釜野さおり・石田仁・岩本健良・小山泰代・千年よしみ・平森大規・藤井ひろみ・布施香奈・山内昌和・吉仲崇（2019）『大阪市民の働き方と暮らしの多様性と共生にかんするアンケート報告書（単純集計結果）』JSPS 科研費 16H03709「性的指向と性自認の人口学——日本における研究基盤の構築」・「働き方と暮らしの多様性と共生」研究チーム（代表 釜野さおり）編 国立社会保障・人口問題研究所内
https://osaka-chosa.jp/files/20191108osakachosa_report.pdf（2021 年 3 月閲覧）
風間孝（2002）「カミングアウトのポリティクス」『社会学評論』, 53（3）, 348-364.
厚生労働省委託事業（2020）「職場におけるダイバーシティ推進事業報告書」
https://www.mhlw.go.jp/stf/seisakunitsuite/bunya/koyou_roudou/koyoukintou/0000088194_00001.html（2020 年 12 月閲覧）
Katz-Wise, S. L., Rosario, M. and Tsappis, M.（2016）LGBT youth and family acceptance. *Pediatric Clinics of North America*, 63（6）, 1011-1025.
クレア・マリィ（2013）『「おネエことば」論』青土社
Lakoff, R. T.（1975）*Language and women's place*. HarperCollins.（かつえ・あきば・れいのるず・川瀬裕子訳〔1985〕『言語と性——英語における女の地位』有信堂高文社）
Meyer, I. H.（1995）Minority stress and mental health in gay men. *Journal of Health and Social Behavior*, 36（1）, 38-56.
中西絵里（2017）「LGBT の現状と課題——性的指向又は性自認に関する差別とその解消への動き」『立法と調査』, 394, 3-17.
性的指向および性自認等により困難を抱えている当事者等に対する法整備のための全国連合会（2019）「性的指向および性自認を理由とするわたしたちが社会で直面する困難のリスト」
http://lgbtetc.jp/news/1348/（2020 年 12 月閲覧）
泉子・K・メイナード（2017）『話者の言語哲学——日本語文化を彩るバリエーションとキャラクター』くろしお出版
薛小凡・青野篤子（2017）「日本語の命令・依頼表現に及ぼすジェンダーの影響」『日本心理学会大会第 81 回大会発表論文集』, 1068.

第 6 章

阿部正浩（2005）「子育て世帯に対する企業・地域による支援——誰が育児休業を取得するのか 育児休業制度普及の問題点」国立社会保障・人口問題研究所編『子育て世帯の社会保障』東京大学出版会
Bowlby, J.（1951）Maternal care and mental health. *Bulletin of the World Health*

小柳しげ子（2003）「DV の心理構造とジェンダー」『家族関係学』, 22, 7-10.
武内佳代・川原塚瑞穂（2011）「ケータイ小説における女同士の関係――『恋空』ブームとは何だったのか？」『お茶の水女子大学人文科学研究』, 7, 25-40.
武内珠美・小坂真利子（2011）「デート DV 被害女性がその関係から抜け出すまでの心理的プロセスに関する質的研究――複線径路・等至性モデル（TEM）を用いて」『大分大学教育福祉科学部研究紀要』, 33（1）, 17-30.
田代美江子（2008）「『レディース・コミック』に描かれる〈恋愛〉――『恋愛＝支配・暴力』の構図」『セクシュアリティ』, 36, 36-45.
若桑みどり（2003）『お姫様とジェンダー――アニメで学ぶ男と女のジェンダー学入門』筑摩書房
White, J. W., Donat, P. L. N. and Bondurant, B.（2001）A developmental examination of violence against girls and women. In Unger, R.K.（ed.）*Handbook of the psychology of women and gender*. John Wiley and Sons.（尾田貴子訳〔2004〕「女の子および女性に対する暴力の発達的検討」森永康子・青野篤子・福富護監訳『女性とジェンダーの心理学ハンドブック』北大路書房）
吉岡香（2007）「デート DV 被害女性の異性との関係性のあり方について」『人間性心理学研究』, 25（2）, 179-191.

第5章

青野篤子（2004）「『女性』とは？『男性』とは？」青野篤子・森永康子・土肥伊都子『ジェンダーの心理学――「男女の思いこみ」を科学する〔改訂版〕』ミネルヴァ書房
Butler, J.（2011）*Gender trouble: Feminism and the subversion of identity*. Routledge.（竹村和子訳〔2018〕『ジェンダー・トラブル――フェミニズムとアイデンティティの攪乱 新装版』青土社）
Cameron, D. and Kulick, D.（2003）*Language and sexuality*. Cambridge University Press.（中村桃子・熊谷滋子・佐藤響子・クレア・マリィ訳〔2009〕『ことばとセクシュアリティ』三元社）
土肥伊都子・廣川空美（2004）「共同性・作動性尺度（CAS）の作成と構成概念妥当性の検討――ジェンダー・パーソナリティの肯否両側面の測定」『心理学研究』, 75（5）, 420-427.
Flick, U.（2007）*Qualitative Sozialforschung*. Rowohlt Verlag.（小田博志監訳／小田博志・山本則子・春日常・宮地尚子訳〔2011〕『質的研究入門――〈人間の科学〉のための方法論 新版』春秋社）
現代日本語研究会編（2011）『合本 女性のことば・男性のことば（職場編）』ひつじ書房
橋本秀雄（1998）『男でも女でもない性――インターセックス（半陰陽）を生きる』青弓社
日高庸晴（2016）「LGBT 当事者の意識調査――いじめ問題と職場環境等の課題」https://health-issue.jp/reach_online2016_report.pdf（2020 年 12 月閲覧）
石田仁（2006）「セクシュアリティのジェンダー化」江原由美子・山崎敬一編『ジェ

エンパワメントかながわ（2017）『デート DV 白書 VOL.5――全国デート DV 実態調査報告書』
https://notalone-ddv.org/wp-content/uploads/2018/01/ddv_hakusho_vol5.pdf（2020 年 12 月閲覧）
羽渕一代（2013）「現代日本の若者の性的被害と恋人からの暴力」日本児童教育振興財団内日本性教育協会編『「若者の性」白書――第 7 回青少年の性行動全国調査報告』小学館
伊田広行（2010）『デート DV と恋愛』大月書店
伊田広行（2019）『続 デート DV・ストーカー対策のネクストステージ』POD ペーパーバック版
井ノ崎敦子（2016）「親密な関係における暴力――デート DV について学ぶ」青野篤子編著『アクティブラーニングで学ぶジェンダー――現代を生きるための 12 の実践』ミネルヴァ書房
上岡陽江・大嶋栄子（2010）『その後の不自由――「嵐」のあとを生きる人たち』医学書院
マキノ（2014）『黒崎くんの言いなりになんてならない』講談社
牧野友紀・石田志子・藤田愛（2012）「小中学生対象の月刊コミックにおける恋愛と性に関連する言語とシーンに関する分析」『母性衛生』, 52（4）, 563-569.
松並知子（2014）「自己愛の病理性の性差――他者への依存と自己誇大化」『パーソナリティ研究』, 22（3）, 239-251.
松並知子（2020）「高校生における依存的恋愛観の心理的要因およびデート DV 暴力観との関連――ジェンダー差に注目して」『日本健康相談活動学会誌』, 15（1）, 52-57.
松並知子・赤澤淳子・井ノ崎敦子・上野淳子・青野篤子・下村淳子（2017）「デート DV を予防・防止する要因の検討（3）――依存的恋愛観と暴力観の関連」日本心理学会第 81 回大会発表論文集, 1065.
松並知子・青野篤子・赤澤淳子・井ノ崎敦子・上野淳子（2017）「成人におけるデート DV の実態とダメージの認知――依存的恋愛観と暴力容認傾向との関連」『神戸女学院大学論集』, 64（2）, 31-46.
松並知子・荻野佳代子（2015）「女子大学生のキャリアプランと「自立」の関連――心理的・社会的・経済的側面を含めて」『神戸女学院大学論集』, 62（2）, 121-136.
松野真・秋山胖（2009）「若年層における特定異性間の暴力（dating violence）に関する研究――大学生を対象とした dating violence に関する意識・実態について」『生活科学研究』, 31, 117-128.
美嘉（2018）『新装版 恋空――切ナイ恋物語（上）（下）』スターツ出版
宮台真司（2008）「昨年の映画を総括しました Miyadai.com Blog」
http://www.miyadai.com/index.php?itemid=604（2020 年 12 月閲覧）
内閣府男女共同参画局（2018）「男女間における暴力に関する調査（平成 29 年度調査）」
https://www.gender.go.jp/policy/no_violence/e-vaw/chousa/h29_boryoku_cyousa.html（2020 年 12 月閲覧）

第3章

安東由則（2017）「日本における女子大学 70 年の変遷――組織の変化を中心に」『武庫川女子大学教育研究所研究レポート』, 47, 1-31.

林未央（2007）「進路の男女差の実態とその規定要因」『東京大学大学院教育学研究科大学経営・政策研究センターワーキングペーパー』, 25.

厚生労働省（2011）『厚生労働白書〔平成 23 年版〕』日経印刷

松田智子（2015）「近世における女子教育史についての一考察――江戸時代末期の女子教育について」『奈良学園大学紀要』, 3, 125-134.

長本裕子（2020）「明治後期に興った女子の専門学校（17）東京女医学校――女子医学専門学校のはじまり」『月刊ニューズレター 現代の大学問題を視野に入れた教育史研究を求めて』, 62, 17-20.

内閣府男女共同参画局（2019）『男女共同参画白書〔令和元年度版〕』 https://www.gender.go.jp/about_danjo/whitepaper/r01/zentai/index.html#honpen（2020 年 9 月閲覧）

日本労働組合総連合会（2019）「就職差別に関する調査 2019」

Pease, A. and Pease, B.（2001）*Why men don't listen and women can't read maps: How we're different and what to do about it*. Orion.（藤井留美訳〔2002〕『話を聞かない男, 地図が読めない女』主婦の友社）

鈴木さくら（2018）「戦後日本における短期大学に関する研究――検討のための時期区分を中心に」『早稲田大学大学院教育学研究科紀要別冊』, 25（2）, 33-42.

津多成輔（2017）「女子高校生の性役割観と大学進学意識――自宅通学の可／不可に着目して」『筑波大学教育学系論集』, 42（1）, 27-40.

都筑学（2014）『高校生の進路選択と時間的展望――縦断的調査にもとづく検討』ナカニシヤ出版

上野千鶴子（2019）「平成 31 年度 東京大学学部入学式祝辞」 https://www.u-tokyo.ac.jp/ja/about/president/b_message31_03.html（2020 年 9 月 閲覧）

湯川次義（1994）「大正期における女性への大学の門戸開放――大正 2（1913）年の東北帝国大学の事例とその後の展開」『教育学研究』, 61（2）, 1-10.

第4章

赤澤淳子・井ノ崎敦子・上野淳子・松並知子・青野篤子（2011）「衡平性の認知とデート DV との関連」『仁愛大学研究紀要 人間学部篇』, 10, 11-23.

Carroll, L., Corning, A. F., Morgan, R. R. and Stevens, D. M.（1991）Perceived acceptance, psychological functioning, and sex role orientation of narcissistic persons. *Journal of Social Behavior and Personality*, 6（4）, 943-954.

Cornelius, T. L. and Resseguie, N.（2007）Primary and secondary prevention programs for dating violence: A review of the literature. *Aggression and Violent Behavior*, 12, 364–375.

遠藤智子（2007）『デート DV――愛か暴力か, 見抜く力があなたを救う』ベストセラーズ

レッスン』大月書店
澁谷智子（2018）『ヤングケアラー——介護を担う子ども・若者の現実』中央公論新社
澁谷智子編（2020）『ヤングケアラー わたしの語り——子どもや若者が経験した家族のケア・介護』生活書院
総理府（2000）『平成 12 年度版男女共同参画白書』
Stern, D. N., B.-Stern, N. and Freeland, A.（1998）*The birth of a mother: How the motherhood experience changes you forever*. Basic Books.（北村婦美訳〔2012〕『母親になるということ——新しい「私」の誕生』創元社）
須藤春佳（2012）「女子学生が振り返る同性友人関係——前青年期から青年期を通して」『神戸女学院大学論集』, 59（2）, 137-145.
須藤春佳（2014）「友人グループを通してみる思春期・青年期の友人関係」『神戸女学院大学論集』, 61（1）, 113-126.
田丸尚美（2005）「母親が子どもの障害と向き合うための発達臨床——1 歳 6 ヶ月児健診の事例をもとに親子への支援を考える」『心理科学』, 25（2）, 44-62.
谷口麻起子（2020）「カウンセリングで表現される摂食障害の生きづらさ」『こころの科学』, 209, 78-82.
谷川俊太郎・和田誠（2002）『ともだち』玉川大学出版部
鶴田桃エ（2020）「摂食障害を生きて」信田さよ子編『女性の生きづらさ——その痛みを語る』日本評論社
Winnicott, D. W.（1965）*The maturational processes and the facilitating environment: Studies in the theory of emotional development*. International Universities Press.（牛島定信訳〔1977〕『情緒発達の精神分析理論——自我の芽ばえと母なるもの』岩崎学術出版社）

第 2 章
藤岡淳子（2014）『非行・犯罪心理臨床におけるグループの活用——治療教育の実践』誠信書房
法務省（2020）「少年院」
http://www.moj.go.jp/kyousei1/kyousei_kyouse04.html（2020 年 12 月閲覧）
法務省（2021）「道を拓く女性達へ」
http://www.moj.go.jp/jinji/shomu/kanbou_w-message02.html（2021 年 2 月閲覧）
法務省法務総合研究所（2020）『〔令和 2 年版〕犯罪白書』
Segal, Z. V., Williams, J. M. G. and Teasdale, J. D.（2002）*Mindfulness-based cognitive therapy for depression: A new approach to preventing relapse*. Guilford Press.（小山秀之・前田泰宏監訳〔2018〕『マインドフルネス認知療法ワークブック——うつと感情的苦痛から自由になる 8 週間プログラム』北大路書房）
滝川一廣（2017）『子どものための精神医学』医学書院
友田明美（2017）『子供の脳を傷つける親たち』NHK 出版
友田明美・藤澤玲子（2018）『虐待が脳を変える——脳科学者からのメッセージ』新曜社

参考文献

第 1 章

秋保秀樹（2020）「ケアをめぐる価値観の違い」澁谷智子編『ヤングケアラー わたしの語り――子どもや若者が経験した家族のケア・介護』生活書院

麓博之・杉井潤子（2005）「中学生が抱く家庭科に対する教科意識――学校におけるジェンダーの再生産から」『奈良教育大学紀要』, 54（1）, 183-191.

橋本やよい（2000）『母親の心理療法――母と水子の物語』日本評論社

平木典子編（2008）『アサーション・トレーニング――自分も相手も大切にする自己表現』至文堂

河野銀子編著（2017）『女性校長はなぜ増えないのか――管理職養成システム改革の課題』勁草書房

厚生労働省（2021）「摂食障害――神経性食欲不振症と神経性過食症」 https://www.e-healthnet.mhlw.go.jp/information/heart/k-04-005.html（2021 年 7 月閲覧）

Lerner, H.（1998）*The mother dance: How children change your life*. William Morrow Paperbacks.（高石恭子訳〔2001〕『女性が母親になるとき――あなたの人生を子どもがどう変えるか』誠信書房）

松田茂樹（2001）「性別役割分業と新・性別役割分業――仕事と家事の二重負担」『哲學』, 106, 31-57.

水澤慶緒里（2016）「精神疾患とジェンダー・バイアス――摂食障害はなぜ女性に多いのか」青野篤子編著『アクティブラーニングで学ぶジェンダー――現代を生きるための 12 の実践』ミネルヴァ書房

文部科学省（2021）「ヤングケアラーの実態に関する調査研究について」 https://www.mext.go.jp/a_menu/shotou/seitoshidou/mext_01458.html（2021 年 7 月閲覧）

内閣府男女共同参画局（2019）『男女共同参画白書〔令和元年版〕』特集 多様な選択を可能にする学びの充実「第 2 節 進路選択に至る女子の状況と多様な進路選択を可能とするための取組」 https://www.gender.go.jp/about_danjo/whitepaper/r01/zentai/index.html（2021 年 1 月閲覧）

中西雪夫（2011）「男女共通必修家庭科の成果と課題」『日本家庭科教育学会誌』, 53（4）, 217-225.

仁藤夢乃（2013）『難民高校生――絶望社会を生き抜く「私たち」のリアル』英治出版

沼田あや子（2015）「イクメン時代における母子保健での母親支援の課題――父親が関わる発達相談事例を通して」『心理科学』, 36（2）, 19-28.

及川卓（2016）『ジェンダーとセックス――精神療法とカウンセリングの現場から』弘文堂

太田啓子（2020）『これからの男の子たちへ――「男らしさ」から自由になるための

◆ま　行

◆や　行

◆さ　行

索　引

● 編 者

心理科学研究会ジェンダー部会

● 編 集 委 員

青野篤子（あおの　あつこ）
福山大学名誉教授

田口久美子（たぐち　くみこ）
和洋女子大学教授

沼田あや子（ぬまた　あやこ）
白梅学園大学特任講師

五十嵐元子（いがらし　もとこ）
帝京短期大学准教授

女性の生きづらさとジェンダー
——「片隅」の言葉と向き合う心理学

Gender and the Difficulties Living as a Woman: Psychology that Listens to the Unheard Voices in Society

2021 年 11 月 5 日　初版第 1 刷発行

編　　者　心理科学研究会ジェンダー部会
発 行 者　江　草　貞　治
発 行 所　株式会社 有　斐　閣
郵便番号　101-0051
東京都千代田区神田神保町 2-17
http://www.yuhikaku.co.jp/

印刷・萩原印刷株式会社／製本・大口製本印刷株式会社

ISBN 978-4-641-17470-2